KB198572

국가안보를 위한
산업보안 관리

«««« 첨단기술 시대, 국가와 기업을 지키는 산업보안의 전략 »»»»

국가안보를 위한 산업보안 관리

홍성삼 지음

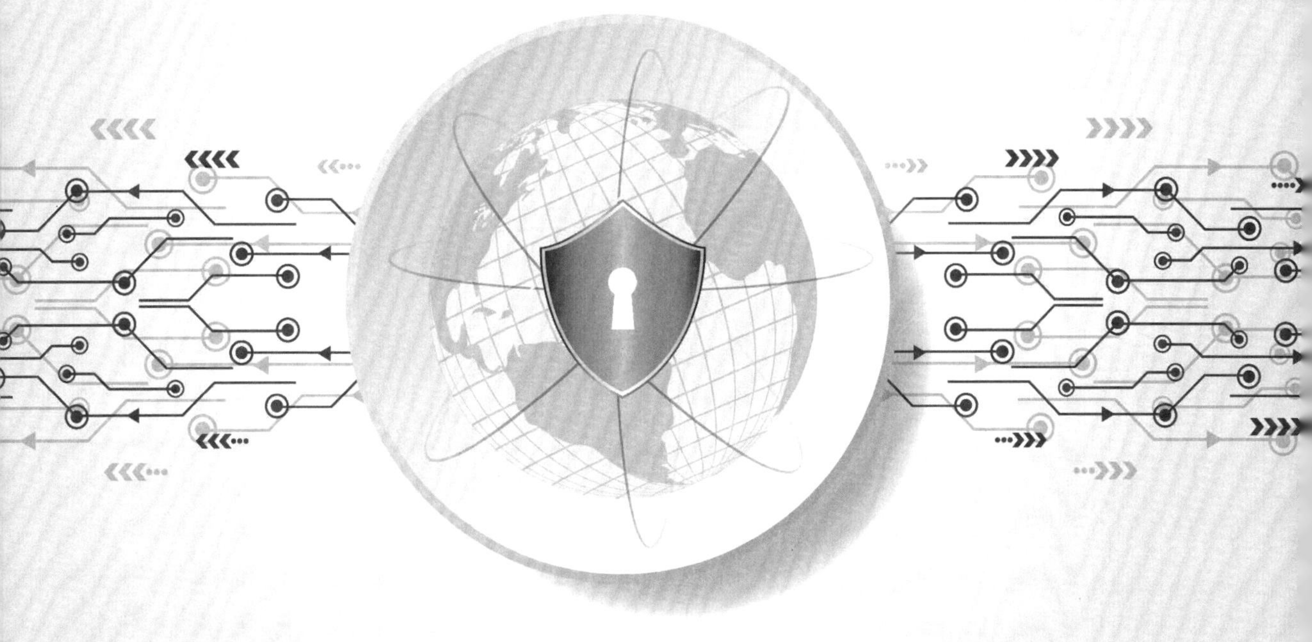

국가안보의 최전선, 산업보안의 필수 지침서

산업보안관리사를 위한 대비서

국가안보에 필요한 산업스파이 대응 가이드

좋은땅

▪ 머리말 ▪

21세기 들어 정보 통신 기술과 인공 지능 등 첨단 기술의 비약적인 발전은 산업계에 혁신적인 변화를 가져왔다. 하지만 이러한 기술 발전은 국가안보와 경제적 이익에 중대한 위협 요소로 작용하기도 한다. 특히 산업 스파이와 같은 새로운 형태의 위협은 국가의 핵심 기술과 산업 기밀을 보호하는 문제를 더욱 복잡하게 만들고 있으며, 이에 대응하기 위한 체계적인 산업보안 관리의 중요성이 그 어느 때보다 강조되고 있다.

산업보안은 단순히 기업의 기술을 보호하는 차원을 넘어, 국가 차원에서 첨단 산업 기술과 관련된 정보를 보호하고 외부로부터의 침해를 막는 핵심 수단이다. 이에 따라 산업보안은 국가안보와 밀접하게 연결되어 있으며, 그 필요성은 점점 더 커지고 있다. 이러한 배경에서 본 책은 국가안보와 직결된 산업보안의 중요성을 인식하고, 산업 스파이로부터 국가의 첨단 기술과 전략 산업을 보호하기 위한 방안들을 체계적으로 정리하고자 기획되었다.

본 서는 대학에서 국가안보를 위한 산업보안 관리 이해 효과적인 대응 전략, 관련 법령의 체계적 학습을 위해 크게 세 부분으로 구성되어 있다.

먼저 제1편은 산업 스파이의 국가안보에 대한 위협에 대응하기 위한 전략과 대응 방안을 서술하였다. 산업 스파이는 오늘날 전 세계적으로 증가하고 있으며, 그 대상은 점차 다양해지고 있다. 특히, 첨단 기술 분야와 국가 전략 산업은 이들의 주요 목표가 되고 있으며, 이로 인해 발생할 수 있는 국가적 손실은 엄청나다. 따라서 본 책은 이러한 위협을 분석하고, 이에 대한 대응 전략을 다각적으로 제시함으로써 국가와 기업이 함께 대처할 수 있는 실질적인 해결책을 제공하고자 하였다.

이어서 제2편 국가첨단전략산업법 해설, 제3편 방위산업기술보호법 해설 부분에 상세한 국가 첨단 전략 산업 및 방위 산업 기술 보안을 위한 해설을 하였다. 이 두 법은 국가의 산업보안 관리에 있어 중요한 법적 기반을 형성하고 있으며, 국가안보와 경제를 보호하기 위한 필수적인 법 제도다. 이를 통해 독자들은 법령의 구조와 목적, 그리고 실질적인 적용 방식을 이해할 수 있을 것이다. 법 해설은 특히 산업보안을 연구하는 학생들이나, 관련 자격증 시험을 준비하는 이들에게 유용한 학습 자료가 될 수 있도록 구성되었다. 법 규정과 문구를 가능한 한 정확하게 반영하여 실무에서의 활용도를 높이고, 시험 준비에도 도움이 되도록 하였다.

또한, 이 책은 기업이 경영 활동에 있어 산업보안과 관련된 정부의 법 제도와 정책 사업을 이해하고 활용할 수 있도록 구체적인 정보를 제공하고 있다. 기업이 기술을 보호하면서도 정부의 정책과 연계하여 산업보안 관리를 효과적으로 운영하는 것은 매우 중요한 과제이다. 본 서에서는 정부의 법규와 정책을 활용하는 방법뿐만 아니라, 기업이 직면할 수 있는 다양한 산업보안 문제에 대한 구체적인 해결책도 제시하고자 노력하였다.

이 책에는 산업보안관리사 자격시험 대비를 위한 내용도 포함되어 있다. 국가공인 산업보안관리사 자격시험은 국가의 산업보안 전문가 양성을 위한 중요한 제도이다. 이 책은 시험에 필요한 법령과 정책 내용을 충실히 반영하여 저술하였으며, 자격시험을 준비하는 이들이 효율적으로 학습할 수 있도록 구성하였다. 법령과 정책을 이해하는 것이 단순히 시험 대비뿐만 아니라, 실무에서도 중요한 능력으로 작용할 수 있음을 염두에 두었다.

최근 인공 지능의 발전은 산업보안 분야에도 새로운 가능성을 제시하고 있다. 대규모 언어 모델을 이용한 인공 지능의 도입은 산업 스파이 문제를 보다 깊이 이해하고 분석할 수 있는 새로운 도구가 되고 있다. 본 저술 과정에서 인공 지능과의 대화를 통해 자료를 수집하고, 문제점을 분석하며, 해결 방안을 도출하는 데 큰 도움을 받았다. 특히, 다양한 인공 지능 모델과의 질의응답을 통해 심층적인 분석을 시도하였고, 그 결과를 본 책의 내용에 반영하였다. 이를 통해 독자들이 기존의 산업보안 관행을 넘어, 새로운 기술적 도구를 활용한 대응 방안에 대한 통찰을 얻을 수 있을 것이다.

이 책이 산업보안에 대한 폭넓은 이해를 돕고, 국가와 기업이 산업 스파이의 위협으로부터 효과적으로 대응할 수 있는 실질적인 지침이 되기를 바란다. 또한, 산업보안을 공부하는 학생들, 연구자들, 그리고 현장에서 산업보안을 관리하는 실무자들에게 유익한 자료로 자리매김할 수 있기를 기대한다. 나아가 국가안보와 경제적 번영을 위한 산업보안의 중요성이 널리 인식되고, 그 실행에 있어 이 책이 작은 기여를 할 수 있기를 바란다.

** 저술 방법 일러두기 **

최근 대규모 언어 모델을 이용한 인공 지능의 발달에 따라 이러한 인공 지능을 활용해 첨단 산업 스파이 문제에 대한 인사이트를 얻고자 대화를 하고, 이러한 대화의 내용을 저술 내용에 포함하였다. Copilot을 주로 사용하고, 클로바 X, Claude, Gemini 등 인공 지능 모델과 질의응답을 통해 자료 수집, 번역, 심층적인 문제점 및 원인 분석, 체계적인 대응 방안에 대한 도움을 받고 이를 참고하여 서술하였음을 밝혀 둔다.

'이 저서는 2024년도 가천대학교 교내연구비 지원에 의한 결과임(GCU-202400070001)

This wark was supported by the Gachon University research fund of 2024(GCU-202400070001)'

■ 목차 ■

제1편 산업 스파이의 국가안보 위협 대응

제1장 | 산업 스파이의 의의 - 16

1. 스파이(spy) - 16
2. 산업 스파이 - 17
3. 산업 스파이 대상 - 17
4. 산업 스파이 원인 - 21
5. 산업 스파이 활동 특성 - 25

제2장 | 산업 스파이 포섭 - 29

1. 산업 스파이 포섭(recruitment) 공작의 의의 - 29
2. 포섭 공작의 대상 - 30
3. 포섭(recruitment)에 활용되는 취약점과 동기 - 31
4. 포섭 공작의 과정과 방법 - 32
5. 포섭된 자의 징후 - 35
6. 포섭 예방 방안 - 36

제3장 | FBI의 "엘리시테이션(Elicitation) 예방 방법" - 37

1. 엘리시테이션(Elicitation)이란? - 37
2. 엘리시테이션이 효과적인 이유 - 38
3. 엘리시테이션 시도 기법들 - 40
4. 엘리시테이션 시도 방어 방법 - 43

제4장 | **미국의 공급망 위험 관리 방안** - 45

1. 미국 공급망 위험 관리(SCRM) - 45
2. 공급망 위험 평가 개발을 위한 권성 사항 46

제5장 | **내부자 위협 감지 및 저지 방법** - 51

1. 의의 - 51
2. 개인 요인(personal factors) 탐지 - 51
3. 조직 요인(organizational factors) 탐지 - 53
4. 행태 요인(behavioral indicators) 탐지 - 53
5. 대응 방안 - 55

제6장 | **소셜 네트워크 위협 감지 및 저지** - 56

1. 예방 필요성 및 조치들 - 56
2. 소셜 네트워킹 사이트의 취약성 - 59
3. 소셜 네트워크 악용 방법들 - 59

제7장 | **방문자 위협 완화** - 62

1. 예방 필요성 및 조치들 - 62
2. 일반 지침 - 62
3. 시설 투어 중 보안 - 63
4. 장기 방문 및 공동 프로젝트 중 보안 - 65
5. 외부인 방문 후 보안 조치 - 67

제8장 | 사이버 안보 위협 대응 - 68

1. 사이버 스파이 활동의 의의 - 68
2. 사이버 스파이 특성 - 69
3. 하이브리드 전쟁 및 사이버 스파이 활동 - 70
4. 코그니티브 해킹(Cognitive Hacking) 대응 - 72

제2편 국가첨단전략산업법 해설

제1장 | 국가첨단전략산업법 - 76

제1조(목적) - 76
제2조(정의) - 79
제3조(국가 및 지방자치단체 등의 책무) - 86
제4조(다른 법률과의 관계) - 88

제2장 | 전략산업등의 육성·보호 기본계획 등 - 90

제5조(전략산업등 육성·보호 기본계획의 수립 등) - 90
제6조(전략산업등 육성·보호 실행계획의 수립) - 93
제7조(전략산업등 현황조사 및 발전전망 예측) - 95
제8조(전략산업등 관련 통계의 작성) - 96
제9조(국가첨단전략산업위원회) - 98
제10조(긴급수급안정화를 위한 조정) - 103

제3장 | 국가첨단전략기술의 지정 및 관리 - 110

제11조(전략기술의 지정·변경 및 해제 등) - 110
제12조(전략기술의 수출 승인 등) - 115
제13조(전략기술보유자의 해외 인수·합병 등) - 120

제14조(전략기술의 보호조치 등) - 126
제15조(전략기술 유출 및 침해행위 금지) - 133

제4장 | 전략산업 특화단지의 지정 및 특례 등 - 139

제16조(전략산업 특화단지의 지정) - 139
제17조(특화단지의 지정 해제) - 143
제18조(특화단지육성시책) - 145
제19조(다른 법률에 따른 인·허가등의 신속처리 특례) - 147
제20조(특화단지 조성·운영 지원) - 150
제21조(특화단지 입주기관 지원) - 151
제22조(부담금 감면에 관한 특례) - 154
제23조(민원의 신속처리에 관한 특례) - 155

제5장 | 전략산업등의 혁신발전 지원 및 기반조성 - 157

제24조(중소기업 등의 혁신발전 지원) - 157
제25조(국가첨단전략기술개발사업의 추진) - 159
제25조의2(전략산업등 선도사업 지원) - 161
제26조(기술개발사업 촉진에 관한 특례) - 163
제27조(예비타당성조사에 관한 특례) - 165
제27조의2(공기업·준정부기관 사업 예비타당성조사에 관한 특례) - 167
제28조(다른 특별회계 등을 통한 지원) - 169
제28조의2(전략기술보유자의 지원 신청 등) - 170
제29조(규제개선의 신청 등) - 172
제30조(규제개선 관리 및 감독 등) - 174
제31조(국제협력 등의 사업화 지원) - 176
제32조(투자 활성화를 위한 지원) - 177
제33조(유해화학물질 안전교육에 관한 특례) - 179
제34조(세제 지원에 관한 특례) - 180

제6장 | **전략산업등 전문인력의 양성** - 182

제35조(전문인력양성) - 182
제36조(계약에 의한 직업교육훈련과정 등의 설치 지원) - 184
제37조(국가첨단전략산업 특성화대학등의 지정 등) - 186
제37조의2(교육공무원 등의 임용 자격기준, 겸임 또는 겸직에 관한 특례) - 187
제37조의3(교육공무원 등의 휴직 허용) - 189
제38조(전략산업종합교육센터의 지정 등) - 191
제39조(해외 우수인력의 발굴·유치 및 특례) - 193

제7장 | **산업생태계 연대협력 촉진** - 196

제40조(연대협력 촉진을 위한 책무) - 196
제41조(연대협력 협의회) - 197
제42조(연대협력모델의 발굴) - 199
제43조(연대협력모델에 대한 지원) - 201
제44조(연대협력 촉진을 위한 「독점규제 및 공정거래에 관한 법률」의 특례) - 203

제8장 | **보칙 등** - 205

제45조(자료 제출 및 검사 등) - 205
제46조(청문) - 207
제47조(권한의 위임·위탁) - 208
제48조(적극행정 면책 특례) - 209
제49조(벌칙 적용에서 공무원 의제) - 211
제50조(벌칙) - 212
제51조(과태료) - 215

제3편 방위산업기술 보호법 해설

제1조(목적) - 219

제2조(정의) - 221

제3조(다른 법률과의 관계) - 237

제4조(종합계획의 수립·시행) - 238

제5조(시행계획의 수립·시행) - 240

제6조(방위산업기술보호위원회) - 242

제7조(방위산업기술의 지정·변경 및 해제 등) - 247

제8조(연구개발사업 수행 시 방위산업기술의 보호) - 250

제9조(방위산업기술의 수출 및 국내이전 시 보호) - 252

제10조(방위산업기술의 유출 및 침해 금지) - 255

제11조(방위산업기술의 유출 및 침해 신고 등) - 258

제11조의2(조사) - 261

제12조(방위산업기술 보호를 위한 실태조사) - 270

제13조(방위산업기술 보호체계의 구축·운영 등) - 272

제14조(방위산업기술 보호를 위한 지원) - 276

제15조(국제협력) - 279

제16조(방위산업기술 보호에 관한 교육) - 283

제17조(포상 및 신고자 보호 등) - 286

제18조(자료요구) - 288

제19조(비밀 유지의 의무 등) - 290

제20조(벌칙 적용에서 공무원 의제) - 294

제21조(벌칙) - 298

제22조(예비·음모) - 301

제23조(양벌규정) - 303

제24조(과태료) - 305

제1편

산업 스파이의 국가안보 위협 대응

제1장 산업 스파이의 의의

1. 스파이(spy)

스파이(spy)는 비밀 또는 기밀로 간주되는 정보를 입수하는 사람을 의미한다.[1] 유사한 의미로 쓰이는 용어인 간첩은 타국의 비밀이나 상황, 정보 등을 입수하여 자국에 보고하는 사람을 의미한다. 사전적 의미에서 스파이 활동(spying, espionage)은 비밀 또는 기밀 정보를 획득하거나 유형적 이익을 위해 정보 보유자의 허가나 동의 등이 없는데도 이를 누설하는 행위를 말한다.[2]

국가를 위해 일하는 스파이는 간첩이라고 보면 된다. 간첩 활동은 국가가 군사적 목적으로 잠재적 혹은 실제 적에 대해 염탐하는 것과 관련되는 것이 많다. 간첩(間諜)은 간자(間者)와 첩자(諜者)를 아울러 이르는 말인데, 간자는 이간질을 통해 적진의 내부 와해 또는 분란을 발생하게 하는 사람이며, 첩자는 첩보 수집을 하는 사람을 말한다.[3]

거의 모든 나라가 자국의 이익을 위해 상대국의 국가 기밀과 산업 기밀을 수집하고, 자국에 유리한 방향으로 정책이 결정되도록 영향력을 행사하는 등 치열한 정보활동을 전개하고 있다.[4] 이러한 스파이 활동을 방지하는 활동을 방첩(counterintelligence)이라고 한다.

---

1) https://en.wikipedia.org/wiki/Spy_(disambiguation) 2022.1.17.
2) https://en.wikipedia.org/wiki/Espionage 2022.1.17.
3) https://namu.wiki/w/%EA%B0%84%EC%B2%A9 2022.1.18.
4) 국가정보원(2013). 『SPY가 당신을 노리고 있다』, 1쪽.

2. 산업 스파이

기업의 기술이나 정보와 관련된 스파이는 '산업 스파이'라고 부르고 있다. 산업 기술 또는 경영 정보 등을 취득하거나 사용하거나 공개하는 활동을 한다. 산업 스파이란 경쟁국이나 기업이 비밀로 관리하는 산업 정보를 부정한 목적과 수단으로 정탐하고 유출하는 일체의 행위를 하는 사람을 말한다. 주로 첨단 기술, 경영 정보, 경제 정책 등에 관한 정보를 대상으로 하여 스파이 활동을 하는 사람인 것이다.[5]

오늘날 산업 스파이 활동 개념은 더 확대되어 있다. 세계 여러 나라들이 각국의 사정에 따라 법적으로 산업 스파이를 처벌하기 위해 개념 규정을 여러 특별법에 두고 있다. 우리나라는 부정경쟁방지법, 산업기술의 유출방지 및 보호에 관한 법률, 국가첨단전략산업기술 경쟁력 강화 및 보호에 관한 특별조치법, 방위산업기술보호법 등에서 중요한 산업 스파이 행위 금지를 규정하고 있다.

3. 산업 스파이 대상

산업 스파이 대상 기관이나 기업이 보유하고 있는 산업 기술, 유형 및 무형의 자산은 다양하다. 역사적으로 경제 스파이 활동은 국방 관련 산업과 첨단 기술 산업을 표적으로 삼았다. 그러나 최근 사례에 따르면 크든 작든 어떤 산업도 위협으로부터 면역되지 않는 것으로 나타났다. 독점 제품, 프로세스 또는 아이디어를 보유한 모든 회사가 표적이 될 수 있다. 보호되지 않은 영업 비밀은 불법적으로 도난당할 수 있다.[6]

기업은 제품 및 시장 정보 등을 수집하여 활용하고 있는데, 그중에서도 가장 관심을 두는 것은 경쟁 기업의 기술 정보이다. 첨단 기술 연구 개발에는 많은 시간·자금·인력 등이 소요되므로 이러한 부분을 쉽게 절감하기 위하여 산업 스파이를 동원하기도 한다.[7] 세계 각국은 자국의 국가안보와 직결되는 방산 기술을 개발하고 경쟁국의 방산 정보를 수집하는 데 총력을 기울이고 있다.

---

5) https://www.nis.go.kr/AF/1_5.do 2022.1.18.
6) https://www.fbi.gov/investigate/counterintelligence 2024.6.19.
7) https://www.nis.go.kr/AF/1_5.do 2024.6.19.

실제 어느 것이 산업 스파이의 활동 대상이 될지 위험을 평가해 보고 대책을 수립하여야 한다. 하나의 자산에 여러 가지 기술이나 영업 비밀 등 정보가 포함되어 있을 수 있다. 산업 스파이들이 타깃으로 삼을 수 있는 보유 자산을 정보 자산, 문서 자산, 소프트웨어 자산, 물리적 자산, 인력 자산, 대외 기관 제공 서비스 등 다양하며, 기술에만 한정되지 않는다.[8)]

구분	주요 내용
정보 자산	대상 기관이 보유하거나 관리하는 모든 종류의 정보; 설계, 생산 기술, 공정 기술, 금융, 세일즈, 마케팅, 조직, 데이터베이스, 개인 정보 등
문서 자산	대상 기관이 보유하거나 관리하고 있는 모든 출력 문서; 정책, 지침, 인사 기록, 재무, 회계, 업무 관련 문서 등
소프트웨어 자산	정보 시스템에서 사용하는 프로그램; 운영 프로그램, 앱, 통신 프로그램 등
물리적 자산	업무에 활용하고 있는 하드웨어; PC, 서버, 장비, 공장 시설, 사무 시설 등
인력 자산	대상 기관에 속하는 모든 인원; 내부 직원, 퇴직자, 제3자(컨설턴트, 외주업체 등), 협력사 직원, 고객 등
대외 기관 제공 서비스	대외 기관에서 제공받는 서비스; 정보 서비스, 통신 서비스, 전원, 수도, 사무실 등

표 1 산업 스파이 대상 보유 자산

1) 정보 자산

정보 자산은 기업이 보유하거나 관리하는 모든 종류의 정보를 포함한다. 여기에는 설계, 생산 기술, 공정 기술, 금융 정보, 세일즈 전략, 마케팅 자료, 조직 구조, 데이터베이스, 개인 정보 등이 포함된다.

정보 자산은 기업의 핵심 경쟁력을 구성하는 요소로, 외부에 유출될 경우 심각한 피해를 초래할 수 있다. 특히 설계나 생산 기술 등은 산업 스파이의 주요 타깃이 된다. 금융 정보나 세일즈 전략이 유출될 경우 경쟁사에 의해 악용될 수 있으며, 개인정보의 유출은 법적 문제를 야기할 수 있다. 정보 자산의 보호 방법을 예로 들면, 다음과 같은 보안 방법이 중요하다.

8) https://www.nis.go.kr/AF/1_11.do 2024.6.19.

- 기업 내부에 강력한 정보 보호 정책을 수립하고 이를 엄격히 준수해야 한다.
- 중요한 정보는 반드시 암호화하여 저장하고 전송해야 한다.
- 정보 자산에 대한 접근 권한을 최소한으로 제한하고, 정기적으로 권한을 검토 및 갱신해야 한다.
- 정보 접근 및 이동을 실시간으로 모니터링하여 비정상적인 활동을 즉시 탐지할 수 있는 시스템을 구축한다.

2) 문서 자산

문서 자산은 기업이 보유하거나 관리하는 모든 출력 문서를 의미한다. 여기에는 정책, 지침, 인사 기록, 재무 보고서, 회계 자료, 업무 관련 문서 등이 포함된다.

문서 자산은 상대적으로 쉽게 복사 및 유출될 수 있어 산업 스파이의 주요 목표가 된다. 특히 인사 기록이나 재무 보고서 등의 민감한 정보가 유출될 경우 기업의 평판에 심각한 손상을 입힐 수 있다. 보호 방법의 예시로는 다음과 같은 보안 방법이 중요하다.

- 중앙 집중형 문서 관리 시스템을 도입하여 문서의 생성, 수정, 접근, 삭제 등을 체계적으로 관리한다.
- 중요한 문서의 인쇄 시 보안 인쇄 기능을 활용하여 인쇄된 문서의 불법 복사를 방지한다.
- 모든 직원에게 기밀 유지 서약서를 작성하게 하여 문서 자산의 보호에 대한 인식을 높인다.

3) 소프트웨어 자산

소프트웨어 자산은 정보 시스템에서 사용하는 모든 종류의 프로그램을 포함한다. 여기에는 운영 프로그램, 애플리케이션, 통신 프로그램 등이 포함된다.

소프트웨어 자산이 외부에 유출되거나 악성 소프트웨어에 의해 손상될 경우 기업의 운영에 치명적인 영향을 미칠 수 있다. 특히 운영 프로그램이나 통신 프로그램이 악성 코드에 감염될 경우 시스템 전체가 마비될 수 있다. 보호 대책으로 예를 들면, 다음과 같은 보안 방법들이 중요하다.

- 최신 보안 소프트웨어를 설치하여 악성 코드 및 해킹 시도를 차단한다.

- 소프트웨어를 정기적으로 업데이트하여 최신 보안 패치를 적용한다.
- 정기적으로 소프트웨어와 데이터를 백업하여 시스템 장애 시 신속히 복구할 수 있도록 한다.

4) 물리적 자산

물리적 자산은 업무에 활용되는 모든 하드웨어를 포함한다. 여기에는 PC, 서버, 장비, 공장 시설, 사무 시설 등이 포함된다.

물리적 자산이 도난당하거나 손상될 경우 업무에 직접적인 지장을 초래할 수 있다. 특히 서버나 PC에 저장된 데이터가 유출될 경우 심각한 정보 유출 사고로 이어질 수 있다. 대책으로 예를 들면, 다음과 같은 보안 방법들이 중요하다.

- 중요한 하드웨어가 보관된 장소에 대해 접근 통제 및 CCTV 설치 등 물리적 보안을 강화한다.
- 모든 장비에 대해 일련번호를 부여하고 정기적으로 점검하여 분실이나 도난을 방지한다.
- 물리적 자산에 저장된 데이터는 암호화하고, 외부 저장 매체 사용을 제한한다.

5) 인력 자산

인력 자산은 기업에 속하는 모든 인원을 의미한다. 여기에는 내부 직원, 퇴직자, 제3자(컨설턴트, 외주 업체 직원 등), 협력사 직원, 고객 등이 포함된다.

인력 자산은 가장 예측하기 어려운 요소로, 내부 직원의 비밀 유지 실패나 외부 협력자의 악의적인 행동은 큰 위험을 초래할 수 있다. 특히 퇴직자나 외주 업체 직원은 기업의 기밀을 악용할 가능성이 크다. 보호 대책으로 예를 들면, 다음과 같은 보안 방법들이 중요하다.

- 모든 직원에게 정기적인 보안 교육을 실시하여 기밀 유지의 중요성을 인식시킨다.
- 신규 직원 및 외부 협력자에 대해 철저한 신원 확인 절차를 거치도록 한다.
- 퇴직자에 대해서는 즉시 모든 접근 권한을 철회하고, 퇴직 후 기밀 유지 서약서를 재확인한다.

6) 대외 기관 제공 서비스

대외 기관으로부터 제공받는 서비스는 외부 기관에서 제공받는 모든 종류의 서비스를 포함한다. 여기에는 정보 서비스, 통신 서비스, 전원, 수도, 사무실 등이 포함된다.

대외 기관 제공 서비스에 의존하는 경우, 서비스 중단이나 정보 유출의 위험이 존재한다. 특히 통신 서비스나 정보 서비스의 중단은 기업 운영에 큰 차질을 빚을 수 있다. 보호 대책으로 예를 들면, 다음과 같은 보안 방법들이 중요하다.

- 특정 서비스에 대한 의존도를 낮추기 위해 다중 공급자를 활용한다.
- 외부 기관과 서비스 수준 협약(SLA)을 체결하여 서비스 중단 시 신속한 대응을 보장받도록 한다.
- 외부 기관의 보안 수준을 정기적으로 평가하여 취약점을 사전에 식별하고 대응한다.

산업 스파이는 다양한 자산을 목표로 활동하며, 이들을 효과적으로 보호하기 위해서는 각 자산군에 대한 상세한 이해와 맞춤형 보안 대책이 필요하다. 정보 자산, 문서 자산, 소프트웨어 자산, 물리적 자산, 인력 자산, 대외 기관 제공 서비스 각각에 대한 구체적인 위험 평가와 대응 방안을 수립함으로써 산업 스파이로부터 기업의 자산을 보호하고 경쟁력을 유지할 수 있게 해야 한다.

산업 스파이 대응에서 포괄적인 접근 방식은 기업이 직면할 수 있는 다양한 위협에 대해 보다 철저히 대비할 수 있게 하며, 궁극적으로는 안정적이고 지속 가능한 경영 환경을 조성하는 데 기여할 것이다.

4. 산업 스파이 원인

산업 스파이 행위의 동기에는 인간의 이기심이 바탕을 이루고 있다. 인간이 자신의 생존을 위해 하는 활동이기 때문에 이기심과 욕심에 대해 알아야 이해할 수 있는 행위이다.[9] 산업 스파이 활동의 많은 경우가 인간의 자기 생존과 관련되어 있다. 아무리 첨단 보안 장비를 갖춘다 해도 산업 스

9) 최선태(2009). 『21세기 산업보안론』, 진영사, 3쪽.

파이 행위가 근절된다는 보장은 없다. 첨단 보안 시스템은 인간의 이기심을 이용하는 기술과 수법 및 다양한 사회 공학(social engineering) 수법에 의해 허점을 드러내고 있으며, 산업보안에서도 사람이 가장 중요한 예방 요소가 되고 있다.

기업은 제품 및 시장 정보 등을 수집하여 활용하고 있는데, 그중에서도 가장 관심을 두는 것은 경쟁 기업의 기술 정보라고 할 수 있다. 첨단 기술 연구 개발에는 많은 시간·자금·인력 등이 소요되므로 이러한 부분을 쉽게 절감하기 위하여 산업 스파이를 이용하게 된다.[10)]

1) 인간의 이기심과 생존 욕구

산업 스파이 행위의 근본적인 동기는 개인의 이기심과 생존에 대한 욕구에서 비롯된다. 인간은 본질적으로 자신의 이익을 추구하는 경향이 있으며, 이는 때로 비윤리적이거나 불법적인 행동으로 이어질 수 있다. 특히 경제적 압박이나 사회적 지위 상승에 대한 욕구가 강할 때, 개인은 산업 스파이 활동에 가담할 가능성이 높아진다.

예를 들어, 금전적 어려움에 처한 직원이 경쟁사로부터 회사의 기밀 정보를 넘기는 대가로 거액을 제안받았을 때, 윤리적 갈등을 겪지만 결국 자신의 경제적 이익을 위해 스파이 행위를 선택할 수 있다. 또한, 승진이나 인정에 대한 욕구가 강한 직원이 자신의 성과를 높이기 위해 불법적인 방법으로 정보를 획득하려는 시도를 할 수 있다.

2) 경제적 이익 추구

기업의 입장에서 산업 스파이를 활용하는 주된 이유는 막대한 경제적 이익 때문이다. 신제품 개발이나 기술 혁신에 드는 비용과 시간을 크게 절감할 수 있기 때문이다. 예를 들어, 첨단 반도체 기술을 개발하는 데 수년의 시간과 수십억 달러의 비용이 들 수 있지만, 이를 산업 스파이를 통해 획득한다면 그 비용의 일부만으로도 경쟁력 있는 제품을 시장에 내놓을 수 있다.

또한, 경쟁사의 마케팅 전략, 고객 데이터, 가격 정책 등의 정보를 입수함으로써 시장에서 우위를 점하고 더 많은 수익을 창출할 수 있다. 이러한 경제적 이익은 기업으로 하여금 윤리적 기준을 낮추고 불법적인 방법을 택하게 만드는 강력한 유인이 된다.

---

10) https://www.nis.go.kr/AF/1_5.do 2022.1.18.

3) 기술 격차 해소

특히 개발 도상국이나 기술력이 뒤처진 기업들이 선진 기술을 빠르게 따라잡기 위해 산업 스파이를 활용하는 경우가 많다. 정상적인 방법으로 기술 개발을 진행할 경우 경쟁에서 영원히 뒤처질 수 있다는 위기감이 이러한 행동의 배경이 된다.

예를 들어, 일부 기업들이 첨단 기술 기업들을 대상으로 지속적인 사이버 공격을 시도하는 것은 이러한 맥락에서 이해할 수 있다. 단기간에 기술 격차를 줄이고 글로벌 시장에서 경쟁력을 확보하려는 전략의 일환이다.

4) 시간과 비용 절감

연구 개발에 투자되는 막대한 시간과 비용은 기업에게 큰 부담이 된다. 산업 스파이를 통해 이미 개발된 기술이나 정보를 획득함으로써 이러한 부담을 크게 줄일 수 있다. 특히 시장 진입 시기가 중요한 산업에서는 이러한 시간 절감이 결정적인 경쟁 우위로 작용할 수 있다.

예를 들어, 신약 개발 과정에서 임상 시험 데이터를 산업 스파이를 통해 획득한다면, 수년의 연구 기간과 수억 달러의 비용을 절감할 수 있다. 이는 제약 회사에게 엄청난 경제적 이익을 가져다 줄 수 있으며, 때로는 기업의 생존과 직결되는 문제가 될 수 있다.

5) 시장 경쟁의 심화

글로벌화로 인해 기업 간 경쟁이 더욱 치열해지면서, 경쟁 우위를 확보하기 위한 수단으로 산업 스파이가 활용되고 있다. 특히 기술 혁신의 속도가 빠른 IT, 바이오, 우주 항공 등의 분야에서 이러한 경향이 두드러지게 나타나고 있다.

예를 들어, 스마트폰 시장에서 각 제조사들은 경쟁사의 신제품 정보를 미리 입수하기 위해 다양한 방법을 동원한다. 이는 단순히 호기심 차원을 넘어서 자사 제품의 개발 방향을 결정하고 마케팅 전략을 수립하는 데 결정적인 영향을 미칠 수 있기 때문이다.

6) 인간의 취약성 이용

첨단 보안 시스템이 발달했음에도 불구하고, 여전히 인간의 심리적, 행동적 취약점을 이용한 사회 공학적 수법이 교묘하게 효과적으로 사용되고 있다. 이는 기술적 방어만으로는 산업 스파이를 완전히 막을 수 없다는 것을 보여 준다.

예를 들어, 피싱 이메일을 통해 직원의 로그인 정보를 탈취하거나, 가짜 구직자로 위장하여 면접 과정에서 회사 정보를 수집하는 등의 방법이 사용된다. 또한, 직원의 불만을 이용하여 정보 유출을 유도하거나, 금전적 보상을 제시하여 내부자의 협조를 얻어 내는 등의 전략도 빈번히 사용된다.

7) 정보의 가치 증대

지식 기반 경제에서 정보와 기술의 가치가 급격히 상승하면서, 이를 획득하려는 시도 역시 증가하고 있다. 특히 빅 데이터, 인공 지능, 양자 컴퓨팅 등 첨단 기술 분야에서 핵심 알고리즘이나 연구 데이터는 그 자체로 엄청난 경제적 가치를 지니고 있다.

예를 들어, 자율 주행 기술 개발에 사용된 방대한 양의 주행 데이터는 그 자체로 수십억 달러의 가치를 지닐 수 있다. 이러한 데이터를 불법적으로 획득한다면, 수년간의 연구 개발 과정을 단숨에 따라잡을 수 있게 된다.

8) 국가 간 경쟁

산업 스파이는 종종 국가 차원의 경제적, 군사적 우위를 확보하기 위한 수단으로 활용된다. 특히 군사 기술이나 첨단 산업 기술의 경우, 국가안보와 직결되는 문제이기 때문에 정부 차원에서 산업 스파이 활동을 지원하거나 묵인하는 경우도 있다.

예를 들어, 냉전 시대 정부가 자국 기업들을 위해 체계적인 산업 스파이 활동을 펼쳤다는 의혹이 제기된 바 있다. 이는 단순한 기업 간 경쟁을 넘어서 국가 전략의 일환으로 산업 스파이가 활용될 수 있음을 보여 준다.

9) 개인의 불만족과 복수심

회사에 대한 불만을 가진 직원이 복수심으로 정보를 유출하는 경우도 산업 스파이의 한 형태다. 이는 단순히 경제적 이익 추구가 아닌, 감정적인 동기에 의한 행동이다.

예를 들어, 부당한 대우를 받았다고 생각하는 직원이 퇴사 전 중요 문서를 유출하거나, 승진에서 탈락한 직원이 경쟁사에 정보를 제공하는 등의 사례가 있다. 이러한 유형의 산업 스파이는 예측하기 어렵고 감정적 동기로 인해 더 큰 피해를 줄 수 있어 기업에게 큰 위협이 된다.

10) 기술 발전의 가속화

기술 혁신의 속도가 빨라지면서 기업들은 끊임없이 새로운 기술을 개발하고 적용해야 하는 압박을 받고 있다. 이러한 환경에서 뒤처지지 않으려는 조급함이 불법적인 방법 사용으로 이어질 수 있다.

예를 들어, 5G 통신 기술 개발 경쟁에서 후발 주자들이 선두 기업의 기술을 탈취하려는 시도를 하는 경우가 있다. 이는 시장 선점의 중요성과 기술 발전 속도에 대한 압박감이 결합된 결과라고 볼 수도 있다.

이러한 다양한 원인들이 복합적으로 작용하여 산업 스파이 행위를 유발하게 된다. 따라서 효과적인 산업 스파이 방지를 위해서는 기술적인 보안 조치뿐만 아니라 인적 요소에 대한 관리, 윤리 교육, 그리고 국제적인 협력과 법적 제도의 강화가 필요하다. 또한, 기업들은 자체적인 연구 개발 능력을 강화하고 혁신적인 기업 문화를 조성함으로써 불법적인 방법에 의존하지 않고도 경쟁력을 유지할 수 있는 방안을 모색해야 할 것이다.

5. 산업 스파이 활동 특성

모든 스파이 활동이 불법으로 처벌되는 것은 아니며 법 집행을 위한 수단으로 이용되는 경우도 있다. 일부 국가의 경우 정부나 기관, 또는 개인들이 제도적으로 스파이 활동을 하기도 한다. 은밀하게 이루어지는 것이 대부분이지만 공개적으로 이루어지기도 한다. 스파이 활동으로 기술이나 정보를 훔치고 다양한 방식으로 상대방의 발전이나 안보를 위협하고 방해하고 있다.

1) 산업 스파이 활동의 합법성과 정부 개입

산업 스파이 활동은 복잡하고 다양한 특성을 지닌다. 모든 산업 스파이 활동이 불법으로 간주되거나 처벌받는 것은 아니다. 때로는 법 집행을 위한 수단으로 사용되기도 한다. 이는 특히 일부 국가에서 더욱 두드러진다. 이러한 국가들은 정부나 기관, 또는 개인들이 제도적으로 산업 스파이 활동을 수행하도록 허용하거나 장려하기도 한다. 이러한 활동은 법의 테두리 내에서 이루어지지만, 목적은 동일하다. 경쟁자의 기술이나 정보를 획득하여 자국의 산업 경쟁력을 강화하거나 국가안보를 확보하는 것이다.

2) 산업 스파이 활동의 은밀성과 공개성

산업 스파이 활동은 대개 은밀하게 이루어지지만, 상황에 따라 공개적으로도 수행된다. 은밀한 활동의 경우, 스파이들은 다양한 방법을 통해 자신들의 존재를 숨기고 정보를 탈취한다. 반면에 공개적으로 이루어지는 경우, 이는 주로 국가 간의 정치적 또는 경제적 전략의 일환으로 이루어진다. 예를 들어, 한 국가가 특정 기술을 개발 중이라는 사실을 공개적으로 밝혀, 다른 국가들이 그 기술에 대한 연구를 중단하거나 방향을 바꾸도록 유도할 수 있다.

3) 기술 및 정보 탈취의 다양한 방법

산업 스파이 활동의 주요 목적 중 하나는 기술이나 정보를 훔치는 것이다. 이는 다양한 방식으로 이루어진다. 전통적인 방식으로는 해킹, 내부자 이용, 물리적 침입 등이 있다. 해킹은 사이버 공격을 통해 기업의 데이터베이스에 접근하여 중요한 정보를 탈취하는 방법이다. 내부자를 이용하는 경우, 기업 내의 직원이나 협력사를 매수하거나 협박하여 기밀 정보를 빼내는 방식이다. 물리적 침입은 실제로 기업의 시설에 침입하여 자료를 복사하거나 훔치는 것이다.

4) 발전 및 안보 위협과 방해 활동

산업 스파이 활동은 상대방의 발전이나 안보를 위협하고 방해하는 데에도 집중된다. 기술 유출은 경쟁 기업의 발전을 저해할 수 있으며, 국가 간의 기술 격차를 줄이는 데 기여할 수 있다. 또한,

중요한 기술이나 정보가 외부로 유출되면, 이는 해당 기업이나 국가의 안보에 큰 위협이 될 수 있다. 예를 들어, 군사 기술이 외부로 유출되면 국가의 방위 능력이 저하될 수 있다.

5) 전략적 정보 수집과 경제적 동기

산업 스파이 활동은 다양한 전략을 통해 이루어진다. 먼저, 정보 수집을 위한 전방위적인 접근이 있다. 이는 경쟁사의 모든 활동을 모니터링하고 분석하여 중요한 정보를 추출하는 것이다. 이러한 정보 수집은 인터넷, 공개된 보고서, 특허 출원서 등 다양한 출처를 통해 이루어진다. 또한, 특정 기술이나 제품의 개발 현황을 파악하기 위해 해당 분야의 전문가를 접촉하는 방법도 있다. 이는 학술회의, 세미나, 콘퍼런스 등에서 이루어질 수 있다.

또한, 산업 스파이 활동은 경제적 이익을 위해 이루어지기도 한다. 이는 특정 기업의 주가를 조작하거나, 경쟁사의 시장 점유율을 낮추기 위한 목적을 가진다. 예를 들어, 경쟁사의 기술이 아직 완성되지 않았다는 정보를 퍼뜨려 해당 기업의 주가를 떨어뜨리는 방법이 있다. 이러한 경제적 동기는 산업 스파이 활동을 더욱 정교하고 조직적으로 만들기도 한다.

6) 다양한 주체에 의한 산업 스파이 활동

산업 스파이 활동의 또 다른 특성은 다양한 주체에 의해 수행된다는 것이다. 이는 단순한 개인부터 대규모 조직, 그리고 국가 기관에 이르기까지 다양하다. 개인의 경우, 주로 금전적 이익이나 개인적 원한을 이유로 활동을 수행한다. 대규모 조직은 주로 기업 간의 경쟁에서 우위를 점하기 위해 활동하며, 국가 기관은 국가안보와 경제적 이익을 보호하기 위해 활동한다. 이러한 다양한 주체는 각기 다른 목표와 방법을 가지고 산업 스파이 활동을 수행한다.

7) 기술 발전과 산업 스파이 활동의 진화

산업 스파이 활동은 또한 기술의 발전과 함께 진화하고 있다. 초기의 산업 스파이 활동은 주로 물리적 접근을 통한 정보 탈취가 주를 이루었다. 그러나 인터넷과 컴퓨터 기술의 발달로 사이버 스파이 활동이 증가하고 있다. 이는 해킹, 피싱, 악성 코드 삽입 등을 통해 이루어진다. 사이버 스파이 활동은 비교적 비용이 적게 들고, 흔적을 남기지 않기 때문에 더욱 널리 사용되고 있다.

8) 국제 협력과 갈등의 요인

산업 스파이 활동은 국제적인 협력과 갈등의 요인이 되기도 한다. 국제적으로 기업 간의 경쟁이 심화됨에 따라, 각국 정부는 자국 기업을 보호하기 위해 타국과 협력하면서 산업 스파이 활동을 감시하고 제재를 가하기도 한다. 또한, 산업 스파이 활동이 적발될 경우, 이는 국가 간의 외교 문제로 비화될 수 있다. 예를 들어, 한 국가가 다른 국가의 기업으로부터 기술을 탈취한 사실이 밝혀지면, 이는 두 국가 간의 외교 관계에 심각한 영향을 미칠 수 있다.

9) 방지 대책과 보안 강화

산업 스파이 활동을 방지하기 위해 기업과 정부는 다양한 대책을 마련하고 있다. 먼저, 기업은 내부 보안을 강화하고, 직원들에 대한 교육을 실시한다. 이는 직원들이 보안의 중요성을 인식하고, 스파이 활동에 대해 경계하도록 하는 것이다. 또한, 최신 보안 기술을 도입하여 해킹과 같은 사이버 공격을 방지한다. 정부는 법적 제재와 국제 협력을 통해 산업 스파이 활동을 억제한다. 이는 산업 스파이 활동에 대한 엄격한 처벌과, 국제적인 정보 공유 및 협력을 통해 이루어진다.

결론적으로, 산업 스파이 활동은 다양한 특성과 목적을 지닌 복잡한 활동이다. 이는 기업과 국가의 기술적, 경제적 우위를 확보하기 위해 이루어지며, 다양한 방법과 주체에 의해 수행된다. 이러한 활동은 기업과 국가의 발전에 심각한 위협이 되므로, 이를 방지하기 위한 체계적인 대책이 필요하다. 기업과 정부는 보안 강화, 법적 제재, 국제 협력 등을 통해 산업 스파이 활동을 억제하고, 정보와 기술을 보호해야 한다.

제2장 산업 스파이 포섭

1. 산업 스파이 포섭(recruitment) 공작의 의의

1) 의의

공적인 접촉과 사적인 접촉 과정에서 마음을 움직일 수 있는 모든 수단을 동원해 스파이들은 대상자의 마음을 움직여 협조하게 한다. 일단 거리감이 좁아지면 대상자가 할 수 있다고 생각되는 수준의 정보를 요구해 가져오도록 한다. 포섭 대상자는 처음에는 잘 모르다가 상당히 포섭 과정이 진행된 후에야 자신이 포섭 대상임을 알게 된다. 자신도 모르는 사이에 공작원으로 포섭되어 버리는 경우도 있다.[11)]

2) 포섭 공작의 주체(외국에서 한국인 대상)

한국의 기술 발전과 선진화에 따라 외국이 탐내는 정보가 많아지고 있고, 외국에서 스파이들을 한국에 파견하여 스파이 활동을 하게 하고 있다.

외국 스파이들은 외교관, 기자, 상사원, 연구원 등으로 신분을 위장하여 활동을 하는 경우도 많다. 이들은 합법적인 활동을 하기도 하고, 치밀한 계획에 의해 한국인을 협조자로 포섭하여 정보를 수집하고 있다.[12)]

외국의 스파이들은 신분이 노출되면 그들의 직업과 생명에 큰 타격을 받게 되므로 신분 노출을 꺼리고 자신을 숨기며 신분을 위장한다. 산업 스파이도 마찬가지로 신분 노출을 최대한 줄이고 포섭 과정을 통해 한국인을 협조자로 만들어 정보를 수집하게 된다.

---

11) 국가정보원(2013). 『SPY가 당신을 노리고 있다』, 20쪽.
12) 국가정보원(2013). 『SPY가 당신을 노리고 있다』, 20쪽.

2. 포섭 공작의 대상

1) 포섭 공작 대상의 의의

포섭(recruitment)은 원하는 정보에 접근이 가능한 사람을 대상으로 하여 포섭을 위한 공작 과정을 거쳐 이루어진다. 포섭이란 포섭 공작을 통해 정보 접근 가능성이 있는 사람을 선별해 나가는 과정이라고 할 수 있다.[13]

대개 100명 중 10명 정도가 대상으로 선정되고, 이들 중 약 3명이 여건 조성 접촉 대상으로 선별되며, 그중 1명 정도가 신뢰받는 정보원으로 최종 포섭될 수 있다고 본다.[14]

2) 포섭 공작의 대상

산업 스파이의 포섭 대상자는 다양하게 분포한다. 기술이나 비밀에 접근이 가능한 사람을 대상으로 하지만 간접적으로 접근을 할 수 있는 사람들도 대상이 될 수 있다.[15] 특히 다음과 같은 사람들이 대상으로 될 가능성이 높다고 할 수 있다.[16]

① 공공 기관 종사자

특히 정부 기관이나 연구소 등에서 비밀이나 민감한 업무를 취급하는 사람은 누구나 잠재적 포섭 대상이 될 수 있다.

② 외국인과 밀접하게 근무하는 자

외국 과학자가 상주하거나 외국인 방문자가 많은 산업 현장이나 연구소에 근무하는 사람들은 포섭 대상이 되기 쉽다.

③ 비밀 취급 담당자

산업 기술이나 영업 비밀을 취급하는 사람은 1차적인 포섭의 대상이 될 수 있다.

④ 기타 보조 인력들

비밀 취급과는 관계없는 사람이라도 포섭 공작의 대상이 될 수 있다. 컴퓨터 시스템 운영자, 시설 관리인, 운전기사 같은 사람을 첩보를 입수하는 통로로 활용할 수 있다. 회사 내에서의 직급이

---

13) 국가정보원(2013). 『SPY가 당신을 노리고 있다』, 8쪽.
14) 국가정보원(2013). 『SPY가 당신을 노리고 있다』, 8쪽.
15) 국가정보원(2013). 『SPY가 당신을 노리고 있다』, 19쪽.
16) 국가정보원(2013). 『SPY가 당신을 노리고 있다』, 19-21쪽.

나 직책으로 포섭대상을 평가하지는 않는다.

⑤ 해외 파견이나 출장 또는 여행자

이들을 자주 하는 사람은 대상이 되기 쉽다. 산업 스파이 포섭 공작을 해외에 나온 사람을 자국이나 제3국에서 쉽고 안전하게 진행할 수 있기 때문이다.

3. 포섭(recruitment)에 활용되는 취약점과 동기

인간의 의식주나 재정 상태, 욕망 등 약점을 찾아내 포섭에 활용하는 경우가 많다. 산업 스파이 포섭에는 다음과 같은 요인들을 많이 활용하므로 이러한 취약점과 포섭에 약한 인간적 동기들을 주의할 필요가 있다.[17]

1) 재정적 궁핍 Poverty

카드 연체, 은행 이자, 과소비, 사교육비 등

2) 탐욕 Greed

자신의 소유보다 더 큰 돈을 벌고자 욕심, 경쟁심 등

3) 불만이나 복수심 Disgruntlement / Revenge

상관이나 조직에 대한 불만, 인간적 복수심 등

4) 장래 보장 Insurance

직장 불안, 승진 탈락, 은퇴 후 생계 걱정 등

5) 과시욕 Recognition

남들이 모르는 비밀을 알고 있다고 과시

6) 두려움 Fear

부정행위, 불륜, 범죄, 사회적 추락 등 노출

7) 애정 관계 Emotional Involvement

인간의 외로움과 애정의 부족을 채워 줌

---

17) 국가정보원(2013). 『SPY가 당신을 노리고 있다』, 22-26쪽.

8) 스릴감 또는 모험심 Thrills / Adventure

자발적 공작원(walk-in)이 되어 스파이처럼 스릴이나 모험을 즐김

9) 미인계 Sex / honey Trap

미인을 이용해 유인, 섹스 장면 촬영 및 유출 협박, 강간 범죄자화

10) 순진성 Naivete

학문 교류, 연구 지원 등 순수한 지원을 가장하여 금전 지원하고 후에 정보 요구

11) 관계 형성 Shared Interest

모임의 일원으로 가입하여 친구로 만들고 은밀한 관계 형성 후 친구의 부탁임을 이용

4. 포섭 공작의 과정과 방법

대개 포섭 공작의 과정은 물색, 평가, 여건 조성, 포섭의 과정을 거친다.[18] 이들의 단계별 방법을 살펴보면 다음과 같다.

1) 물색 spotting

많은 포섭이 될 만한 사람 중에서 가능성이 있는 사람을 찾아보는 다양한 시도와 작업을 하는 과정이다.[19]

○ 첫 만남임에도 당신의 업무에 대해서 자세히 질문

→ 가능한 한 빨리 당신이 시간을 투자해도 될 만한 사람인지를 판단하려 함.

○ 식사에 초대하거나 2차 접촉을 요구

→ 계속 접촉하려는 의사가 있는지 시험함.

○ 당신이 잘 알고 있는 일이나 사람에 대해 고의로 또는 강한 어조로 틀린 사실 언급

→ 바른 정보를 제공토록 당신을 유도하거나 당신이 별다른 의심 없이 사실을 진술하는지를 시험

---

18) 국가정보원(2013). 『SPY가 당신을 노리고 있다』, 9-13쪽.

19) 국가정보원(2013). 『SPY가 당신을 노리고 있다』, 14-15쪽.

○ 특정 회사, 기구 또는 국가의 대표로 위장

→ 당신의 신뢰를 얻거나 당신이 접촉을 편하게 느끼도록 만들려는 의도

○ 공식 채널 대신 이메일, 전화, 인터넷 등을 통해 정보를 요구

→ 당신이 정보 제공 요구를 받았을 때 도움을 주려는 의지가 있는지를 시험. 특히 상대국에서 당신이 유학이나 어학연수 등을 한 적이 있다면 이런 함정에 빠지기 쉬움. 만약 이 요구를 받아들이면 당신은 다음 단계의 목표가 됨.

2) 평가 assessing

실제로 포섭을 하기 위해 협력하는 정도나 위험성을 평가해 보는 시도를 한다.[20]

○ 당신이 민감하다고 생각하는 정보를 당신에게 공개

→ 당신을 자극해서 사실이나 결론을 입증하도록 유도. 당신으로 하여금 그러한 정보에 관해서는 말해도 된다는 인식을 심어 줌.

○ 자국의 경제 개발을 위한 애로 사항이나 적에 의해 위협받는 현실을 언급

→ 자국의 문제에 공감하고 동정심을 유발하여 도움을 주도록 유도함.

○ 당신의 업무 만족도 및 직장 내 대인 관계 등에 관한 문의

→ 현재 직장에 대한 반감이나 소외감 등 이용 가능한 약점을 탐색

○ 대화를 비밀이나 민감한 내용으로 유도

→ 당신이 민감한 사항에 대해서 이야기할 수 있는지 시험

○ 자신이 내세운 신분에 따르면 이미 답을 알고 있어야 할 사람이 그 분야에 대한 상세한 설명을 요구

→ 질문에 답하는 것에 익숙하게 함. 당신이 본인의 지적 수준을 자랑하고자 하는 욕구가 있는지 혹은 중요한 인물로 대우받고자 하는지를 평가

○ 외국 방문 시 귀빈 대우를 해 줌.

→ 어떻게든 보답해야겠다는 의무감을 심어 줌. 편안한 대화와 포섭 여건 조성을 위한 초석을 마련함.

---

20) 국가정보원(2013). 『SPY가 당신을 노리고 있다』, 15-16쪽.

○ 일반적인 관심 분야에 대한 조언 요청

→ 아무리 하찮다 해도 당신이 정보를 제공케 하는 선행 단계. 당신의 해박한 지식에 찬사를 표하거나 당신을 중요한 사람이라 느끼게 해 줄 경우, 당신이 보다 솔직해지고 거리낌 없이 발언하게 되는지를 시험

3) 여건 조성 Development

포섭을 위한 여건을 조성해 가는 과정으로 협력 요청에 응하도록 하는 환경을 만들어 간다.[21]

○ 세미나 참석이나 안식년 등을 활용한 무료 해외 초청

→ 일반적으로 초청은 순수한 의도일 수 있으나 만약 외국 정보 기관이 기획했다면 당신은 다른 목적으로 초청된 것으로 보아야 함.

→ 보은 심리와 책임감을 자극시키는 동시에 과음, 암시장에서의 불법 현금 교환 또는 성적 유인 등을 이용하는 포섭 시도가 용이한 자신들의 환경으로 유도함.

○ 실무적 사항에 대한 대화 중에 음주를 권유

→ 민감한 정보를 이끌어 내려 시도하거나 음주 상태에서 당신을 공범으로 끌어들일 수 있도록 유도함.

○ 아무리 사소한 정보를 제공한 경우에도 사례금을 제공

→ 금전욕을 자극, 돈을 위해 정보를 제공하도록 환경 조성

○ 보상에 대한 언급 없이 일반적인 보고서 또는 내부 전화번호부 같은 비밀이 아닌 정보를 제공해 달라거나 다른 사람을 소개해 달라고 요청

→ 당신이 협조적인 상태가 되었는지를 시험하거나 정보를 제공하도록 길들임.

○ 편의나 금품 제공을 통해 조직 내부의 비밀 또는 독점 정보를 요구

→ 여건 조성의 단계를 거쳐 포섭을 위한 최종 단계로 진행

21) 국가정보원(2013). 『SPY가 당신을 노리고 있다』, 17-18쪽.

5. 포섭된 자의 징후

포섭을 당하는 경우에는 정보 제공을 하는 과정에서 실수나 부자연스러운 행위, 불법 행위, 범죄 등으로 이어질 수 있다. 포섭된 사람들은 정보를 수집하여 요구자에게 제공하여야 한다. 정보 제공의 대가 또는 정보 수집을 위한 비용을 받기도 하므로 주변에서 그러한 징후를 탐지할 수도 있다.

1) 정보 수집 징후[22)]

- 비밀 취급 인가받지 않은 사람이 비밀 열람 등을 요구
- 비밀을 파기하는 것을 보지 못한 동료에게 비밀 파기 확인을 요구
- 비밀 취급권자에게 업무 외의 활동으로 부수입을 올릴 수 있다고 제의
- 자신의 업무 영역 외의 사항에 대해 과도한 질문이나 호기심을 보임
- 인가 없이 비밀 등을 취급 지역 외의 곳으로 반출하거나 시도
- 소속 기관장이나 주인의 허락 없이 전임 부서나 회사의 비밀 등을 무단으로 보관
- 비밀 전송 또는 재생산의 목적으로 과도하게 복사기, 팩스, 컴퓨터 등 사용
- 긴급한 업무가 없음에도 동료들이 퇴근한 후 사무실에 남아 있거나 휴일에 사무실에 나옴
- 빈번하게 카메라나 USB 기록 매체를 소지한 채 출근
- 승인 없이 업무를 이유로 비밀, USB, 서류 등을 가지고 퇴근 또는 출장
- 사무실 내에서 과도하게 카메라나 스마트폰 등으로 촬영

2) 정보 제공 징후[23)]

- 자택이나 비인가 장소에 비밀을 보관
- 특별한 이유 없이 단기 해외여행을 자주 하거나 주한 외국 공관 등을 방문
- 과도하게 팩스나 이메일을 사용하는 경우
- 해외여행 사실 혹은 외국인과의 접촉이나 친분 관계 등을 은폐
- 해외여행 후 여권에 방문 국가의 입국 인장이 없음

---

22) 국가정보원(2013). 『SPY가 당신을 노리고 있다』, 27-28쪽.
23) 국가정보원(2013). 『SPY가 당신을 노리고 있다』, 29쪽.

- 소속 기관장의 승인 없이 주한 외교관이나 외국 기업 대표단 등 외국인과 계속 접촉

3) 대가 수수 징후[24)]

- 겉으로 드러나 수입에 걸맞지 않게 풍요로운 생활
- 수입을 초과하는 고가품 구입 또는 잦은 해외여행
- 돈 문제로 어려움을 겪던 사람이 빚을 쉽게 갚음
- 외국 정보 기관의 업무에 관한 농담이나 허풍을 떠는 모습
- 출처가 불분명한 수입원을 두고 있음

6. 포섭 예방 방안

- 누구든 포섭의 대상이 될 수 있음을 인식하고 주의
- 기술이나 영업 비밀에 대해 유출될 수 있는 발언 삼가
- 외국인이나 외부인과 공적 혹은 사적 접촉에서 불만이나 경제적 곤란 등 누설 주의
- 지나친 호의나 도움 제공은 포섭 과정일 수 있음을 인식
- 과음, 불법 행위, 성적 유인 등 유혹과 덫을 주의
- 외국 기관원, 기자, 연구원 등 지나친 신뢰 주의

24) 국가정보원(2013). 『SPY가 당신을 노리고 있다』, 29쪽.

제3장 FBI의 "엘리시테이션(Elicitation) 예방 방법"

이 장에서는 FBI가 공개한 산업 스파이 방첩을 위한 "엘리시테이션(Elicitation) 예방 방법"[25]에 대해 정리해 보고자 한다. 주로 미국의 배경과 사례를 바탕으로 한 것이며, 사회 문화가 다른 배경에서는 다르게 적용할 수 있을 것이다. 산업 스파이들의 수법으로 미국에서 사용되는 엘리시테이션은 변형되어 사용될 수 있기 때문에 기본적인 틀을 이해하고 있으면 응용도 가능할 것이다.

1. 엘리시테이션(Elicitation)이란?

1) 엘리시테이션 정의

엘리시테이션(Elicitation)이란 사람들이 심문을 받고 있다는 느낌을 주지 않으면서 대화를 전략적으로 사용하여 정보를 추출하는 것을 말한다.

엘리시테이션(Elicitation)은 정보를 은밀하게 수집하는 기법이다. 이는 특정 목적을 가진 대화로, 쉽게 이용할 수 없는 정보를 수집하고 특정 사실을 찾고 있다는 의심을 일으키지 않는 것을 목표로 한다. 이 대화는 대개 위협적이지 않고, 쉽게 위장할 수 있으며, 부인할 수 있고, 효과도 크다. 대화는 대면, 전화 또는 서면으로 이루어질 수 있다.

숙련된 수집가가 수행하는 엘리시테이션은 정상적인 사회적 또는 직업적 대화처럼 보일 것이다. 대상자는 자신이 엘리시테이션의 목표가 되었거나 의미 있는 정보를 제공했다는 사실을 전혀 깨닫

25) https://www.fbi.gov/file-repository/elicitation-brochure.pdf/view 2024.6.5.
Elicitation Techniques, Elicitation is a technique used to collect information that is not readily available and do so without raising suspicion that specific facts are being sought. elicitation-brochure.pdf

지 못할 수 있다.

2) 엘리시테이션의 보편적 특성

엘리시테이션은 어디서나 발생할 수 있다. 사회적 모임, 회의, 전화 통화, 거리, 인터넷, 또는 누군가의 집에서 발생할 수 있다. 엘리시테이터는 귀하 또는 귀하의 동료에 대한 정보를 수집하여 향후 목표 시도를 용이하게 할 수 있다. 실제 다양한 시간과 장소에서 발생하며, 엘리시테이션은 드물지 않다.

많은 경쟁 사업 정보 수집가와 외국 정보 요원들이 엘리시테이션 전술을 훈련받고 있다. 그들의 임무는 공개되지 않은 정보를 얻는 것이다. 경쟁 업체는 타사의 정보를 원할 수 있고, 외국 정보 요원은 미국의 방위 기술에 대한 내부 정보를 원할 수도 있다.

3) 엘리시테이션의 은밀함

사람들이 목적을 드러내지 않고 누군가에 대한 정보를 발견하는 것은 드문 일이 아니다. 예를 들어, 누군가를 위한 깜짝 파티를 계획하면서 그 사람의 일정, 희망 목록, 음식 선호도 등을 알아내기도 한다. 상대방이 정보를 수집하고 있음을 알지 못하도록 하기 위한 방법으로 정보를 수집하는 것이다. 문제가 되는 것은 숙련된 엘리시테이터가 귀하가 인식하지 못하고 우회하지 않은 상태에서 귀하로부터 귀하가 의도하지 않은 귀중한 정보를 얻을 수 있다는 것이다.

엘리시테이션 시도는 단순할 수 있으며 때로는 명백할 수 있다. 명백한 경우 탐지하고 방어하기 쉽다. 그러나 엘리시테이션은 창의적일 수 있고, 지속적일 수 있으며, 광범위한 계획을 포함할 수 있고, 공모자를 고용할 수 있다. 엘리시테이터는 특정 질문을 하는 이유와 대화 주제를 설명하기 위해 위장 이야기를 사용할 수 있다.

2. 엘리시테이션이 효과적인 이유

훈련된 엘리시테이터는 특정 인간 또는 문화적 성향을 이해하고 이를 이용하는 기법을 사용한다. 인간의 자연스러운 본성이나 욕구를 이용하기 때문에 보편적으로 활용될 수 있고 효과도 나타나기 쉽다.

엘리시테이터가 이용할 수 있는 자연스러운 인간의 자연스러운 문화적 성향은 다음과 같은 것들이 주요한 것들이다.

- 낯선 사람이나 새로운 지인에게도 예의 바르고 도움이 되고자 하는 욕구
- 특히 직업에 대해 잘 알고 있다는 인상을 주고자 하는 욕구
- 감사받고 중요한 것에 기여하고 있다는 느낌을 받고자 하는 욕구
- 칭찬이나 격려를 받으면 주제에 대해 더 많은 이야기를 하고자 하는 경향
- 과시하고자 하는 경향
- 남을 험담하고자 하는 경향
- 다른 사람을 교정하고자 하는 경향
- 요청된 정보의 가치나 제공된 정보를 과소평가하는 경향, 특히 그 정보가 다른 용도로 어떻게 사용될 수 있는지 잘 모를 때
- 다른 사람들이 정직하다고 믿고, 다른 사람들을 의심하지 않으려는 경향
- "정직한" 질문을 받으면 진실하게 대답하려는 경향
- 다른 사람을 나 자신의 의견으로 끌어들여 전환하려는 욕구

예를 들어, 공공 행사에서 누군가를 만나면 자연스러운 소개 질문이 결국 귀하의 직업으로 이어질 수 있다. 귀하는 조직의 이름을 언급하지 않는다. 새로운 사람이 귀하의 회사에서의 직업 만족도에 대해 질문한다. 아마도 자신의 직업에 대해 불평하면서 말로 접근한다. 귀하는 "그는 내가 어디서 일하는지 또는 내가 실제로 무엇을 하는지 전혀 모른다. 그냥 한가로운 대화일 뿐이다. 대답하는 데 아무 문제가 없다."라고 생각할 수 있다. 그러나 그는 정확히 귀하가 무엇을 하는지 알고 있지만 그의 익명성, 귀하의 정직하려는 욕구, 지식이 있는 것처럼 보이려는 욕구, 의심하지 않으려는 성향을 이용하여 원하는 정보를 얻고 있다. 그는 불만을 품은 직원을 찾고 있을 수 있으며, 그 직원을 유인하여 내부 정보를 제공하도록 유도하려고 할 수도 있다.

유도는 인간 본성의 기본적인 측면을 이용한다. 가족들은 아이들에게 예의 바르고 도움이 되도록 가르치며, 어른들은 부모에게 배운 것을 실천하는 경향이 있다. 사람들은 질문을 받으면 답변하

고, 잘 알고 있다는 인상을 주고 싶어 하며, 자신의 의견을 다른 사람에게 전파하고 싶어 하고, 자랑하고 싶어 하며, 다른 사람을 바로잡고 싶어 한다.[26)]

3. 엘리시테이션 시도 기법들

엘리시테이션 시도에서는 여러 기법이 사용될 수 있으며, 다음은 몇 가지 기법의 설명이다.

(1) 지식 가장 Assumed Knowledge:

특정 주제에 대해 잘 아는 척하거나 공통의 지식이나 연관성을 가장한다.

"내가 일했던 컴퓨터 네트워크 친구들에 따르면…"

(2) 브래킷팅 Bracketing:

높은 추정치와 낮은 추정치를 제공하여 더 구체적인 숫자를 유도한다.

"요금이 곧 오를 것 같습니다. 5달러에서 15달러 사이일 것 같습니다."

응답: "아마도 7달러 정도일 것입니다."

(3) 이것보다 나은 이야기 Can you top this?:

극단적인 이야기를 하여 상대방이 더 나은 이야기를 하고 싶어 하도록 한다.

"회사 M이 놀라운 신제품을 개발하고 있다고 들었습니다…"

(4) 기밀 미끼 Confidential Bait:

기밀 정보를 공개하는 척하여 기밀 정보를 받으려고 시도한다.

"이건 우리 둘 사이의 비밀인데…", "기록에 남기지 말고…"

---

26) https://www.sexspionage.ch/Sexspionage_Elicitation.html 2024.9.17.

(5) 비판 Criticism:

개인이나 조직을 비판하여 상대방이 방어하면서 정보를 공개하도록 유도한다.

"어떻게 귀사가 그 계약을 따냈나요? 모두가 회사 B가 그 유형의 작업에 더 나은 엔지니어를 가지고 있다는 것을 알고 있습니다."

(6) 고의적인 거짓말 / 명백한 부정 Deliberate False Statements / Denial of the Obvious:

틀린 말을 하여 상대방이 진실된 정보로 당신의 말을 교정하도록 한다.

"그 프로세스는 절대 작동하지 않을 것입니다. 그것은 단지 그 회사의 꿈의 프로젝트일 뿐입니다."

(7) 가장된 무지 Feigned Ignorance:

주제에 대해 무지한 척하여 상대방이 가르치려는 성향을 이용한다.

"저는 이 분야에 새로 왔고 모든 도움이 필요합니다.", "이게 어떻게 작동하나요?"

(8) 칭찬 Flattery:

칭찬을 사용하여 상대방이 정보를 제공하도록 유도한다.

"당신이 이 신제품 디자인의 핵심 인물이었다고 확신합니다."

(9) 좋은 청취자 Good Listener:

불평하거나 자랑하려는 본능을 이용하여, 인내심을 가지고 듣고 상대방의 감정을 확인해 준다(긍정적이든 부정적이든). 상대방이 자신을 신뢰할 수 있는 사람이라고 느끼면 더 많은 정보를 공유할 수 있다.

(10) 유도 질문 The Leading Question:

대답이 "예" 또는 "아니오"인 질문을 하되, 최소 하나의 전제를 포함한다.

"그 회사에서 떠나기 전에 통합 시스템 테스트를 했었나요?" (대신: "이전 직장에서 어떤 책임을 맡았었나요?")

(11) 거시에서 미시로 Macro to Micro:

거시적인 주제로 대화를 시작한 다음 점차 실제 관심 주제로 대화를 유도한다. 경제에 대해 이야기하고, 정부 지출, 잠재적 방위 예산 삭감, "예산 삭감이 있으면 귀사의 000 프로그램은 어떻게 될까요?" 좋은 엘리시테이터는 대화를 거시 주제로 다시 돌릴 것이다.

(12) 상호 관심 Mutual Interest:

공통의 관심사, 취미 또는 경험을 기반으로 자신이 상대방과 유사하다고 제안하여 정보를 얻거나 정보를 요청하기 전에 관계를 구축한다.

"형이 이라크 전쟁에 참전했나요? 저희 형도 그랬습니다. 형이 어느 부대에 있었나요?"

(13) 간접 참조 Oblique Reference:

다른 주제를 논의하여 다른 주제에 대한 통찰력을 얻는다. 작업 파티의 케이터링에 대한 질문은 실제로 외부 공급업체가 시설에 접근할 수 있는 유형을 이해하려는 시도일 수 있다.

(14) 반대 / 가장된 불신 Opposition / Feigned Incredulity:

상대방의 입장을 방어하기 위해 정보를 제공하도록 유도한다.

"그렇게 빨리 디자인하고 생산할 수 있을 리가 없어요!", "이론적으로는 그렇지만…"

(15) 도발적인 발언 Provocative Statement:

대화의 나머지 부분을 설정하기 위해 상대방이 당신에게 질문을 던지도록 유도한다.

"그 일자리를 받지 않은 것을 후회합니다."

답변: "왜 그러셨어요?" 상대방이 질문을 던지기 때문에 이후 대화에서 당신의 역할이 더 위험하지 않게 보일 수 있다.

(16) 설문 조사와 설문지 Questionnaires and Surveys:

설문의 순수한 목적을 말하면서, 알고 싶은 몇 가지 질문을 논리적인 다른 질문들로 둘러싸거나,

단지 대화를 시작하기 위해 설문을 사용한다.

(17) 보고된 사실 인용 Quote Reported Facts:

실제 또는 허위 정보를 참조하여 그 정보가 공공 도메인에 있는 것으로 믿게 한다.

"귀사가 직원들을 해고하고 있다는 소문에 대해 언급해 주시겠습니까?", "애널리스트들이 예측한 것을 읽어 보셨나요…"

(18) 가장 인터뷰 Ruse Interviews:

헤드헌터인 척하며 경험, 자격 및 최근 프로젝트에 대해 질문해 본다.

(19) 외부인 타기팅 Targeting the Outsider:

상대방이 속하지 않은 조직에 대해 질문한다. 친구, 가족, 공급업체, 자회사 또는 경쟁 업체는 정보를 알고 있지만 공유하지 말아야 할 것을 알지 못할 수 있다.

(20) 정보 제공 Volunteering Information:

정보를 제공하고 상대방이 정보를 교환할 것을 기대한다.

"우리 회사의 적외선 센서는 그 거리에서 80%만 정확합니다. 당신의 센서는 더 나은가요?"

(21) 단어 반복 Word Repetition:

핵심 단어나 개념을 반복하여 상대방이 이미 말한 내용을 확장하도록 유도한다.

"3,000미터 범위라고요? 흥미롭네요."

4. 엘리시테이션 시도 방어 방법

공유해서는 안 되는 정보를 알고, 그러한 정보를 구하는 사람들을 의심해 보아야 한다. 권한이 없는 사람에게는 개인 정보, 가족, 동료에 대한 정보를 포함하여 어떤 정보도 말하지 말아야 한다.

다음은 대화 주제를 정중하게 피하고 가능성 있는 엘리시테이션을 방어하는 방법들이다.

- 공개 출처(웹사이트, 보도 자료)를 참조하도록 한다.
- 부적절하다고 생각하는 질문이나 발언을 무시하고 주제를 바꾸어 준다.
- 질문에 질문으로 응답해 준다.
- "왜 물으세요?"라고 대답해 준다.
- 모호한 답변을 해 준다.
- 모른다고 말해 준다.
- 해당 논의를 보안 사무실에 확인해야 한다고 말해 준다.
- 그 문제에 대해 논의할 수 없다고 말해 준다.
- 누군가가 정보를 유출하려고 시도했다고 생각되면, 보안 담당자에게 상담 또는 보고한다.

제4장 미국의 공급망 위험 관리 방안

이 장에서는 미국의 공급망 관리의 우수한 모범 사례를 통한 효과적인 관리 방안(Best Practices in Supply Chain Risk Management for the U.S. Government)에 대해 정리해 보기로 한다.[27)]

1. 미국 공급망 위험 관리(SCRM)

공급망 위험 관리(SCRM)는 제품 및 서비스 공급망의 글로벌 및 분산 특성과 관련된 위험을 식별, 평가 및 완화하는 과정이다.

미국 경제의 세계화는 미국 정부(USG) 공급망을 신흥 위협과 취약성으로부터 보호하기 위해 SCRM 방법론을 적용할 때 독특하고 복잡한 도전 과제를 제시하고 있다. 외국 정부의 존재와 영향, 열악한 제조 및/또는 개발 관행, 가짜 제품, 조작, 도난, 악성 소프트웨어 등이 완화해야 할 공급망 위험의 예들이다. 연방 기관, 정부 계약자, 공급업체 및 통합 업체는 다양한 비표준화된 관행을 사용하기 때문에 USG 공급망에 대한 위협을 일관되게 평가, 측정 및 완화하기 어렵게 만든다.

연방 기관은 알려진 및 신흥 위협, 취약성 및 조직적 영향을 설명하는 SCRM 전략을 개발해야 한다. 연방 기관 공급망은 지원하는 개별 기관만큼 고유하다. 하나의 SCRM 전략을 연방 정부 전반에

27) Best Practices in Supply Chain Risk Management for the U.S. Government. The presence and influence of foreign governments, poor manufacturing and/or development practices, counterfeit products, tampering, theft, malicious software, etc., are examples of supply chain risks that must be mitigated. https://www.fbi.gov/file-repository/scrmbestpractices-1.pdf/view 2024.6.19.

보편적으로 적용할 수는 없지만 연방 기관은 고유의 전략의 기초로 확립된 국립 표준 기술 연구소(National Institute of Standards and Technology) SCRM 표준을 따라야 한다. SCRM은 USG 기관이 공급망 위험을 평가하고 이를 허용 가능한 수준으로 완화하기 위한 조치를 취하기 위해 협력팀 접근 방식을 확립할 것을 요구한다. 팀의 중추는 공급망 위험 관리, 보안, 조달, 계약 및 행정법, 감사 및 재무, 시설 관리에 대한 전문 지식을 갖춘 다양한 전문 분야 그룹으로 구성되어야 한다. SCRM은 다양한 자원을 활용하여 잠재 공급업체의 법적 이력, 재정적 건전성, 세금 이력 및 기업 관계를 포함하는 위험 평가 기준선을 구축해야 한다. 초기 조사는 방첩 위협에 중점을 둔 세부 위험 평가와 결합되어야 한다. 아래 가이드는 SCRM 프로세스 중에 검토할 자세한 위험 평가 질문을 제공하기 위한 것이다.

2. 공급망 위험 평가 개발을 위한 권장 사항

효과적인 위험 평가는 해당 기관이 공급망과 그 취약성을 이해하는 것에서 시작된다. 위험 평가는 조달된 제품 및 서비스의 보안, 무결성, 품질 및 복원력을 연구, 식별 및 평가하는 메커니즘이다.

1) 제품 및 서비스 제공 업체

서비스 제공 업체의 위치를 식별한다. 외국에 있는 경우 외국 정부와 제공 업체(공급업체, 판매업체 등) 간의 잠재적 관계를 식별한다. 외국 정부가 제공 업체에 민감한 비즈니스 정보를 요청할 수 있게 하는 법률 또는 정책을 식별해야 한다. 제공 업체와 관련된 외국 개인의 이름, 주소 및 역할을 요청하여 확인한다. 다음과 같은 질문을 해 본다.

- 제공 업체의 본사는 어디에 있으며 제조 및 서비스 시설은 어디에 위치해 있습니까(미국 또는 외국)?
- 제공 업체는 외국 정부와 관계가 있습니까?
- 제공 업체는 어느 정도로 외국 정부 소유입니까?

- 제공 업체는 외국 정부로부터 보조금이나 우대 조치를 받습니까?

제공 업체가 외국인을 고용하는지 식별한다. 비자를 후원하는 사람, 각 개인이 체류할 수 있는 기간, 각 외국인의 기술 또는 역량의 중요성을 결정하고 외국 국가(특히 직원의 모국)가 유사한 기술을 가진 노동자에 대한 필요성을 표현했는지 여부와 USG가 제품이나 서비스를 사용하는 것에 대한 외국인의 지식의 영향을 고려한다. 외국 정부는 제공 업체의 취약성을 정보 기관을 통해 악용하려 할 수 있다.

- 제공 업체는 직원을 얼마나 잘 검사합니까?
- 비미국 인력이 있습니까?
- 배경 조사나 이전 고용 확인을 수행합니까?
- 범죄 기록, 이전 고용이나 기술 수준을 속이거나 과장한 경우와 같은 자격 박탈 요건을 고려해 본다.
- 제공 업체는 외국 정보 기관과 알려진 연결이 있습니까?

공개된 정보(적용 가능한 경우 기밀 정보 포함)를 검토하여 제공 업체의 지적 재산 도난 이력을 파악한다. 무엇이 언제 어떻게 도난당했는지 식별한다. USG 국가안보에 미칠 잠재적 영향을 고려해야 한다. 지적 재산 도난의 역사가 알려지지 않은 경우 공급업체가 지식 재산을 보호하는 방법에 관한 정보를 요청하여 본다.

- 제공 업체는 지식 재산 도난의 역사가 있습니까?
- 제공 업체가 지식 재산 도난의 피해자였습니까?
- 직원이 부적절하게 민감한 정보를 공유했거나 시설에 접근을 제공했습니까?
- 컴퓨터 네트워크 침입이 있었습니까?
- 제공 업체는 내부 컴퓨터 네트워크를 어떻게 보호합니까?
- 제공 업체는 컴퓨터 네트워크 침입의 피해자였습니까?

제공 업체 또는 타사 제품 및 서비스의 품질을 확인하는 제공 업체의 프로세스와 절차를 검토한다. 손상된 제품이 USG 시스템 및 시설에 통합될 경우 USG에 미칠 영향을 고려해야 한다.

- 제품의 품질은 어떻게 확인됩니까?
- 제품이 요구 사항을 충족하는지 확인하기 위해 어떤 메커니즘이 있습니까?
- 기관은 자재 및/또는 서비스를 검토하는 검사 프로세스를 가지고 있습니까?

제공 업체의 현재 재정 상태와 현재 및 증가된 요구를 충족할 수 있는 능력을 고려하여야 한다. 제공 업체의 재정적 배경을 검토하고 제공 업체가 요구 사항을 충족할 수 없게 될 경우 USG에 미칠 영향을 고려해야 한다.

- 제공 업체는 재정적으로 안정적입니까?
- 제공 업체는 외국 정부로부터 보조금을 받습니까?
- 자금이 줄어들면 계속 유지될 수 있습니까?
- 정부 자금 지원과 관련된 조건이 있습니까?

2) 유통 및 운송

제공 업체에서 USG로 제품이 운송되는 방법을 검토하여야 한다. 환적 지점 및 보관 시설의 주소를 식별한다. 각 위치에 접근할 수 있는 개인 또는 정부 인력을 식별하고, 운송 중에 제품과 접촉할 수 있는 운송업체의 이름과 주소를 식별한다. 운송 모드 및 경로, 국경 순찰 및 세관 서비스를 통한 상품 운송 방해 가능성, 환적 및 보관 시설의 물리적 보안 환경을 검토하여야 한다. 운송 중에 제품이나 서비스가 손상될 경우 USG에 미칠 영향을 고려하여야 한다.

- 제품은 생산자, 제조업체 또는 서비스 제공 업체에서 USG로 어떻게 운송됩니까?
- 해외로 운송됩니까?
- 환적 지점은 어디입니까?
- 운송 중에 창고에 보관되면 어디에 있습니까?
- 그 재산을 소유하거나 접근할 수 있는 사람은 누구입니까?
- 운송에 사용할 운송업체는 무엇입니까?

3) 설치, 통합 및 유지 보수

제품 및 서비스가 시간이 지남에 따라 설치 및 유지되는 방법을 검토하고 평가한다. 설치 전이나 설치 후 장비에 원격으로 접근할 수 있는 개인의 이름과 주소를 식별하고 USG 공간 내에서 장비에 직접 접근할 필요가 있는 개인을 식별한다. 외국인이 접근할 수 있는 경우 개인의 이름과 각 개인이 접근할 수 있는 정보의 정도와 범위를 식별하여야 한다. 민감한 정보, 인력 또는 시설이 손상될 경우 국가안보에 미칠 영향이나 결과를 고려해야만 한다.

- 제품 및 서비스는 기존 시스템 및 프로토콜에 어떻게 통합 또는 설치됩니까?
- 민감한 비즈니스 정보, 고객 또는 시설에 접근할 수 있는 사람은 누구입니까?

4) 폐기 및 퇴역

폐기 또는 퇴역 전에 민감한 정보를 전자 장비에서 삭제할지 결정한다. 하드 드라이브에서 민감한 데이터를 제거할 책임이 있는 개인과 USG 재산에서 장비를 물리적으로 제거할 책임이 있는 개인의 이름을 식별한다. 폐기 또는 퇴역 후 장비가 어떻게 되는지 확인한다. 장비가 재조정되거나 재판매되는지 여부를 식별하고 해당 장비를 구매하거나 획득할 수 있는 회사의 이름과 주소를 확인하여야 한다.

- 장비를 퇴역시키거나 파괴할 때 민감한 데이터가 부적절하게 공개되지 않도록 하기 위해 기관이 필요한 수준의 검토는 무엇입니까?
- 폐기된 장비는 어떻게 됩니까?
- 재조정되어 재판매됩니까?

5) USG 공급망 위험 완화

USG 조달 인력은 위협, 취약성 및 그 영향을 연구하여 종합해야 한다. 위험을 허용 가능한 수준으로 완화하기 위해 필요한 조치를 권장한다. 이러한 권장 사항은 연방 조달 규정 및 기존 연방 부서 또는 기관 정책 절차를 준수해야 한다.

6) 일반적인 완화 기술

- USG는 제공 업체와 정기적으로 소통하고 협력 관계를 유지해야 한다.
- USG는 제공 업체의 제품 개발, 제조 시설 및 물리적 및 사이버 보안 표준에 대한 현장 감사를 요청해야 한다.
- USG는 제공 업체에게 방문자 로그를 설정하고 유지하도록 요청해야 한다.
- USG는 제공 업체의 소유권 또는 제품 개발의 변경에 대해 사전 통지를 요청해야 한다.
- USG는 제공 업체가 지적 재산, 프로세스 또는 기타 민감한 자료를 보호하기 위해 계약 및 합의를 검토할 인증된 법적 권한을 보유하도록 권장해야 한다.

7) 추가 정보

FBI는 국가 정보국장실(ODNI)의 국가 방첩 및 보안 센터(NCSC) 공급망국의 활발한 구성원이다. NCSC의 임무는 외국 및 기타 적대 세력에 의한 정보 수집, 침투 또는 공격 위험에 처한 미국 정부, 미국 정보 공동체 및 미국 민간 부문 엔티티의 방첩 및 보안 활동을 주도하고 지원하는 것이다. 이를 지원하기 위해 NCSC는 공급망 위험 관리(SCRM)를 포함한 기능 영역 전반에 걸쳐 통일된 정보 전략을 개발하고 구현한다. NCSC는 요청 시 관심 있는 정부 기관을 위해 SCRM 정보 교육 세션을 제공해 준다. 정보 세션은 기관이 SCRM 완화 기술에 대해 더 많이 배우고, SCRM 완화 기술을 공유하고, 주요 SCRM 인력과 네트워크를 형성할 수 있는 기회를 제공해 준다.[28]

---

28) - 상무부: 국립 표준 기술 연구소(NIST) SP 800-161 연방 정보 시스템을 위한 공급망 위험 관리 관행 (http://scrm.nist.gov](http://scrm.nist.gov)
- 국가 정보국장실(ODNI): 정보 공동체 지침 731 (http://dni.gov](http://dni.gov)
- 방위 보안 서비스: 국가 산업보안 프로그램 (http://www.dss.mil/isp/index.html](http://www.dss.mil/isp/index.html)
- 연방 수사국(FBI): (http://fbi.gov](http://fbi.gov)

제5장 내부자 위협 감지 및 저지 방법

1. 의의

회사는 외부인(비직원)이 물리적 또는 전자적으로 회사 데이터를 접근하려 할 때 이를 감지하거나 통제할 수 있으며, 외부인이 회사 재산을 훔치는 위협을 완화할 수 있다. 그러나 감지하기 더 어렵고 가장 큰 피해를 입힐 수 있는 도둑은 내부자, 즉 합법적으로 접근할 수 있는 직원들이다. 그 내부자는 개인적인 이익을 위해서만 도둑질을 할 수도 있고, 다른 조직이나 국가에 이익을 주기 위해 회사 정보를 훔치는 '스파이'일 수도 있다.

내부자 위협은 현실적이며 상당한 피해를 초래할 수 있다. 그러나 적절한 예방 조치와 인식을 통해 이러한 위협을 효과적으로 관리할 수 있다. 회사의 모든 구성원이 보안에 대한 중요성을 이해하고 준수하도록 하는 것이 중요하다.

FBI에서 제공하는 관리자와 보안 담당자에게 내부자 위협을 감지하는 방법을 알아보고, 그러한 내부자 위협을 저지하는 방법을 정리해 보자.[29)]

2. 개인 요인(personal factors) 탐지

누군가가 고용주를 염탐할 가능성을 높일 수 있는 다양한 동기나 개인적 상황이 있다.

---

29) https://www.fbi.gov/file-repository/insider_threat_brochure.pdf/view 2024.6.5.
The Insider Threat: An Introduction to Detecting and Deterring an Insider Spy
This brochure serves as an introduction for managers and security personnel on how to detect an insider threat and provides tips on how to safeguard your company's trade secrets. insider_threat_brochure.pdf.

(1) 탐욕 또는 재정적 필요

돈이 무엇이든 고칠 수 있다는 믿음. 과도한 부채 또는 과도한 비용

(2) 분노 / 복수

조직에 보복하고 싶을 정도의 불만

(3) 직장에서의 문제

인정 부족, 동료 또는 관리자와의 의견 충돌, 직업에 대한 불만족, 임박한 해고

(4) 이데올로기 / 정체성

"약자" 또는 특정 대의를 돕고자 하는 욕구

(5) 분열된 충성심

다른 사람이나 회사 또는 타 국가에 대한 충성

(6) 모험 / 스릴

그들의 삶에 흥분을 더하고 싶고, 은밀한 활동인 "제임스 본드 워너비"에 흥미

(7) 협박에 취약

혼외정사, 도박, 사기

(8) 자아 이미지

규칙에 얽매이지 않는 태도, 자아 존중을 회복하거나 자신의 상처를 치유하려는 욕망. 아주 좋은 직장을 얻을 수 있다는 칭찬이나 약속에 취약함. 종종 분노 / 복수 또는 모험 / 스릴과 결부됨.

(9) 아첨

기분 좋은 인상을 주기 위해 다른 사람의 승인을 받으려는 욕망

(10) 충동적이고 파괴적 행태

약물이나 알코올 남용, 중독과 같은 강박적이고 파괴적인 행동

(11) 가족 문제

부부 간 갈등이나 이별

3. 조직 요인(organizational factors) 탐지

조직 상황은 도둑질의 용이성을 증가시킬 수 있다.

(1) 주요 자산 또는 기타 보호된 자료를 독점하거나 획득할 수 있는 경우

필요하지 않은 사용자에게 액세스 권한을 제공하게 된다.

(2) 주요 자산 또는 기밀 정보는 해당 정보로 레이블이 지정되지 않았거나 레이블이 잘못 지정되었을 경우

누군가가 주요 자산, 기밀 또는 기타 보호 자료를 가지고 시설(또는 네트워크 시스템)을 쉽게 빠져나갈 수 있다.

(3) 민감하거나 독점적인 성격의 프로젝트에 대한 재택 근무에 관한 명확하게 정의되지 않은 정책

보안이 느슨하고 도난에 대한 결과가 미미하거나 존재하지 않는다는 인식을 갖게 된다.

(4) 시간 압박

서두르는 직원은 주요 자산 또는 보호 자료를 부적절하게 보안 조치하거나 자신의 행동에 따른 결과를 충분히 고려하지 않을 수 있다.

(5) 보안 교육 미흡

직원들이 주요 자산 정보를 적절하게 보호하는 방법에 대한 교육을 받지 않은 경우, 보안 의식이 취약해진다.

4. 행태 요인(behavioral indicators) 탐지

일부 행동은 직원이 스파이 활동을 하거나 조직에서 계획적으로 훔치는 것을 나타낼 수 있다.

(1) 무단으로 자료를 가지고 나가는 경우

필요 없이 또는 승인 없이 문서, 드라이브, 컴퓨터 디스크 또는 이메일을 통해 자사의 자료를 집으로 가져간다.

(2) 업무와 관련 없는 자료를 부적절하게 찾거나 획득하는 경우

자사의 자료와 관련 없는 주제에 대해 비밀 정보를 찾거나 획득한다.

(3) 업무 범위를 벗어난 관심사

특히 외국 기관이나 비즈니스 경쟁자에게 흥미로운 주제에 관심을 보인다.

(4) 불필요하게 자료를 복사하는 경우

특히 자사의 자료이거나 분류된 비밀 정보인 경우에 해당한다.

(5) 휴가 중이나 병가 중에 원격으로 컴퓨터 네트워크에 접근하는 경우

회사의 컴퓨터 정책을 무시하고 개인 소프트웨어 또는 하드웨어를 설치하거나 제한된 웹사이트에 접근하거나 기밀 정보를 다운로드한다.

(6) 승인되지 않은 외국 연락처 또는 해외여행

특히 외국 정부 관료나 정보 기관과의 연락이나 보고되지 않은 해외여행이 해당한다.

(7) 불분명한 이유로 짧은 외국 여행

특히 이상한 이유로 짧은 외국 여행을 하는 경우에 의심해 보아야 한다.

(8) 불명확한 부유함

가정 소득으로는 감당할 수 없는 물건을 구입하는 등의 경우에 의심해 보아야 한다.

(9) 수상한 개인적인 연락

경쟁자, 비즈니스 파트너 또는 다른 무관한 개인과 연락하는 경우 의심해 보아야 한다.

(10) 생활 위기 또는 직업적 실망

삶의 위기나 직업적 실망에 압도된 경우에 위험할 수 있다.

(11) 직장 동료의 개인 사생활에 과도한 관심을 보임

재산이나 인간관계에 대해 적절하지 않은 질문을 한다.

(12) 조사를 받고 있다는 불안감

직장이나 집에서의 수색을 감지하기 위해 함정을 놓거나 도청 장치나 카메라를 찾는 모습을 보인다.

많은 사람들이 위의 일부 또는 모든 행동을 다양한 정도로 경험하거나 나타내지만, 대부분의 사람들은 범죄를 저지르지 않으므로 조심할 필요가 있다.

5. 대응 방안

기업은 지적 재산 도난을 방지하기 위해 노력해야 하고, 종사자도 자신의 역할을 해야 한다.

(1) 교육 및 정기적인 훈련

직원들에게 보안 또는 다른 프로토콜에 대한 교육과 정기적인 훈련을 제공

(2) 자사의 자료 보호

자사의 자료가 충분히 또는 견고하게 보호되도록 함

(3) 적절한 스크리닝 프로세스

새로운 직원을 선택할 때 적절한 배경 스크리닝 프로세스를 사용

(4) 직원들이 의심 사항을 보고하기 쉬운 방법 제공

직원들이 의심 사항을 보고하기 쉽고 위협받지 않는 방법을 제공

(5) 컴퓨터 네트워크를 정기적으로 모니터링

의심스러운 활동을 감지하기 위해 컴퓨터 네트워크를 정기적으로 모니터링

(6) 보안 담당자에게 필요한 도구 제공

보안 담당자가 필요한 장비나 도구를 제공해 줌

(7) 직원에게 보안 문제 신고 권장

회사의 지식 재산, 평판, 재정 건전성 및 미래를 보호하는 데 중요하다는 점을 상기시키고, 합리적 의심이 드는 무언가 있다면 신고하도록 권장하여, 누락되는 사례나 신고 지연으로 사건 처리가 늦어져 더 많은 피해가 발행하지 않도록 한다.

제6장 소셜 네트워크 위협 감지 및 저지

1. 예방 필요성 및 조치들

인터넷 기반 소셜 네트워킹 사이트는 사회적 연결성에 혁명을 일으켰다. 그러나 사기꾼, 범죄자, 그리고 다른 부정직한 행위자들이 이 기능을 악용하고 있다. 온라인 소셜 네트워크를 악용하는 주요 전술은 두 가지이다. 실제로는 이 두 가지가 종종 결합되기도 한다.

첫째, 컴퓨터 코드 작성 및 조작에 능숙한 해커들이 컴퓨터나 전화기에 접근하거나 원치 않는 소프트웨어를 설치하는 경우이다.

둘째, 소셜 네트워크를 통해 개인적인 연결을 악용하는 소셜 해커들. 소셜 해커들은 종종 "소셜 엔지니어"라고 불리며, 사람들을 속여 보안 장벽을 넘게 한다. 이들은 자신의 행동을 무해하고 합법적으로 보이도록 설계한다.

미국 FBI에서 정리한 소셜 네트워크 위협 감지와 저지 방법에 대한 내용을 보면 다음과 같은 사항들이 중요하다.[30]

1) 사업장에서의 예방 조치

- "심층 방어"
- 컴퓨터 네트워크 전반에 걸쳐 여러 보안 계층을 사용한다.
- 과거에 데이터를 잃어버린 방법을 식별하고 해당 위협을 완화한다. 직원들에게 이러한 위협과

30) https://www.fbi.gov/file-repository/internet-social-networking-risks-1.pdf/view 2024.9.11.

필요한 경우 미래의 손실을 방지하기 위해 행동을 변경하는 방법을 교육한다.
- 네트워크에서 데이터 이동을 지속적으로 모니터링한다.
- 회사 네트워크에 대한 침입 탐지 시스템에 대한 정책과 절차를 수립한다.
- 블로그나 개인 소셜 웹 페이지에 공유할 수 있는 회사 정보에 대한 정책을 수립하고 이를 시행한다.
- 직원들에게 자신의 온라인 행동이 회사에 미칠 수 있는 영향을 교육한다.
- 매년 보안 교육을 제공한다.
- 직원들에게 의심스러운 사건을 가능한 한 빨리 보고하도록 요청한다.

2) 평상시 추가적 예방 조치

- 보호하고 싶은 정보를 인터넷에 연결된 장치에 저장하지 않는다.
- 소셜 네트워킹 사이트에서 항상 높은 보안 설정을 사용하고, 공유하는 개인 정보를 매우 제한한다. 다른 사람들이 온라인 토론에서 자신에 대해 게시하는 내용을 모니터링한다.
- 안티바이러스 및 방화벽 소프트웨어를 사용하고, 이를 포함한 브라우저와 운영 체제를 패치하고 업데이트한다.
- 비밀번호를 주기적으로 변경하고, 이전 비밀번호를 재사용하지 않는다. 하나의 시스템이나 서비스에 동일한 비밀번호를 사용하지 않는다. 예를 들어, 누군가가 이메일 비밀번호를 얻으면 동일한 비밀번호로 온라인 뱅킹 정보에 접근할 수 있는지 확인한다.
- 나중에 자신을 당황하게 하거나 낯선 사람들이 알기를 원하지 않는 내용을 게시하지 않는다.
- 통신하는 사람의 신원을 확인한다. 인터넷에서 신원을 위조하는 것은 쉽다.
- 웹사이트나 이메일의 콘텐츠를 자동으로 다운로드하거나 응답하지 않는다. 소셜 네트워킹 사이트에서 온 것처럼 보이는 이메일 메시지의 링크를 클릭하지 않는다. 대신 사이트에 직접 가서 메시지를 확인한다.
- 신뢰할 수 있고 잘 알려진 사이트에서만 애플리케이션이나 소프트웨어를 설치한다. “무료” 소프트웨어는 악성 소프트웨어가 포함될 수 있다. 애플리케이션이 접근할 수 있는 정보를 확인한

후 활성화한다. 설치 후에는 업데이트를 유지하고, 더 이상 사용하지 않는 경우 삭제한다.

- 디지털 카메라의 GPS 인코딩을 비활성화한다. 많은 디지털 카메라가 사진을 찍을 때 GPS 위치를 인코딩한다. 그 사진이 사이트에 업로드되면 GPS 좌표도 함께 업로드되어 정확한 위치를 알 수 있게 된다.
- 가능한 경우 웹사이트와의 통신을 암호화한다. 소셜 네트워크 사이트에서 이 기능을 활성화할 수 있다.
- 공용 컴퓨터나 공용 Wi-Fi를 통해 개인 계정에 접근하지 않는다.
- 기업 또는 개인 데이터를 찾는 사람들로부터의 예상치 못한 연락에 주의한다.
- 은행 명세서, 잔액 및 신용 보고서를 모니터링한다.
- 사용자 이름, 비밀번호, 사회 보장 번호, 신용 카드, 은행 정보, 급여, 컴퓨터 네트워크 세부 정보, 보안 승인, 집과 사무실의 물리적 보안 및 물류, 작업 시스템의 기능 및 제한 사항, 일정 및 여행 일정을 공유하지 않는다.
- "비밀번호를 잊어버렸습니다" 기능을 사용할 때, 다른 사람들이 보안 질문에 답할 수 있도록 자신에 대한 정보를 제공하지 않는다.
- 직함, 위치, 취미, 좋아하는 것과 싫어하는 것, 가족, 친구, 동료의 이름과 세부 사항과 같은 개인 정보를 신중하게 제한한다.

3) 교육 자료

여러 조직과 웹사이트에서 인터넷 소셜 네트워킹 위협으로부터 자신과 작업장을 보호하는 방법에 대한 추가 정보를 제공하고 있다.[31]

31) 미국에서 주요한 소셜 네트워크 보안 방법 안내를 하고 있는 사이트들은 다음과 같은 것들을 예로 들 수 있다.
- www.LooksTooGoodToBeTrue.com
- www.OnGuardOnline.gov
- www.us-cert.gov
- www.ic3.gov
- www.dhs.gov
- www.ftc.gov
- www.fbi.gov

2. 소셜 네트워킹 사이트의 취약성

소셜 네트워킹 사이트는 사람들이 그룹과 소통하고 정보를 공유할 수 있게 해 주는 인터넷 기반 서비스이다.

- 한번 소셜 네트워킹 사이트에 정보가 게시되면 더 이상 개인 정보가 아니다. 더 많은 정보를 게시할수록 더 취약해질 수 있다. 높은 보안 설정을 사용하더라도 친구나 웹사이트가 실수로 정보를 유출할 수 있다.
- 공유한 개인 정보는 당신이나 당신의 동료를 공격하는 데 사용될 수 있다. 더 많은 정보를 공유할수록 누군가가 당신을 사칭하고 친구를 속여 개인 정보를 공유하게 하거나 악성 소프트웨어를 다운로드하게 하거나 제한된 사이트에 접근하게 할 가능성이 높아진다.
- 포식자, 해커, 사업 경쟁자, 외국 국가 행위자들이 소셜 네트워킹 사이트를 돌아다니며 정보를 찾거나 착취할 대상을 찾는다.
- 소셜 네트워킹 사이트에서 얻은 정보는 소셜 네트워킹 사이트를 통해 오지 않는 특정 공격을 설계하는 데 사용될 수 있다.

3. 소셜 네트워크 악용 방법들

- 미끼(Baiting)

누군가가 악성 소프트웨어가 미리 로드된 USB 드라이브나 다른 전자 매체를 주고, 사용자가 그 장치를 사용하여 컴퓨터를 해킹할 수 있도록 유도한다.

출처가 합법적이고 안전한지 알지 못하는 전자 저장 장치를 사용하지 않는다. 사용하기 전에 모든 전자 매체를 바이러스 검사한다.

- 클릭 재킹(Click Jacking)

합법적인 클릭 가능한 콘텐츠 아래에 하이퍼링크를 숨겨 사용자가 클릭할 때 악성 소프트웨어를 다운로드하거나 ID를 사이트에 보내는 등의 행동을 무의식적으로 수행하게 한다. 많은 클릭 재킹

사기가 소셜 네트워킹 사이트의 "좋아요" 및 "공유" 버튼을 사용했다.

사용하는 인터넷 브라우저에서 스크립팅과 iframes를 비활성화한다. 브라우저 옵션을 최대한 안전하게 설정하는 다른 방법을 연구한다.

- 크로스 사이트 스크립팅(XSS)

악성 코드가 신뢰할 수 있는 웹사이트에 주입된다. 저장된 XSS 공격은 악성 코드가 서버에 영구적으로 저장될 때 발생하며, 저장된 데이터를 요청할 때 컴퓨터가 손상된다. 반사된 XSS 공격은 사람이 악성 링크를 클릭하도록 속일 때 발생하며, 주입된 코드가 서버로 이동한 후 피해자의 브라우저로 공격을 반사한다. 컴퓨터는 코드를 "신뢰할 수 있는" 소스로 간주한다.

모든 웹 서버에서 "HTTP TRACE" 지원을 끈다. XSS의 피해자가 되지 않기 위한 추가 방법을 연구한다.

- 도싱(Doxing)

소셜 네트워킹 사이트 프로필에서 얻은 전체 이름, 생년월일, 주소 및 사진과 같은 개인 식별 정보를 공개한다.

자신, 가족 및 친구에 대한 정보를 신중하게 공유하도록 하여야 한다.

- 유도(Ellicitation)

사람들이 심문을 받고 있다는 느낌을 주지 않고 정보를 추출하기 위해 대화를 전략적으로 사용한다.

유도 전술과 소셜 엔지니어가 개인 정보를 얻으려는 방법을 인식하고 주의해야 한다.

- 파밍(Pharming)

사용자를 합법적인 웹사이트에서 사기 웹사이트로 리디렉션하여 기밀 데이터를 추출한다(예: 은행 웹사이트 모방). 철자가 다르거나 도메인 이름이 다른 웹사이트 URL을 주의한다. 예를 들어 ".gov" 대신 ".com"을 사용하는 경우. 링크를 클릭하지 말고 웹사이트 주소를 직접 입력한다.

- 피싱(Phishing)

보통 합법적인 조직이나 사람으로부터 온 것처럼 보이는 이메일이지만, 실제로는 그렇지 않으며 악성 소프트웨어가 포함된 링크나 파일을 포함하고 있다. 피싱 공격은 일반적으로 무작위 피해자를 노린다. 스피어 피싱 공격은 특정 개인이나 조직을 목표로 한다.

알지 못하는 사람에게서 온 이메일이나 이메일 첨부 파일을 열거나 링크를 클릭하지 않는다. 아는 사람에게서 의심스러운 이메일을 받으면 열기 전에 그 사람에게 확인한다.

- 프리킹(Phreaking)

통신 시스템에 무단으로 접근하는 것을 말한다. 직통 전화 교환기나 공공 전화망을 통해 직접 접근할 수 있는 보안 전화번호를 제공하지 않도록 하여야 한다.

- 사기(Scams)

사람들을 속여 돈, 정보 또는 서비스를 제공하게 만드는 가짜 거래를 의미한다. 너무 좋아 보이면 대부분 사기일 가능성이 높다.

사이버 범죄자들은 사람들이 감염된 이메일을 열거나 감염된 웹사이트를 방문하거나 가짜 자선단체에 돈을 기부하도록 유도하기 위해 인기 있는 이벤트와 뉴스 이야기를 미끼로 사용한다.

- 스푸핑(Spoofing)

스푸핑은 신원을 숨기거나 위조하여 컴퓨터나 컴퓨터 사용자를 속이는 것을 말한다. 이메일 스푸핑은 가짜 이메일 주소를 사용하거나 진짜 이메일 주소를 모방한다. IP 스푸핑은 컴퓨터의 IP 주소를 숨기거나 마스킹한다.

동료와 고객을 알고, 회사나 개인 정보를 얻기 위해 직원이나 서비스 제공자를 사칭하는 사람들을 주의한다.

제7장 방문자 위협 완화

방문자에 의한 지적 재산권이나 경쟁 우위를 위협할 수 있는 잠재적 보안 위험의 완화 방안 세부 사항이다. 경제적 경쟁에서 경쟁자가 앞지르지 않도록 하고, 도둑이 정보를 훔치지 못하게 해야 한다. 다음은 미국 FBI 권고 방안을 정리한 것이다.[32)]

1. 예방 필요성 및 조치들

방문자가 시설에 들어오면 지적 재산권이나 경쟁 우위에 보안 위험을 초래할 수 있다. 이는 경쟁자가 쉽게 얻을 수 없는 정보를 수집할 기회이다. 일부 방문자는 정보를 유도하는 훈련을 받았을 수 있고, 일부는 투어의 보안 매개 변수를 무시할 수 있으며, 다른 일부는 제한된 정보를 얻기 위해 숨겨진 녹음 장치를 사용할 수 있다. 그들이 수집하는 정보 중 일부는 시설의 레이아웃과 같이 무해하게 보일 수 있지만, 이는 그들에게 매우 가치가 있을 수 있으며 제품이나 시설 운영 방법에 대한 단서를 제공할 수 있다. 경제적 경쟁에서 경쟁자가 당신을 앞지르지 않도록 하고, 도둑이 정보를 훔치지 못하게 해야 할 필요가 있다.

2. 일반 지침

- 민감한 정보를 방치하지 않는다.

32) https://www.fbi.gov/file-repository/risks-mitigations-of-visitors-brochure.pdf/view 2024.9.12.

- 민감한, 독점적 또는 프로젝트 정보를 공유하기 전에 상사의 승인을 받는다. 수신자가 해당 정보를 받을 권한이 있는지 확인한다.
- 민감하거나 독점적인 정보를 공유할 권한이 있는 경우, 보안되지 않은 / 개방된 환경에서 이를 논의하지 않는다.
- 민감한 정보를 안전한 방식으로 폐기한다(예: 파쇄).
- 컴퓨터 작업대를 방치할 때 잠근다.
- 작업대에 비밀번호와 로그인 지침을 저장하지 않는다.
- 누구와도 접근 코드, 사용자 이름 또는 비밀번호를 공유하지 않는다.
- 외장 하드 드라이브, USB 드라이브, 노트북 등 전자 저장 장치를 방치하지 않는다.
- 서면 허가 없이 개인 소프트웨어나 하드웨어(USB 드라이브)를 회사 네트워크에 설치하거나 연결하지 않는다.
- 의심스러운 행동이나 활동을 발견하면 즉시 보안 담당자에게 보고한다. 보안 담당자가 사건이 무해한지 여부를 판단하게 한다.

3. 시설 투어 중 보안

펜, 선글라스, 단추, 열쇠고리, 담뱃갑 등으로 위장된 상업적으로 이용 가능한 오디오 및 비디오 녹음 장치가 많이 있다. 이러한 장치가 시설에 들어오는 것을 막는 것은 거의 불가능할 수 있다. 투어를 계획할 때 이를 염두에 두어야 한다.

사례를 보면, 외국 방문자들이 미국 군용기 생산 공장의 바닥에서 금속 합금 조각을 수집하기 위해 신발 밑창에 양면 테이프를 붙였다. 그들은 나중에 이 조각들을 분석하여 비행기에 사용된 정확한 금속 성분을 확인했다.

다음과 같은 방법으로 예방할 것을 권장한다.

- 모든 직원에게 방문자와 관련된 위협 문제를 브리핑한다.

- 적절한 인원(안내자, 방문자에게 브리핑하는 사람, 작업 공간을 투어할 사람)에게 방문의 범위에 대해 브리핑한다.
- 방문자 1인당 안내자의 수가 적절하여 방문자를 적절히 감독하고 통제할 수 있도록 한다.
- 안내자가 방문자 도난의 가능한 기술에 대해 훈련받고 지식이 있는지 확인한다.
- 직원들이 방문자가 자신의 공간에 있을 때를 알고, 방문자의 시야에서 독점 정보를 보호하도록 상기시킨다.
- 방문자가 쉽게 식별될 수 있도록 한다(방문자 배지, 방문자 조끼 등).
- 방문 전에 방문자에게 적절한 보안 및 안전 프로토콜을 알리고, 해당 프로토콜을 준수하지 않을 경우의 결과를 포함한다.
- 비준수 또는 기타 보안 문제로 인해 투어를 종료하고 방문자를 시설 밖으로 안내하는 것을 주저하지 말아야 한다.

투어 중 방문자가 제한된 정보를 얻으려 한다는 징후에는 다음과 같은 것들을 들 수 있다.
- 방문자 명단에 마지막 순간에 추가하거나 변경한다.
- 민감하거나 금지된 구역에 무단 전자 장치나 녹음 장치를 반입하려고 시도하거나 성공한다.
- 휴대폰이나 마이크로 카메라로 물품을 촬영하려고 시도한다(시계, 펜 또는 기타 개인 물품을 만지작거리거나 위치를 조정하는 것처럼 보인다).
- 방문의 명시된 목적을 준수하지 않는다.
- 승인된 방문 범위를 벗어난 질문을 한다.
- 보안 또는 프로토콜 사건에 대해 대면했을 때 화를 내거나 공격적으로 행동한다.
- 투어 중 경로를 벗어나거나 길을 잃은 척한다.
- 민감하거나 기밀 투어 요청이 거부되면 덜 민감하거나 상업적인 투어 요청을 한다.
- 시설을 반복적으로 방문한다.
- 외국 방문자가 외교관이나 대사관 직원과 동행하며 상업 방문 중 자신의 공식 신분을 숨기려고 한다.

4. 장기 방문 및 공동 프로젝트 중 보안

장기 방문이나 공동 프로젝트는 경쟁 회사가 제한된 정보를 얻을 수 있는 더 큰 기회를 제공할 수 있다. 또한 방문자가 직원을 관찰, 평가, 친분을 쌓아 방문 기간 동안 또는 미래에 제한된 정보를 수집하는 데 도움을 줄 수 있다.

사례를 보면, 파트너 대학의 외국 방문자들이 승인 없이 다른 대학의 기존 연구실에 있는 모든 항목을 촬영했다. 여기에는 장비의 제조사와 모델도 포함되었다. 두 연구실은 협력하기로 되어 있었지만, 기존 연구실의 소장은 나중에야 자신의 연구실만 정보를 공유하고 있다는 것을 깨달았다.

다음과 같은 방법으로 기술이나 정보 유출을 예방하도록 권장한다.

- 직원들에게 프로젝트 범위와 보안 문제를 보고하는 방법에 대해 광범위하게 교육한다.
- 직원들에게 정보 유도(elicitation) 또는 포섭 시도를 감지하는 방법에 대한 교육을 한다.
- 방문자 도착 전에 직원들에게 방문자 접근 제한, 잠재적 수집 기술, 경제적 스파이 활동 지표 및 보안 문제를 보고할 대상에 대해 브리핑한다.
- 프로젝트 범위와 정보 유도 감지에 대한 주기적이고 지속적인 상기 교육을 제공한다.
- 방문자에게 컴퓨터, 복사기 또는 팩스 기기의 사용 제한 및 건물 또는 방에 대한 접근 제한을 포함한 의무와 책임에 대해 브리핑한다.
- 방문자가 명시된 보안 요구 사항을 준수할 것이라는 동의서에 서명하도록 요구한다. 동의서에는 비준수 시의 출입 제한 혹은 퇴거 등 조치될 결과를 명시해야 한다.
- 공동 프로젝트 범위에 적합한 최소한의 정보를 공유한다.
- 직원과 방문자의 비준수 또는 과실에 대한 처벌이 잘 알려지도록 한다.
- 독점 및 기밀 정보를 분류하고 라벨링하여 비밀로 관리한다.
- 불필요한 대표자를 시설에 받아들이지 않는다.
- 방문자가 네트워크에 연결된 컴퓨터를 사용하지 못하게 하고, 필요시 독립형 컴퓨터를 제공한다.
- 방문자가 팩스, 우편 또는 이메일로 보내는 모든 문서를 검토하고 필요시 번역한다.
- 방문 인원과 자주 접촉하는 직원을 주기적으로 인터뷰하여 경제적 스파이 활동 또는 정보 유도/포섭 시도의 징후를 확인한다.

- 방문자나 직원이 승인된 컴퓨터 접근을 초과하려는 노력을 감지하기 위해 정기적으로 컴퓨터 감사를 실시한다.

장기 방문자가 제한된 정보를 얻으려 한다는 징후로 다음과 같은 것을 들 수 있다.

- 회사가 입찰 과정의 일환으로 대량의 기술 데이터를 제공하도록 유도한 후 계약을 취소한다.
- 공동 프로젝트 중 기술 공유 계약이 일방적이다.
- 파트너 회사가 프로젝트에 필요한 것보다 더 많은 대표자를 보낸다.
- 방문자가 프로젝트 범위를 벗어난 정보를 유도하기 위해 회사 직원을 지목한다.
- 방문자가 로컬 네트워크에 접근하려고 한다.
- 방문자가 시설에 대한 무제한 접근을 원한다.
- 방문자가 문서를 대사관이나 다른 나라로 팩스 또는 이메일로 보낸다.
- 방문자가 승인되지 않은 USB 드라이브나 다른 장치를 컴퓨터에 연결하려고 한다.
- 방문자가 보안 프로토콜을 계속 잊어버리면 "그렇게 하면 안 된다"는 것을 알려야 한다.

방문자가 제한된 정보를 얻으려 한다는 기타 징후로 다음과 같은 것들을 들 수 있다.

- 민감한, 독점적 또는 프로젝트 정보 무심코 유출
- 보안 식별 배지를 부적절하게 착용
- 보안 식별 배지가 없거나 "잊어버렸다"고 주장
- 보안 식별 배지를 촬영하거나 소지
- 방문 범위를 벗어난 구역에 접근을 요청하거나 접근
- 접근 범위를 벗어난 정보를 요청
- 기밀, 이중 용도 또는 기타 통제된 정보를 요청
- 장비나 문서가 분실되거나 회계되지 않음
- 프로그램에 대해 특정 약어를 사용하여 질문을 함(알 필요가 없는 약어)
- 사회적 조작이나 유도 기술을 사용하여 더 많은 정보를 얻으려 함

5. 외부인 방문 후 보안 조치

- 장기 방문자가 사용한 방, 건물, 컴퓨터의 비밀번호, 잠금장치 및 접근 제어를 변경한다.
- 장기 방문 또는 공동 프로젝트가 완료된 후 직원들에게 어떤 정보를 공유할 수 있고 어떤 정보를 공유할 수 없는지 브리핑한다.
- 방문자와의 후속 연락에 관한 정책에 대해 직원들을 교육한다(정책은 비즈니스 이메일, 개인 이메일, 전화, 대면, 소셜 네트워킹 사이트 등을 통한 연락에 대한 지침을 제공해야 할 수 있다). 이전 방문자와의 연락을 적절히 처리하는 방법에 대해 직원들을 훈련시킨다.

이전 방문자가 유출이 제한된 정보 획득하려는 징후에는 다음과 같은 것들이 있다.

- 이전 방문자가 직원에게 방문자의 해외 회사에서 강의를 하거나 상을 받도록 초대한다.
- 이전 방문자의 동료로부터 온 원치 않는 이메일이 다른 부서나 사람(예: 영업부서)에게 전달되어야 할 정보나 서비스를 요청한다.
- 부적절하거나 조작적으로 사회적인 접촉을 시도한다.(이메일, 전화, 소셜 네트워킹 사이트 또는 대면).
- 이전 방문자가 호의나 추가 정보를 요청한다.
- 이전 방문자가 방문 범위를 벗어난 프로젝트에 대한 민감한 정보를 요청한다.
- 방문자 또는 방문자의 조직이 설문 조사나 질문지를 작성해 달라고 요청한다.
- 이전 방문자가 수신자에게 보안 문제에 대해 걱정하지 말라고 하거나, 보안 문제가 발생하면 요청을 무시하라고 한다.

제8장 사이버 안보 위협 대응

1. 사이버 스파이 활동의 의의

사이버(Cyber)는 상호 연결된 컴퓨터, 시스템 및 장치의 확산으로 인해 가능해진 새로운 것들을 설명하는 데 사용되는 접두사다. 데이터 처리, 데이터 전송 또는 시스템에 저장된 정보와 관련이 있다. 사이버라는 단어는 컴퓨터, 시스템 및 장치, 특히 인터넷과 관련된 모든 것을 의미하기도 한다.

정보 수집에는 인간 정보(HUMINT - 인적 자원에 의해 수집 및 제공되는 정보), 신호 정보(SIGINT - 신호 가로채기에 의해 수집된 정보), 이미지 정보(IMINT), 측정 및 서명 정보(MASINT), 지리 공간 정보(GEOINT), 오픈 소스 정보(OSINT), 금융 정보(FININT) 등이 포함되어 있는데, 최근 Cyber-HUMINT는 소셜 엔지니어링 전략 및 관행과 결합된 전통적인 인간 정보 프로세스(모집, 교육, 정보 수집, 속임수 등)를 이용한 정보 활동을 의미한다. 사이버 스파이(Cyber espionage) 행위에는 다음과 같은 내용이 포함되어 있다.[33]

- 정보를 얻기 위해 시스템 또는 장치에 대한 무단 액세스
- 정보를 얻기 위해 시스템 또는 장치에 대한 액세스 권한을 부여받은 사람에게 소셜 엔지니어링
- 사이버 스파이 활동에는 정치적, 상업적, 군사적 정보를 얻기 위한 사이버 공격이 포함된다.
- 사이버 스파이 활동과 전통적인 스파이 활동은 비슷하거나 동일한 최종 목표를 가지고 있다.
- 사이버 스파이 활동은 익명성, 전 세계적인 영향력, 흩어져 있는 특성, 정보 네트워크의 상호 연결성, 그럴듯한 사실 부인을 제공하는 기만 기회를 악용한다.

33) https://www.cyber-espionage.ch/ 2024.7.16.

- 사이버 스파이 활동을 포함한 경제 및 산업 스파이 행위는 국가의 번영, 안보 및 경쟁 우위에 중대한 위협이 된다. 사이버 공간은 국가, 국가 후원 그룹, 범죄 조직 및 개인을 포함한 많은 위협 행위자가 선호하는 운영 영역이다. 인공 지능(AI)과 사물 인터넷(IoT)은 새로운 취약점을 야기하고 있다.
- 사이버 경제 스파이 행위는 영업 비밀과 지적 재산을 표적으로 삼아 훔치는 것이다. 일반적으로 규모와 범위가 훨씬 더 크며 경쟁 우위와 시장 점유율을 크게 떨어뜨린다.
- 사이버 위협은 사이버 범죄, 사이버 스파이, 사이버 테러 및 사이버 전쟁의 네 가지 주요 범주로 분류할 수 있다.[34]
- 사이버 스파이 활동은 "정치적, 상업적, 군사적 이득을 얻기 위해 국가에 지식을 제공할 목적으로" 국가가 후원하는 사이버 공격자에 의해 수행된다.
- 사이버 테러리즘은 "사이버 공간과 테러리즘의 융합"으로, 정치적 동기에 의한 해킹 및 인명 손실이나 심각한 경제적 피해와 같은 심각한 피해를 입히려는 작업을 포함한다.
- 사이버 전쟁은 컴퓨터와 시스템을 사용하여 적의 정보 시스템을 표적으로 삼는 것을 포함한다. 군사 작전에서 사이버 파워를 사용하는 것은 중요한 전력 승부수다. 군대는 정보 기술과 컴퓨터 네트워크에 크게 의존하기 때문에 이러한 시스템의 붕괴는 큰 이점을 제공한다.
- 사이버 공간은 육지, 해상, 공중, 우주에 이은 다섯 번째 전쟁 영역으로 간주된다. 옌스 스톨텐베르그 북대서양조약기구(NATO·나토) 사무총장은 2016년 6월 "28개 회원국으로 구성된 동맹은 사이버를 해상, 공중, 육지와 마찬가지로 작전 영역으로 선언하기로 합의했다"고 발표했다.

2. 사이버 스파이 특성

사이버 스파이 행위는 적발하기 어렵고, 가해자를 기소하기는 어려우며, 출처를 밝히는 국가는 물론 사건을 규명하는 데 도움이 되지 않으며, 사이버 공격의 기원에 대한 첩보('귀속')에 의한 판단은 입증 가능성이 부족하다는 이유로 간단히 부인될 수 있다.

---

34) https://www.cyber-espionage.ch/ 2024.7.16.

오늘날 가장 큰 문제는 인식과 교육의 부족이다. 많은 조직과 기업은 사이버 보안이 전략적 분야가 아니라 기술적인 분야라고 계속 믿고 있다. 사람들은 사이버 보안이 시스템 및 정보에 대한 액세스 권한을 부여받은 사람에 대한 인식과 교육이 아니라 무단 액세스와 같은 위협으로부터 시스템을 보호하는 것과 관련이 있다고 믿는다.

3. 하이브리드 전쟁 및 사이버 스파이 활동

하이브리드 전쟁(Hybrid warfare)은 전략적 목표를 달성하기 위해 재래식 전쟁, 비정규 전술 및 사이버 작전을 혼합하는 것을 의미한다. 이 접근법은 국가가 사용할 수 있는 모든 군사 및 비군사적 도구를 활용하여 전쟁을 정의하는 법적, 인지적 임계값을 활용한다. 하이브리드 전쟁에 참여하는 국가들은 이러한 영역에서 작전을 수행함으로써 적국의 전면적인 군사적 대응을 촉발할 수 있는 문턱을 넘지 않고 목표를 달성하려고 하는 경우가 많다.

사이버 스파이 활동을 하이브리드 전쟁에 통합하는 것은 표적이 된 국가와 국제 사회에 중대한 도전이 되고 있다. 다음과 같은 것들이 그러한 도전의 큰 이유들이다.

1) 은밀한 속성

사이버 작전의 은밀한 특성으로 인해 공격을 특정 행위자의 소행으로 돌리는 프로세스가 복잡해지며, 이는 하이브리드 위협에 대응하고 억제하는 데 있어 중요한 과제다.

2) 법적 및 규범적 격차

하이브리드 전쟁은 국제법과 규범의 허점을 악용하며, 특히 명확한 국제법 기준과 집행 메커니즘이 미흡한 사이버 공간에서 그러하다.

3) 조정 및 대응의 곤란

하이브리드 위협에 효과적으로 대응하려면 여러 영역(군사, 사이버, 경제, 정보)과 다양한 국가 및 국제 기관 간의 조정이 필요하며, 이는 행정적, 기술적으로 어려운 것이다.

4) 사이버 작전의 다양성

사이버 전쟁은 사이버 스파이 활동에서 중요 인프라에 대한 직접적인 사이버 공격에 이르기까지 다양한 활동을 포괄하는 하이브리드 전쟁 전략의 핵심이다. 목표는 종종 중요한 정보 시스템을 중단시키거나 저하시키거나 액세스하여 물리적 충돌 없이 전략적 이점을 창출하는 것들이다.

5) 정보전 확대

적에게 영향을 미치거나, 혼란을 주거나, 사기를 떨어뜨리기 위해 정보를 전략적으로 사용하는 것이 포함된다. 소셜 미디어 및 기타 디지털 커뮤니케이션 플랫폼은 대중의 인식을 조작하고 적의 사회 내에 분열을 야기하는 데 활용된다.

6) 탐지의 지연

사이버 전쟁 영향은 일반적으로 정치적, 경제적 이유로 즉시 드러나지 않는다. 불리한 점은 공격자가 얻은 지식을 활용할 때에야 발생한다.

7) 사이버 사보타주 증가

사이버 사보타주는 혼란을 목표로 하는 활동을 말한다. 또는 사이버 공간에서 ICT의 안정적이고 오류 없는 기능을 파괴하는 행위 종류에 따라 사보타주와 공격받은 대상에게 물리 효과도 있을 수 있다.

이 위협은 점진적인 디지털화와 함께 계속 증가할 것이다. 사회와 경제를 통한 물리적 장치의 디지털 네트워킹 증가 사물 인터넷은 또한 새로운 형태의 디지털 조작을 허용하며, 이 역시 직접적인 영향을 미치게 된다.

8) 허위 정보 및 선전 증가

거짓 정보나 선전 유포에 의해 정치적, 군사적 또는 시민 사회 행위자에 대한 불신이 점점 더 커지고 있다.

정보의 원천으로서 소셜 미디어의 중요성이 계속 커지고 있다. 또한 거짓 정보, 정치적 주장 및 도난당한 정보가 극도로 불투명하게 혼합된 선전에 사용되기도 한다.

9) 회색 지대의 악용

사이버 스파이 활동은 그 효과가 입증되었다. 이 목적을 위한 도구를 규명하고 명확하게 책임을 귀속시키기 어렵고 비용은 적게 든다. 원거리에서 회색 영역에서 정치적, 군사적 효과를 얻을 수 있다.

많은 국가가 적극적으로 방어하기 위해 상당한 투자를 하고 있지만, 사이버 위협에 대한 사이버 안보 자원은 부족하다. 따라서, 전략적 목적을 위한 표적 사이버 공격의 중요성은 더욱 증가할 것으로 예상된다. 이러한 사이버 위협에 대응하기 위해 국가는 사이버 방어 및 사이버 활동을 국가안보 및 외교 전략에 포함해야 할 것이다.

4. 코그니티브 해킹(Cognitive Hacking) 대응

코그니티브 해킹으로 마음이 곧 전쟁터가 되고 있다, 코그니티브 해킹이란 '심리적 조작의 한 형태로 인간의 인지를 조작하는 것'이다. 이는 인간의 인식과 의사 결정 과정을 표적으로 삼는다. 개인이나 집단이 거짓 정보를 믿거나, 생각하거나, 좋아하지 않을 것을 좋아하거나, 적에게 유리한 결정을 내리도록 조종하는 것을 포함한다.[35)]

인간의 인지(cognition)는 생각하고, 상상하고, 꿈꾸고, 희망하고, 알고, 기억하고, 판단하고, 문제를 해결하는 것과 관련된 정신 과정이다.

지각(perception)은 우리가 환경의 정보를 해석하는 인지 과정이다. 그것은 광경, 소리, 냄새, 맛 및 촉각과 같은 자극을 인식하는 것을 포함한다. 이 과정은 단순히 데이터를 수동적으로 받아들이는 것이 아니라 사전 지식, 경험 및 기대에 의해 영향을 받는 현실의 적극적인 구성 작용이다.

주의(Attention)는 환경의 한 측면에 선택적으로 집중하고 다른 측면은 무시하는 인지 과정이다. 그것은 정보 처리에 매우 중요하며 자극, 개인의 관심사 및 목표에 의해 영향을 받는다.

사고(Thinking)는 추론, 문제 해결 및 의사 결정과 같은 정보 처리와 관련된 모든 정신 활동을 포함한다. 여기에는 개념 형성(공유 속성을 기반으로 개체, 이벤트 또는 아이디어를 그룹화)과 새롭고 참신한 아이디어 또는 솔루션 생성이 포함된다.

추론(Reasoning)에는 특정 결론을 도출하고 불완전하거나 제한된 정보에서 최상의 설명을 도출

35) https://www.cyber-espionage.ch/Cognitive_Hacking.html 2024.7.16.

하는 것이 포함된다.

인간의 인지는 심리적 취약성, 편향 및 사람들이 정보를 처리하는 방식을 대상으로 하는 기술을 통해 악용될 수 있다. 이러한 기술은 개인이 기밀 정보를 누설하거나, 잘못된 결정을 내리거나, 악의적 사용자에게 이익이 되는 방식으로 행동하도록 조작할 수 있게 설계되어 있다.

적대자는 확증 편향(기존 신념을 확인하는 정보를 선호함) 및 권위 편향(인지된 권위 있는 인물의 정보를 신뢰함)과 같은 편향을 활용하여 대상의 결정을 조작할 수 있다. 감정적 조작(두려움, 동정심, 탐욕 또는 기타 강한 감정)을 사용하여 대상자의 행동에 영향을 미칠 수 있다.

악의적 사용자는 부정확하거나 오해의 소지가 있는 정보를 퍼뜨려 혼란, 불신 또는 잘못된 인식을 조장한다. 그들은 거짓말, 부분적인 진실 또는 과장을 사용한다. 겉보기에 무해해 보이는 대화에 참여하면 공격자는 자신도 모르는 사이에 대상으로부터 귀중한 정보를 추출할 수 있다. 대상자의 활동을 관찰하여 데이터를 수집한다. 거짓 데이터, 정보 및 문서를 대상자의 환경에 도입하면 오해를 불러일으키고 갈등을 일으킬 수도 있다.

사이버 공격자는 스파이 활동 및 사이버 스파이 활동에서 코그니티브 해킹을 사용하여 인간의 인식, 행동 및 의사 결정을 조작하여 정보를 수집하고, 정상적 기능이나 운영을 손상시키고, 결과에 영향을 미치게 된다.

사이버 스파이들은 재정적 문제, 이데올로기적 신념 또는 개인적 불만으로 인해 취약할 수 있는 조직 내의 개인을 식별하고 착취한다. 이러한 내부자는 공격자에게 정보를 제공하거나 공격자에게 유익한 작업을 수행하도록 설득할 수 있다. 공격자는 협박, 강압, 뇌물을 적절히 조합하여 내부자가 정보를 누설하거나 스파이 활동을 하도록 강요할 수 있는 것이다.

내부자는 트로이 목마(합법적인 프로그램으로 위장하여 공격자가 시스템 및 데이터에 대한 무단 액세스 권한을 얻을 수 있도록 하는 악성 소프트웨어), 키로거(로그인 자격 증명 및 기타 민감한 정보를 캡처하기 위해 키 입력을 기록하는 하드웨어 또는 소프트웨어) 및 원격 액세스 도구인 RAT(공격자가 감염된 시스템에 대한 원격 제어를 제공하는 맬웨어)를 설치하거나 확산할 수도 있다.

내부자는 중요한 데이터에 액세스할 수 있는 다른 직원에 대한 자세한 정보를 제공할 수도 있다. 악의적 사용자는 내부자와 소셜 미디어에서 정보를 수집하고 조직의 다른 사용자를 표적으로 삼을 수 있다. 온라인에 있지 않은 개인 정보를 사용하여 피싱 및 스피어 피싱 공격에 사용하게 될 것이다.

사회 공학적 기술, 인지적 편견, 심리적 조작 기법에 대해 직원을 교육함으로써 기업과 조직은 착취에 대한 경계심과 저항력을 강화해야 할 것이다. 훈련에는 사이버 스파이 시도를 인식하고 대응하기 위한 현실적인 시뮬레이션이 포함되는 것이 효과적일 것이다.

제2편

국가첨단전략산업법 해설

제1장 국가첨단전략산업법

산업통상자원부(산업정책과) 044-203-4203
산업통상자원부(기술안보과) 044-203-4854

제1장 총칙

제1조(목적)

이 법은 국가첨단전략산업의 혁신생태계 조성과 기술역량 강화를 통하여 산업의 지속가능한 성장기반을 구축함으로써 국가·경제 안보와 국민경제 발전에 이바지함을 목적으로 한다.

■ **해설**

제정 이유

국가첨단전략산업 경쟁력 강화 및 보호에 관한 특별조치법은 약칭으로 국가첨단전략산업법이라고 부르고 있다. 이법은 법률 제18813호로 2022. 2. 3. 제정되어 시행되었다. 제정 당시의 배경과 이유는 글로벌 패권 전쟁 심화로 인해 공급망 불안정으로 인한 위협을 완화하고 국가안보를 위한 국가첨단전략산업의 육성과 기술 개발, 공급망확보를 하기 위해서다.[36] 미국과 중국 간 패권 분쟁은 무역 분야를 넘어 첨단 기술 분야로 확장되고 있는데, 이는 첨단 산업의 기술력이 해당 산업의 경쟁력을 넘어 미래의 경제·안보 패권의 향방을 결정하는 핵심적 요소가 되었다. 미국은 전략적 목표의 최우선을 중국의 첨단 기술과 산업의 급속한 발전에 대한 견제에 두면서 반도체, 배터리, 희토류, 의약품 등 4대 핵심 품목 공급망에 대해 100일간 검토를 진행하는 행정 명령을 내린 바 있으며, 중국도 첨단 제조 기술력을 확보하기 위하여 반도체 관련 인프라를 구축하고, 자국 반도체 기업들에 대

36) https://www.law.go.kr/lsInfoP.do?lsiSeq=240053&ancYd=20220203&ancNo=18813&efYd=20220804&nwJoYnInfo=N&efGubun=Y&chrClsCd=010202&ancYnChk=0#0000 2024.4.17.

해 기업 소득세 감면 등의 혜택을 부여하며, 대규모 투자를 지원하는 등 반도체 등 첨단 산업의 발전에 국가 역량을 집중하는 정책을 추진하고 있었다.

국내에서도 반도체·이차전지 등 첨단 산업 분야에서 기술 경쟁력의 제고가 절실하게 요구되고 있고, 미래 경쟁력을 좌우하고 국가 경제 및 안보상 중요한 국가첨단전략기술 및 이에 기반한 국가첨단전략산업을 체계적으로 육성하는 것이 시급한 국가적 과제로 자리매김함에 따라 우리 정부도 주요 첨단 산업에 대한 지원을 강화하고 있으나, 그 근거가 되는 개별 법률이 없어 국가첨단전략산업을 체계적으로 육성·지원하는 데 한계가 존재했다.

이에 국가첨단전략기술 및 국가첨단전략산업의 경쟁력 강화를 체계적으로 실현하고, 국가첨단전략기술이 외국으로 유출되지 않도록 함으로써 국가안보 및 경제 안보를 실현하고 국민 경제의 지속적인 성장과 발전에 이바지하기 위하여 관련 정책 및 제도 등을 마련하게 된 것이다.

법 제정의 주요 내용을 요약해 보면 다음과 같다.

가. 국가첨단전략기술, 국가첨단전략산업, 국가첨단전략산업 특화단지, 연대협력모델에 관한 정의 규정을 마련함(제2조).

나. 정부는 국가첨단전략기술 및 국가첨단전략산업에 관한 현황을 조사하고 발전전망을 예측하여 국가첨단전략기술 및 국가첨단전략산업의 경쟁력 강화와 보호에 관한 기본계획을 5년 단위로 수립하고, 연도별 실행계획을 수립하여 추진하도록 함(제5조부터 제7조까지).

다. 국가첨단전략기술 및 국가첨단전략산업의 육성 및 보호에 관한 기본계획과 실행계획을 비롯하여 관련 정책 추진과 제도 수립에 필요한 중요 사항을 심의·의결하기 위하여 국가첨단전략산업위원회를 국무총리 소속으로 설치하도록 함(제9조).

라. 천재지변, 국제통상여건의 급변 등으로 국가첨단전략기술 관련 품목의 안정적 수급과 산업공급망의 원활한 수급에 지장이 초래되는 경우 정부가 긴급수급안정화를 위한 조정을 할 수 있도록 함(제10조).

마. 해당 기술이 국가·경제 안보에 미치는 영향 등을 고려하여 국가첨단전략기술을 지정·변경·해제할 수 있는 제도를 마련함(제11조).

바. 국가첨단전략기술과 전문인력의 보호를 위하여 전략기술보유자의 기술 수출 및 해외 인수·합병, 합작투자 등 외국인투자를 진행하려는 경우 산업통상자원부장관의 승인을 받도록

하고, 전략기술에 대한 보호조치를 할 수 있도록 함(제12조부터 제15조까지).

사. 국가첨단전략기술과 국가첨단전략산업이 혁신 생태계를 이루어 투자와 기술개발이 촉진되도록 하기 위하여 국가첨단전략산업 특화단지를 지정하고, 해당 특화단지의 육성시책을 수립하여 추진하도록 함(제16조에서 제18조까지).

아. 국가첨단전략산업 특화단지 육성을 위하여 관련 인·허가 등의 신속한 처리 지원, 특화단지의 운영 등에 대한 지원, 특화단지 입주기관에 대한 비용 지원, 세제 지원, 부담금 감면 및 민원업무의 신속한 처리 등의 특례를 규정함(제19조부터 제23조까지).

자. 국가첨단전략기술과 국가첨단전략산업과 관련된 기업의 연구개발 등 혁신발전을 지원하고, 정부가 국가첨단전략기술개발 사업을 수행할 수 있도록 하며, 기술개발 난이도가 높거나 참여에 따른 위험도가 높은 연구개발사업에 대하여 공모 외의 방법으로 연구개발기관 등을 선정할 수 있도록 하고, 예비타당성 조사를 단축하거나 면제할 수 있는 근거를 마련함(제24조부터 제27조까지).

차. 국가첨단전략기술 및 국가첨단전략산업 관련 사업 추진을 위하여 소재·부품·장비경쟁력강화특별회계 등 다른 특별회계 또는 기금을 사용할 수 있도록 하고, 관련 기업이 시험·평가, 검증 및 생산 활동 등에 대하여 필요한 규제개선을 신청할 수 있도록 함(제28조부터 제30조까지).

카. 국가 또는 지방자치단체로 하여금 국가첨단전략기술 및 국가첨단전략산업 관련된 국제협력사업을 수행 또는 지원하게 하고, 관련 기업에 대하여 세법에서 정하는 바에 따라 조세를 감면할 수 있도록 함(제31조 및 제34조).

타. 국가첨단전략산업의 전문인력양성을 위하여 정부로 하여금 인력양성사업을 추진하도록 하고, 산업교육기관에 계약에 의한 직업교육훈련과정 등의 설치를 지원할 수 있도록 하며, 국가첨단전략산업 특성화대학과 전략산업종합교육센터를 지정할 수 있도록 하여 산업체에서 필요한 기술인력을 양성할 수 있도록 함(제35조부터 제39조까지).

파. 기업·기관 또는 단체 간의 연대협력을 촉진하여 산업생태계 경쟁력과 동반성장을 강화하기 위하여 연대협력협의회를 구성하여 운영할 수 있도록 하고, 정부로 하여금 연대협력모델을 발굴·선정하여 공동기술개발 등 사업을 적극적 지원하도록 하며, 선정된 연대협력모델에 대하여 공정거래위원회 위원장과 협의하여 「독점규제 및 공정거래에 관한 법률」 제40조제2항에 따른

공정거래위원회의 인가를 받은 것으로 간주할 수 있는 근거를 마련함(제40조부터 제44조까지).

제2조(정의)

이 법에서 사용하는 용어의 뜻은 다음과 같다.

1. "국가첨단전략기술"(이하 "전략기술"이라 한다)이란 공급망 안정화 등 국가·경제 안보에 미치는 영향 및 수출·고용 등 국민경제적 효과가 크고 연관산업에 미치는 파급효과가 현저한 기술로서 제11조에 따라 지정된 기술을 말한다.
2. "국가첨단전략산업"(이하 "전략산업"이라 한다)이란 전략기술을 연구·개발 또는 사업화하거나 이에 필요한 제품 및 서비스를 제공하는 산업으로서 산업통상자원부장관이 고시하는 산업을 말한다.
3. "국가첨단전략산업 특화단지"란 전략산업 및 전략기술(이하 "전략산업등"이라 한다) 관련 교육시설·연구시설 및 산업시설이 혁신생태계를 이루어 투자 및 기술개발이 촉진되도록 하기 위하여 제16조에 따라 지정된 지역을 말한다.
4. "연대협력모델"이란 전략산업등과 관련된 둘 이상의 기업, 기관 또는 단체가 시장 활성화와 산업경쟁력 강화를 위하여 구축한 협력체계를 말한다.

▪ **해설**

제2조는 "한국 국가첨단전략산업 경쟁력 강화 및 보호에 관한 법률"에서 사용하는 주요 용어를 정의하는 조항이다. 용어의 정의는 법률 해석의 기초가 되며, 법률의 적용 범위와 대상을 명확히 하기 위해 필수적이다. 특히, 국가첨단전략기술(전략기술)의 정의는 법률의 핵심 개념으로, 해당 법률의 적용과 보호 대상이 되는 기술을 명확히 규정하는 역할을 하고 있다.

1. 제1호 국가첨단전략기술

"국가첨단전략기술"(이하 "전략기술"이라 한다)이란 공급망 안정화 등 국가·경제 안보에 미치는 영향 및 수출·고용 등 국민경제적 효과가 크고 연관산업에 미치는 파급효과가 현저한 기술로서 제11조에 따라 지정된 기술을 말한다.

1) 국가·경제 안보에 미치는 영향

(1) 내용: 전략기술은 국가와 경제의 안보에 중대한 영향을 미치는 기술을 포함한다.

(2) 의미: 이러한 기술은 국가의 안보와 경제적 안정성을 유지하는 데 필수적이다.

2) 수출·고용 등 국민경제적 효과

(1) 내용: 전략기술은 수출 및 고용 창출 등 국민경제에 큰 영향을 미치는 기술이다.

(2) 의미: 이 기술들은 국가 경제 성장과 발전에 기여하며, 국민의 생활 수준 향상에 중요한 역할을 한다.

3) 연관산업에 미치는 파급효과

(1) 내용: 전략기술은 연관산업에 큰 파급효과를 미치는 기술을 포함한다.

(2) 의미: 이러한 기술들은 다른 산업 분야에 광범위한 영향을 미치며, 전체 산업 생태계에 긍정적인 변화를 가져오는 기술들이다.

4) 제11조에 따라 지정된 기술

(1) 내용: 전략기술은 법률 제11조에 따라 산업통상자원부가 공식적으로 지정된 기술이다.

(2) 의미: 제11조는 전략기술의 지정 절차와 기준을 명시하며, 이를 통해 해당 기술들이 침해 금지되며 법률의 보호를 받게 된다. 이에 따라 국가첨단전략기술 지정 등에 관한 고시가 공표되었고 2023. 6. 2. 고시 내용은 다음 별표와 같다([산업통상자원부고시 제2023-108호, 2023. 6. 2., 제정][37]

37) 국가첨단전략기술 지정 등에 관한 고시 [시행 2023. 6. 2.] [산업통상자원부고시 제2023-108호, 2023. 6. 2., 제정] 산업통상자원부(산업정책과), 044-203-4214, https://www.law.go.kr/conAdmrulByLsPop.do?&lsiSeq=253375&joNo=0011&joBrNo=00&datClsCd=010102&dguBun=DEG&lnkText=%25EA%25B3%25A0%25EC%258B%259C%25ED%2595%2598%25EC%2597%25AC%25EC%2595%25BC%2520%25ED%2595%259C%25EB%258B%25A4&admRulPttninfSeq=38915 2024.6.14.

[별표]

국가첨단전략기술(법 제11조 관련)

분 야	기술명
반도체 (8개)	○ 16나노 이하급 D램에 해당하는 설계 · 공정 · 소자기술 및 3차원 적층 형성 기술
	○ 16나노 이하급 D램에 해당하는 적층 조립 기술 및 검사 기술
	○ 128단 이상 적층 3D 낸드 플래시에 해당하는 설계 · 공정 · 소자 기술
	○ 128단 이상 적층 3D 낸드 플래시에 해당하는 적층 조립 기술 및 검사 기술
	○ 픽셀 0.8㎛ 이하 이미지 센서 설계 · 공정 · 소자 기술
	○ 디스플레이 패널 구동을 위한 OLED용 DDI(Display Driver IC) 설계 기술
	○ 14나노급 이하 파운드리에 해당하는 공정 · 소자 기술 및 3차원 적층 형성 기술
	○ 시스템 반도체용 첨단 패키지에 해당하는 FO-WLP, FO-PLP, FO-PoP, SiP 등 공정 · 조립 · 검사 기술
디스플레이 (4개)	○ AMOLED 패널 설계 · 제조 · 공정 · 구동 기술 (3,000ppi 이상의 초소형, 500ppi 이상의 중소형, FHD 이상의 중대형, 4K 이상의 대형 디스플레이) (모듈 공정 기술은 제외)
	○ 반치폭 40nm 이하인 친환경 QD 소재 적용 디스플레이 패널 설계 · 제조 · 공정 · 구동 기술 (색재현율 REC2020기준 90% 이상, LCD와 모듈 기술은 제외)
	○ 크기 30㎛ 이하 마이크로 LED를 적용한 디스플레이 패널 설계 · 제조 · 공정 · 구동 기술 (초대형 칩 크기 30㎛ 이하, 모바일 칩 크기 20㎛ 이하, 초소형 칩 크기 5㎛ 이하)
	○ 크기 1㎛ 이하의 나노 LED를 적용한 디스플레이 패널 설계 · 제조 · 공정 · 구동 기술(모듈 기술은 제외)
이차전지 (3개)	○ 고에너지 밀도 리튬 이차전지 설계, 공정, 제조 및 평가 기술(에너지 밀도가 280Wh/kg 이상인 파우치형 배터리, 252Wh/kg 이상인 각형 배터리, 280Wh/kg 이상인 지름이 21mm 이하의 원통형 배터리, 260Wh/kg 이상인 지름이 21mm 초과하는 원통형 배터리)
	○ 리튬 이차전지 고용량 양극 소재 설계, 제조 및 공정 기술(니켈 함량 80% 초과)
	○ 600mAh/g 이상 초고성능 전극(실리콘그라파이트 복합음극, 황 양극, 리튬 금속 음극) 또는 차세대 리튬 이차전지(전고체 전지, 리튬 황전지, 리튬 금속전지) 설계, 공정, 제조 및 평가 기술
바이오 (2개)	○ 바이오의약품을 개발하고 제조하는 데 적용되는 동물세포 배양 · 정제 기술 (다회용 바이오리액터 세포 배양: 1만 리터 이상)
	○ 고품질의 오가노이드 재생 치료제를 개발하고 제조하는 데 적용되는 오가노이드 분화 및 배양 기술(자가 및 동종 오가노이드 재생 치료제 배양 규모: 100 dose/lot 이상, 장기별 오가노이드 목적 세포 구성률: 80% 이상, 장기별 오가노이드 생존율: 80% 이상)

2. 제2호 국가첨단전략산업

제2호는 "한국 국가첨단전략산업 경쟁력 강화 및 보호에 관한 법률"에서 '국가첨단전략산업'(이하 '전략산업')의 정의를 규정하는 조항이다. 이 조항은 법률의 적용 대상인 전략산업의 범위를 명확히 하기 위해 필요하다. 전략산업의 정의는 법률의 적용과 보호 대상이 되는 산업을 구체적으로 지정하여, 해당 산업의 경쟁력 강화와 보호를 효과적으로 실행하기 위한 기초를 제공하고 있다.

"국가첨단전략산업"(이하 "전략산업"이라 한다)이란 전략기술을 연구·개발 또는 사업화하거나 이에 필요한 제품 및 서비스를 제공하는 산업으로서 산업통상자원부장관이 고시하는 산업을 말한다.

1) 전략기술을 연구·개발 또는 사업화

(1) 내용: 전략기술을 연구하거나 개발, 상업화하는 활동을 포함한다.

(2) 의미: 이러한 활동은 전략기술의 진보와 상용화를 통해 국가 경제와 안보에 기여하는 산업을 의미한다.

2) 제품 및 서비스 제공

(1) 내용: 전략기술의 연구, 개발, 사업화에 필요한 제품과 서비스를 제공하는 활동을 포함한다.

(2) 의미: 이는 전략기술이 실제로 적용되고 활용될 수 있도록 지원하는 중요한 요소다.

3) 산업통상자원부장관이 고시하는 산업

(1) 내용: 전략산업으로 지정되는 산업은 산업통상자원부장관이 고시하도록 하고 있다.

(2) 의미: 고시를 통해 법적으로 인정된 산업만이 전략산업으로 보호받을 수 있다. 산업통상자원부의 국가첨단전략산업 범위에 관한 고시에 의해 별표로 공표되어 있다. [시행 2024. 2. 14.] [산업통상자원부고시 제2024-25호, 2024. 2. 14., 제정].[38)]

---

38) 국가첨단전략산업 범위에 관한 고시 [시행 2024. 2. 14.] [산업통상자원부고시 제2024-25호, 2024. 2. 14., 제정] 산업통상자원부(산업정책과), 044-203-4215, https://www.law.go.kr/conAdmrulByLsPop.do?&lsiSeq=253375&joNo=0002&joBrNo=00&datClsCd=010102&dguBun=DEG&lnkText=%25EC%2582%25B0%25EC%2597%2585%25ED%2586%25B5%25EC%2583%2581%25EC%259E%2590%25EC%259B%2590%25EB%25B6%2580%25EC%259E%25A5%25EA%25B4%2580%25EC%259D%25B4%2520%25EA%25B3%25A0%25EC%258B%259C%25ED%2595%2598%25EB%258A%2594&admRulPttninfSeq=49695. 2024.6.14.

[별표] 국가첨단전략산업 범위에 관한 고시

[시행 2024. 2. 14.] [산업통상자원부고시 제2024-25호][39)]

국가첨단전략산업(법 제2조제2호 관련)

① 반도체

연번	산업명 및 세부 설명
1	**첨단 메모리 반도체 산업:** 16나노 이하급 D램 및 128단 이상 낸드 플래시를 연구개발 · 생산 · 판매하거나, 이에 사용되는 소재 · 부품 · 장비 관련 산업
2	**첨단 시스템 반도체 산업:** 픽셀 0.8㎛ 이하 이미지센서, 디스플레이 패널 구동을 위한 OLED용 DDI(Display Driver IC), 14nm 이하급 반도체 등 첨단 시스템 반도체를 연구개발 · 생산 · 판매하거나, 이에 필요한 IP · 설계 · 디자인서비스 · SW 및 소재 · 부품 · 장비 관련 산업
3	**첨단 패키징 산업:** FO-WLP, FO-PLP, FO-PoP, SiP 등의 방식으로 반도체 패키지를 연구개발 · 생산 · 판매하거나, 이에 사용되는 소재 · 부품 · 장비 관련 산업
4	**연관산업(자동차, 통신, 사물인터넷 등)에 미치는 파급효과가 현저한 반도체 산업:** 실리콘 · 화합물 기반의 전력 반도체(Discrete, Power IC, Module 등), 이동수단용 반도체(MCU, ECU, Smart Sensor 등)를 연구개발 · 생산 · 판매하거나, 이에 필요한 IP · 설계 · 디자인서비스 · SW 및 소재 · 부품 · 장비 관련 산업

② 이차전지

연번	산업명 및 세부 설명
1	**고에너지밀도 배터리 산업:** 에너지밀도가 280Wh/kg 이상인 파우치형 배터리, 252Wh/kg 이상인 각형 배터리, 280Wh/kg 이상인 지름이 21mm 이하의 원통형 배터리, 260Wh/kg 이상인 지름이 21mm 초과하는 원통형 배터리를 연구개발 · 생산 · 판매하거나, 이에 사용되는 소재 · 부품 · 장비 관련 산업
2	**고용량 양극재 산업:** 니켈 함량이 80%를 초과하는 양극재를 연구개발 · 생산 · 판매하거나, 이에 사용되는 소재 · 부품 · 장비 관련 산업
3	**초고성능 전극 또는 차세대 배터리 산업:** 600mAh/g 이상 초고성능 전극(실리콘그라파이트 복합음극, 황 양극, 리튬 금속 음극) 또는 차세대 리튬 이차전지(전고체 전지, 리튬 황전지, 리튬 금속전지)를 연구개발 · 생산 · 판매하거나, 이에 사용되는 소재 · 부품 · 장비 관련 산업
4	**배터리 제조업의 전 · 후방 산업:** 배터리 광물의 제련 · 정련, 사용 후 배터리의 재제조 · 재사용 · 재활용 및 배터리 생애 주기 서비스(BaaS) 등 고에너지밀도 배터리 산업, 고용량 양극재 산업, 초고성능 전극 또는 차세대 배터리 산업과 연계된 제조업 및 서비스 산업

39) https://www.law.go.kr/lsSc.do?section=&menuId=1&subMenuId=15&tabMenuId=81&eventGubun=060101&query=%EC%82%B0%EC%97%85%EA%B8%B0%EC%88%A0%EC%9D%98+%EC%9C%A0%EC%B6%9C%EB%B0%A9%EC%A7%80+%EB%B0%8F+%EB%B3%B4%ED%98%B8%EC%97%90+%EA%B4%80%ED%95%9C+%EB%B2%95%EB%A5%A0#AJAX 2024. 4. 16.

③ 디스플레이

연번	산업명 및 세부 설명
1	**능동형 유기발광다이오드(AMOLED) 패널 산업:** AMOLED 패널(3,000ppi 이상의 초소형, 500ppi 이상의 중소형, FHD 이상의 중대형, 4K 이상의 대형 디스플레이)을 연구개발 · 생산 · 판매하거나, 이에 사용되는 소재 · 부품 · 장비 관련 산업
2	**친환경 퀀텀닷(QD) 소재 패널 산업:** 반치폭 40nm 이하이고 색재현율 REC2020 기준 90% 이상인 친환경 QD 소재 적용 디스플레이 패널을 연구개발 · 생산 · 판매하거나, 이에 사용되는 소재 · 부품 · 장비 관련 산업
3	**마이크로 발광다이오드(LED) 패널 산업:** 초대형 칩 크기 30㎛ 이하, 모바일 칩 크기 20㎛ 이하, 초소형 칩 크기 5㎛ 이하의 마이크로 LED를 적용한 디스플레이 패널을 연구개발 · 생산 · 판매하거나, 이에 사용되는 소재 · 부품 · 장비 관련 산업
4	**나노 발광다이오드(LED) 패널 산업:** 크기 1㎛ 이하 나노 LED를 적용한 디스플레이 패널을 연구개발 · 생산 · 판매하거나, 이에 사용되는 소재 · 부품 · 장비 관련 산업
5	**차세대 디스플레이 산업:** 국가첨단전략기술을 활용하여 투명 디스플레이, XR용 디스플레이, 차량용 디스플레이 등 차세대 디스플레이를 연구개발 · 생산 · 판매하는 산업

④ 바이오

연번	산업명 및 세부 설명
1	**바이오의약품 산업:** 세포 배양 · 정제 기술이 적용된 항체치료제, 백신 등 바이오의약품을 연구개발 · 생산 · 판매하거나, 이에 사용되는 소재 · 부품 · 장비 관련 산업
2	**오가노이드 재생 치료제 산업:** 오가노이드 분화 및 배양 기술이 적용된 오가노이드 재생 치료제를 연구개발 · 생산 · 판매하거나, 이에 사용되는 소재 · 부품 · 장비 관련 산업

3. 제3호 국가첨단전략산업 특화단지

"국가첨단전략산업 특화단지"란 전략산업 및 전략기술(이하 "전략산업등"이라 한다) 관련 교육시설·연구시설 및 산업시설이 혁신생태계를 이루어 투자 및 기술개발이 촉진되도록 하기 위하여 제16조에 따라 지정된 지역을 말한다.

1) "국가첨단전략산업 특화단지"란

(1) 내용: 국가첨단전략산업과 관련된 교육시설, 연구시설 및 산업시설이 밀집된 지역을 의미한다.

(2) 의미: 특화단지는 전략산업 및 전략기술의 집중적 발전과 혁신을 위한 중심지로서 기능을 한다.

2) 전략산업 및 전략기술 관련 시설

(1) 내용: 특화단지에는 전략산업 및 전략기술과 관련된 교육시설, 연구시설 및 산업시설이 포함된다.

(2) 의미: 이러한 시설들은 특화단지 내에서 유기적으로 연계되어 혁신생태계를 형성하게 된다.

3) 혁신생태계의 형성

(1) 내용: 특화단지 내의 다양한 시설들이 상호 작용하여 기술개발과 산업발전의 혁신적인 환경을 조성한다.

(2) 의미: 혁신생태계는 투자 및 기술개발을 촉진하여 전략산업의 경쟁력을 강화하는 역할을 한다.

4) 제16조에 따라 지정된 지역

(1) 내용: 특화단지는 제16조에 따라 산업통상자원부가 공식적으로 지정하여야 한다.

(2) 의미: 지정 절차를 통해 법적 보호와 지원을 받게 된다.

4. 제4호 연대협력모델

제2조 제4호는 "국가첨단전략산업 경쟁력 강화 및 보호에 관한 법률"에서 '연대협력모델'의 정의를 규정하고 있다. 이 조항은 전략산업 및 전략기술과 관련된 기업, 기관, 단체들이 협력하여 시장 활성화와 산업경쟁력 강화를 도모할 수 있도록 하는 법적 근거를 제공하고 있다. 연대협력모델은 개별 주체들의 자원과 역량을 결집하여 시너지 효과를 창출하고, 국가 전략산업의 경쟁력을 강화하는 데 중요한 역할을 하기 위한 것이다.

1) “연대협력모델” 정의

(1) 내용: 연대협력모델은 전략산업 및 전략기술과 관련된 둘 이상의 기업, 기관, 또는 단체가 협력체계를 구축하는 것을 말한다.

(2) 의미: 단순한 협력 이상의 구조적이고 지속적인 협력체계를 의미하며, 이를 통해 시장 활성화와 산업경쟁력을 강화하도록 하고 있다.

2) 전략산업 및 전략기술과 관련된

(1) 내용: 연대협력모델의 대상은 전략산업 및 전략기술과 관련된 주체들이다.

(2) 의미: 이는 국가첨단전략산업의 범위 내에서 다양한 주체들이 관련성에 따라 협력할 수 있음을 나타낸다.

3) 둘 이상의 기업, 기관 또는 단체

(1) 내용: 협력체계를 구성하는 주체는 둘 이상의 기업, 기관 또는 단체로도 가능하다.

(2) 의미: 단일 주체가 아닌 다수의 주체들이 협력하여 공동의 목표를 달성하고자 하는 구조를 의미한다.

4) 시장 활성화와 산업경쟁력 강화를 위하여 구축한 협력체계

(1) 내용: 연대협력모델의 목적은 시장 활성화와 산업경쟁력 강화를 위한 것임을 명시한 것이다.

(2) 의미: 이는 경제적 이익을 넘어서 국가 전략산업의 경쟁력을 제고하고, 글로벌 시장에서의 지위를 강화하는 데 중점을 두고 있다.

제3조(국가 및 지방자치단체 등의 책무)

① 국가 및 지방자치단체는 전략산업등이 국가·경제 안보에 미치는 중요성을 인식하여 전략산업등의 육성 및 보호에 필요한 시책을 강구하여야 한다.

② 전략기술을 보유하거나 관련 산업을 영위하는 사업자는 전략기술의 발전에 필요한 연구·개

발 기반 조성과 전략기술의 유출방지를 위하여 노력하여야 한다.

■ 해설

1. 도입 이유

제3조는 "한국 국가첨단전략산업 경쟁력 강화 및 보호에 관한 법률"에서 국가 및 지방자치단체, 그리고 관련 사업자들의 책무를 규정하고 있다. 이 조항은 전략산업의 육성 및 보호를 위해 국가와 지방자치단체가 필요한 시책을 강구해야 한다는 점과, 사업자들이 전략기술의 발전 및 유출방지를 위해 노력해야 한다는 점을 명시하고 있다. 이를 통해 국가 경제와 안보에 중요한 전략산업의 체계적 발전과 보호를 도모하려는 것이다.

2. 조문 해설

1) 제1항

"국가 및 지방자치단체는 전략산업등이 국가·경제 안보에 미치는 중요성을 인식하여 전략산업등의 육성 및 보호에 필요한 시책을 강구하여야 한다."

(1) 내용: 국가와 지방자치단체는 전략산업이 국가와 경제 안보에 중요한 역할을 한다는 점을 인식하고, 이들 산업의 육성 및 보호를 위한 정책을 수립하고 실행해야 하는 의무 조항이다.

(2) 의미: 전략산업의 중요성을 국가와 지방자치단체가 공식적으로 인정하고, 이를 바탕으로 구체적인 지원과 보호조치를 마련해야 함을 강조한 것이다.

2) 제2항

"전략기술을 보유하거나 관련 산업을 영위하는 사업자는 전략기술의 발전에 필요한 연구·개발 기반 조성과 전략기술의 유출방지를 위하여 노력하여야 한다."

(1) 내용: 전략기술을 보유한 사업자 및 관련 산업을 영위하는 사업자들은 전략기술의 발전을 위해 연구개발 기반을 조성하고, 기술 유출을 방지하기 위해 노력해야 한다.

(2) 의미: 사업자들이 자기 회사의 이익뿐만 아니라 자율적으로 연구개발을 촉진하고, 기술 보호에 적극적으로 나서야 하는 의무를 부여한 것이다.

제4조(다른 법률과의 관계)

① 이 법은 전략산업등의 육성에 관하여 다른 법률에 우선하여 적용한다. 다만, 다른 법률을 적용하는 것이 전략산업등을 영위하는 사업자에게 유리한 경우에는 그 법률을 적용한다.

② 전략기술의 보호조치에 관하여 이 법에 특별한 규정이 있는 경우를 제외하고는 「산업기술의 유출방지 및 보호에 관한 법률」에서 정하는 바에 따른다.

■ 해설

1. 도입 이유

제4조는 "국가첨단전략산업 경쟁력 강화 및 보호에 관한 법률"에서 다른 법률과의 관계를 명확히 규정하여, 전략산업과 전략기술의 육성 및 보호를 위해 이 법이 우선적으로 적용됨을 선언하고 있다. 이는 법률 간의 충돌을 방지하고, 전략산업 관련 사업자들이 법적 안정성을 확보할 수 있도록 하기 위함이다.

2. 조문 해설

1) 제1항

"이 법은 전략산업등의 육성에 관하여 다른 법률에 우선하여 적용한다. 다만, 다른 법률을 적용하는 것이 전략산업등을 영위하는 사업자에게 유리한 경우에는 그 법률을 적용한다."

(1) 내용: 이 법은 전략산업의 육성에 있어서 다른 법률에 우선적으로 적용되어야 한다. 그러나, 만약 다른 법률의 적용이 전략산업을 영위하는 사업자에게 더 유리한 경우, 그 다른 법률이 적용된다. 이 법에서 많은 제한조치를 규정하고 있는데 그렇더라도 전략산업을 영위하는 사업자에게 너무 과한 규제를 하는 경우에는 그보다 가벼운 다른 법률을 적용하여 사업자의 편의를 배려하고 있다.

(2) 의미: 전략산업의 육성과 관련된 법적 규정을 명확히 하고, 법적 안정성을 확보하며, 사업자의 이익을 보호하기 위해 탄력적으로 법 적용을 조정하는 역할을 하려는 것이다.

(3) 해설: 이 조항은 법률 적용의 우선순위를 정하여, 전략산업 육성의 중요성을 강조하고 있다. 그러나, 사업자에게 유리한 다른 법률의 적용을 배제하지 않음으로써, 사업 환경의 유연성을 유지하고 있다.

2) 제2항

"전략기술의 보호조치에 관하여 이 법에 특별한 규정이 있는 경우를 제외하고는 「산업기술의 유출방지 및 보호에 관한 법률」에서 정하는 바에 따른다."

(1) 내용: 전략기술의 보호조치와 관련하여 이 법에 특별한 규정이 없는 경우, "산업기술의 유출방지 및 보호에 관한 법률"에 따르도록 한다.

(2) 의미: 전략기술의 보호조치를 보다 일관성 있게 적용하기 위해, 기존의 관련 법률을 참고하는 체계를 갖추고 있다.

(3) 해설: 이 조항은 전략기술 보호와 관련된 법적 공백을 메우기 위해, 기존의 법률 규정을 준용함으로써 법적 일관성과 실효성을 높이고자 한 것이다.

제2장 전략산업등의 육성·보호 기본계획 등

제5조(전략산업등 육성·보호 기본계획의 수립 등)

① 정부는 전략산업등의 체계적이고 지속적인 육성·보호를 위하여 5년 단위로 전략산업등의 육성·보호 기본계획(이하 "기본계획"이라 한다)을 수립하여야 한다.

② 기본계획에는 다음 각 호의 사항이 포함되어야 한다.

1. 전략산업등의 육성·보호에 관한 기본방향
2. 전략산업등의 동향 및 발전전망에 관한 사항
3. 전략산업등의 육성·보호를 위한 제도의 수립 및 정비에 관한 사항
4. 전략산업등의 육성·보호를 위한 혁신 기반 및 생태계 조성에 관한 사항
5. 전략산업의 기술력 향상, 특화단지 지정계획, 전문인력 양성·보호 등에 관한 사항
6. 필요한 재원의 조달 및 운용에 관한 사항
7. 그 밖에 전략산업등의 육성·보호와 관련된 사항으로서 대통령령으로 정하는 사항

③ 기본계획은 산업통상자원부장관이 관계 중앙행정기관별 부문계획을 종합하여 수립하되, 제9조에 따른 국가첨단전략산업위원회의 심의를 거쳐 이를 확정한다. 기본계획을 변경(대통령령으로 정하는 경미한 사항의 변경은 제외한다)하는 경우에도 또한 같다.

④ 그 밖에 기본계획의 수립·시행에 필요한 사항은 대통령령으로 정한다.

■ 해설

1. 도입 이유

제5조는 "국가첨단전략산업 경쟁력 강화 및 보호에 관한 법률"에서 전략산업의 체계적이고 지속적인 육성 및 보호를 위한 정부의 기본계획 수립의 의무를 규정하고 있다. 이는 국가첨단전략산업의 중요성을 인식하고, 장기적인 관점에서 이를 육성하고 보호하기 위한 종합적인 계획을 마련하기 위함이다. 이를 통해 정부는 첨단전략산업의 발전을 체계적으로 관리하고, 효율적으로 지원할 수 있게 되는 것이다.

2. 조문 해설

1) **제1항**: "정부는 전략산업등의 체계적이고 지속적인 육성·보호를 위하여 5년 단위로 전략산업등의 육성·보호 기본계획(이하 '기본계획'이라 한다)을 수립하여야 한다."

(1) **내용**: 정부는 전략산업을 체계적이고 지속적으로 육성하고 보호하기 위해 5년 단위로 기본계획을 수립해야 하는 의무가 있다.

(2) **의미**: 전략산업의 장기적인 발전을 위해 중장기 계획을 수립하여 지속적인 지원과 관리를 할 수 있도록 하라는 의미이다.

(3) **해설**: 5년 단위의 계획 수립은 정부가 전략산업을 육성하고 보호하는 데 있어 일관성을 유지하고, 체계적인 접근을 할 수 있게 한다. 이는 정책의 일관성을 유지하며, 장기적인 비전을 가지고 전략산업을 육성할 수 있도록 하는 효과가 있다.

2) **제2항**: "기본계획에는 다음 각 호의 사항이 포함되어야 한다."

(1) **내용**: 기본계획에는 전략산업 육성과 보호에 필요한 구체적인 사항들이 포함되어야 한다.

(2) **의미 및 해설**:

1호. 전략산업등의 육성·보호에 관한 기본방향: 정부의 정책 방향을 명확히 하여 일관된 전략을 추진해야 한다.

2호. 전략산업등의 동향 및 발전전망에 관한 사항: 현재 상태와 미래 전망을 분석하여 전략적이고 효과적인 계획 수립을 하여야 한다.

3호. 전략산업등의 육성·보호를 위한 제도의 수립 및 정비에 관한 사항: 필요한 법적, 제도적 장치를 마련하고 정비하여 체계적으로 추진하여야 한다.

4호. 전략산업등의 육성·보호를 위한 혁신 기반 및 생태계 조성에 관한 사항: 혁신과 생태계 조성을 통해 산업 경쟁력을 강화를 통해 지속가능한 발전을 시켜 나가야 한다.

5호. 전략산업의 기술력 향상, 특화단지 지정계획, 전문인력 양성·보호 등에 관한 사항: 기술력 향상, 특화단지 지정, 인력 양성을 포함한 포괄적인 종합적인 계획을 마련하여야 한다.

6호. 필요한 재원의 조달 및 운용에 관한 사항: 계획의 실행을 위한 재정 확보 및 운용 방안을 마련하여 실행력을 확보해야 한다.

7호. 그 밖에 전략산업등의 육성·보호와 관련된 사항으로서 대통령령으로 정하는 사항: 기타 필요한 사항을 포함하여 포괄적인 계획을 수립하여야 한다.

3) 제3항: "기본계획은 산업통상자원부장관이 관계 중앙행정기관별 부문계획을 종합하여 수립하되, 제9조에 따른 국가첨단전략산업위원회의 심의를 거쳐 이를 확정한다. 기본계획을 변경(대통령령으로 정하는 경미한 사항의 변경은 제외한다)하는 경우에도 또한 같다."

(1) 내용: 기본계획은 산업통상자원부장관이 관계 중앙행정기관의 부문계획을 종합하여 수립하고, 국가첨단전략산업위원회의 심의를 거쳐 확정하는 절차를 거쳐야 한다.

(2) 의미: 계획 수립 과정에서 관련 부처 간 협력을 통해 종합적인 계획을 마련하며, 국가첨단전략산업위원회의 심의를 통해 계획의 타당성을 검토받아야 한다.

(3) 해설: 이는 전략산업의 육성 및 보호를 위해 정부 내 다양한 부처의 협력이 필요하며, 종합적이고 일관된 계획을 수립하는 데 중요하다. 또한, 계획의 변경 시에도 심의를 거치도록 하여 계획의 연속성과 일관성을 유지하도록 한 것이다.

4) 제4항: "그 밖에 기본계획의 수립·시행에 필요한 사항은 대통령령으로 정한다."

(1) 내용: 기본계획의 수립과 시행에 필요한 법에 정하지 않은 구체적인 사항은 대통령령으로 정

한다.

(2) 의미: 세부적인 사항을 대통령령으로 규정하여 유연성과 구체성을 확보한다.

(3) 해설: 이는 기본계획의 수립과 시행 과정에서 필요한 세부적인 사항들을 규정함으로써, 대통령이 관심을 가지고 추진하도록 하며, 계획의 실효성을 높이고, 유연하게 대처할 수 있도록 해 준다.

제6조(전략산업등 육성·보호 실행계획의 수립)

① 관계 중앙행정기관의 장은 기본계획에 따라 매년 전략산업등의 육성·보호 실행계획(이하 "실행계획"이라 한다)을 수립·시행하여야 한다.

② 관계 중앙행정기관의 장은 매년 제9조에 따른 국가첨단전략산업위원회에 전년도의 실행계획 이행실적 및 다음 연도의 실행계획을 제출하여야 한다.

③ 그 밖에 실행계획의 수립·시행에 필요한 사항은 대통령령으로 정한다.

▪ 해설

1. 도입 이유

제6조는 "한국 국가첨단전략산업 경쟁력 강화 및 보호에 관한 법률"에서 전략산업의 체계적이고 지속적인 육성 및 보호를 위해 매년 실행계획을 수립하고 시행하도록 규정하고 있다. 이는 전략산업의 지속적이고 구체적인 발전을 도모하기 위해 기본계획을 기반으로 한 구체적인 실행 계획을 매년 수립하여 실질적인 진전을 이루기 위한 것이다. 이를 통해 정부는 계획의 이행 상황을 지속적으로 평가하고, 필요한 조정을 통해 효율적으로 지원할 수 있다.

2. 조문 해설

1) **제1항**: "관계 중앙행정기관의 장은 기본계획에 따라 매년 전략산업등의 육성·보호 실행계획(이하 '실행계획'이라 한다)을 수립·시행하여야 한다."

(1) **내용**: 관계 중앙행정기관의 장은 기본계획을 바탕으로 매년 전략산업의 육성 및 보호를 위한 실행계획을 수립하고 시행해야 할 의무가 있다.

(2) **의미**: 매년 실행계획을 수립함으로써 기본계획을 구체화하고, 연간 단위로 전략산업의 발전을 추진한다.

(3) **해설**: 기본계획은 장기적인 비전을 제공하는 반면, 실행계획은 그 비전을 실현하기 위한 구체적인 연간 목표와 방법을 제시하는 것이다. 이를 통해 정부는 매년 전략산업의 발전 상황을 평가하고, 해당 연도에 필요한 조치를 취할 수 있다.

2) **제2항**: "관계 중앙행정기관의 장은 매년 제9조에 따른 국가첨단전략산업위원회에 전년도의 실행계획 이행실적 및 다음 연도의 실행계획을 제출하여야 한다."

(1) **내용**: 관계 중앙행정기관의 장은 매년 국가첨단전략산업위원회에 전년도의 실행계획 이행실적과 다음 연도의 실행계획을 제출해야 하는 의무가 있다.

(2) **의미**: 실행계획의 이행 실적을 평가하고, 그 자료에 근거하여 다음 연도의 계획을 제시함으로써 계획의 연속성과 일관성을 유지하도록 한다.

(3) **해설**: 전년도 실행계획의 이행 실적을 평가하는 과정은 전략산업 육성 및 보호 활동의 효과성과 문제점을 확인하고, 다음 연도의 계획 수립에 반영할 수 있는 피드백을 제공해 준다. 이를 통해 계획의 잘된 점을 더욱 발전시키고 문제점을 해소하도록 하여 계획 집행의 실효성을 높일 수 있다.

3) **제3항**: "그 밖에 실행계획의 수립·시행에 필요한 사항은 대통령령으로 정한다."

(1) **내용**: 실행계획의 수립 및 시행에 필요한 법에 정하지 않은 구체적인 사항은 대통령령으로 정하도록 하였다.

(2) 의미: 대통령령을 통해 실행계획 수립 및 시행에 필요한 법률보다 더 세부적인 규정을 마련하게 한 것이다.

(3) 해설: 대통령령을 통해 실행계획의 수립 및 시행에 필요한 세부 사항을 규정함으로써 법률의 유연성과 구체성을 확보할 수 있다. 이를 통해 실행계획이 유연하게 조정되고 실현가능성이 제고될 수 있도록 한다.

제7조(전략산업등 현황조사 및 발전전망 예측)

① 정부는 매년 전략산업등에 관한 경제적·산업적·국제적 현황을 조사하고 발전전망을 예측하여 그 결과를 기본계획 및 실행계획의 수립에 반영하여야 한다.

② 제1항에 따른 현황조사 및 발전전망 예측에 관하여 필요한 사항은 대통령령으로 정한다.

■ 해설

1. 도입 이유

제7조는 "한국 국가첨단전략산업 경쟁력 강화 및 보호에 관한 법률"에서 전략산업의 효과적인 육성 및 보호를 위해 현황조사와 발전전망 예측의 중요성을 명시하고 있다. 이 조문은 정부가 매년 전략산업의 경제적, 산업적, 국제적 현황을 조사하고 발전전망을 예측하여 이를 기본계획 및 실행계획에 반영하도록 함으로써, 보다 정확하고 실질적인 정책 수립을 도모하기 위한 것이다. 이를 통해 국가 경쟁력을 강화하고, 전략산업의 지속 가능성을 확보할 수 있다.

2. 조문 해설

1) 제1항: "정부는 매년 전략산업등에 관한 경제적·산업적·국제적 현황을 조사하고 발전전망을 예측하여 그 결과를 기본계획 및 실행계획의 수립에 반영하여야 한다."

(1) 내용: 정부는 매년 전략산업에 대한 경제적, 산업적, 국제적 현황을 조사하고, 발전전망을 예측해야 하고 그것을 기본계획과 실행계획 모두에 반영할 의무가 있다.

(2) 의미: 국내외 전략산업의 현황과 발전전망을 정확하게 파악하여 정책 수립의 기초 자료로 활용함으로써 전략적이고 종합적인 내용의 계획이 되어야 한다는 것이다.

(3) 해설: 이 조항은 전략산업의 동향을 지속적으로 모니터링하고, 이를 바탕으로 실질적이고 효율적인 기본계획과 실행계획을 수립하도록 하게 한다. 이를 통해 전략산업의 국내외 정세를 반영하고, 지속 가능한 발전을 도모할 수 있다.

2) 제2항: "제1항에 따른 현황조사 및 발전전망 예측에 관하여 필요한 사항은 대통령령으로 정한다."

(1) 내용: 현황조사 및 발전전망 예측에 필요한 구체적인 사항은 대통령령으로 정한다.

(2) 의미: 대통령령을 통해 법에 정하지 않은 현황조사 및 발전전망 예측의 구체적인 절차와 방법을 규정하도록 하고 있다.

(3) 해설: 이 조항은 현황조사 및 발전전망 예측의 체계적이고 구체적인 수행을 보장하기 위해 필요한 사항을 대통령령으로 정하도록 하여 법률 집행의 구체성과 실효성을 높여 준다.

제8조(전략산업등 관련 통계의 작성)

① 정부는 전략산업등의 육성기반 조성과 기본계획 및 실행계획의 체계적 수립을 위하여 전략산업등에 관한 통계를 작성하여 관리할 수 있다.

② 제1항에 따른 통계를 작성할 때에는 「통계법」을 준용한다.

③ 정부는 제1항에 따른 통계의 작성 및 관리 업무를 대통령령으로 정하는 바에 따라 관계 전문기관으로 하여금 수행하게 할 수 있다. 이 경우 예산의 범위에서 해당 업무 수행에 드는 비용

의 전부 또는 일부를 지원할 수 있다.

④ 그 밖에 제1항에 따른 통계의 작성 및 관리에 필요한 사항은 대통령령으로 정한다.

■ 해설

1. 도입 이유

제8조는 "한국 국가첨단전략산업 경쟁력 강화 및 보호에 관한 법률"에서 전략산업의 체계적인 육성 및 보호를 위해 필요한 통계를 작성하고 관리하는 과정을 규정하고 있다. 이 조문은 통계 작성을 통해 전략산업의 현황과 동향을 파악하고, 이를 기반으로 한 정책 수립 및 실행을 도모하기 위한 것이다. 통계는 전략산업의 발전을 위한 필수적인 자료로서, 이를 통해 정확하고 효과적인 정책을 마련하고자 하는 목적을 담고 있다.

2. 조문 해설

1) 제1항: "정부는 전략산업등의 육성기반 조성과 기본계획 및 실행계획의 체계적 수립을 위하여 전략산업등에 관한 통계를 작성하여 관리할 수 있다."

(1) 내용: 정부는 전략산업의 육성기반 조성과 기본계획 및 실행계획의 수립을 위해 필요한 통계를 작성하고 이를 관리할 수 있다.

(2) 의미: 전략산업의 현황과 동향을 정확히 파악하기 위한 기초 자료로서 통계를 작성하고 관리함으로써, 연도별 변화 추세를 분석하고 이를 토대로 체계적이고 효과적인 정책 수립을 지원하는 것이다.

(3) 해설: 이 조항은 전략산업의 체계적 발전을 위해 정확한 통계 자료가 필요하다는 점을 강조하고 있다. 통계 자료를 통해 정부는 전략산업의 실태와 통계 현황을 객관적으로 파악

하고, 이를 바탕으로 정책을 수립하고 실행할 수 있게 한 것이다.

2) 제2항: "제1항에 따른 통계를 작성할 때에는 「통계법」을 준용한다."

(1) 내용: 제1항에 따라 통계를 작성할 때는 「통계법」을 준용하여야 한다.

(2) 의미: 통계 작성 과정에서 「통계법」의 규정을 따름으로써, 통계의 신뢰성과 정확성을 확보하는 것이다.

(3) 해설: 이 조항은 통계 작성의 기준과 절차를 명확히 하기 위해 「통계법」을 준용하도록 규정하고 있다. 이를 통해 통계의 신뢰성과 정확성을 높이고, 통계 작성 과정에서의 부실 등 문제점을 완화하고, 통계의 일관성을 유지할 수 있다.

제9조(국가첨단전략산업위원회)

① 전략산업등의 육성 및 보호와 관련된 주요 정책 및 계획에 관한 다음 각 호의 사항을 심의·의결하기 위하여 국무총리 소속으로 국가첨단전략산업위원회(이하 "위원회"라 한다)를 둔다.

1. 기본계획 및 실행계획의 수립·시행, 이행실적 점검 및 평가에 관한 사항
2. 전략산업등의 육성·보호에 필요한 관계 법령의 개선 권고에 관한 사항
3. 전략기술의 지정·변경 및 해제에 관한 사항
4. 전략산업 특화단지의 조성·지정·해제 및 지원에 관한 사항
5. 관계 중앙행정기관 및 지방자치단체의 전략산업등의 육성·보호 관련 특례에 관한 사항
6. 전략산업등의 육성·보호 관련 고충처리에 관한 사항
7. 전략산업 관련 기업, 기관 또는 단체 간 연대협력모델 선정 및 지원에 관한 사항
8. 전략기술 관련 품목의 긴급수급안정화를 위한 조정에 관한 사항
9. 전략기술 관련 전문인력 등의 지정에 관한 사항
10. 전략기술을 보유한 자(이하 "전략기술보유자"라 한다)에 대한 지원에 관한 사항
11. 그 밖에 전략산업등의 육성 및 보호와 관련하여 위원장이 필요하다고 인정하는 사항

② 위원회는 위원장 1명을 포함한 20명 이내의 위원으로 구성하되, 위원장은 국무총리가 되며,

위원은 다음 각 호의 사람이 된다.

1. 대통령령으로 정하는 관계 중앙행정기관의 장
2. 전략산업등의 육성·보호에 관한 전문성과 경험이 풍부한 사람으로서 산업계·학계·연구기관 등에 종사하는 사람 중에서 위원장이 위촉하는 사람

③ 위원회에 간사위원 1명을 두며, 간사위원은 산업통상자원부장관이 된다.

④ 위원회에서 심의·의결하는 사항을 미리 검토·조정하고 대통령령으로 정하는 바에 따라 위원회로부터 위임된 사항을 다루기 위하여 위원회에 첨단전략산업조정위원회(이하 "조정위원회"라 한다)를 두며, 조정위원회의 위원장은 산업통상자원부장관이 지명하는 산업통상자원부차관이 된다.

⑤ 조정위원회의 심의를 효율적으로 운영하기 위하여 대통령령으로 정하는 바에 따라 소위원회를 둔다.

⑥ 위원회는 제1항에 따른 업무를 수행하기 위하여 필요한 경우에는 전문적인 지식과 경험이 있는 관계 전문가의 의견을 듣거나 관계 중앙행정기관 및 지방자치단체, 공공기관·연구기관 또는 그 밖의 기관·단체 등에 자료 제출 또는 의견 제시 등의 협조를 요청할 수 있다.

⑦ 제1항부터 제6항까지에서 규정한 사항 외에 위원회 및 조정위원회의 구성·운영 등에 필요한 사항은 대통령령으로 정한다.

■ 해설

1. 도입 이유

제9조는 "한국 국가첨단전략산업 경쟁력 강화 및 보호에 관한 법률"의 중요한 조문 중 하나로, 국가첨단전략산업위원회(이하 "위원회")의 설립과 운영에 관한 사항을 규정하고 있다. 위원회는 전략산업의 육성과 보호를 위한 주요 정책과 계획을 심의하고 의결하는 중요한 역할을 담당한다. 이 조문을 통해 전략산업의 체계적인 발전과 보호를 위한 거버넌스 체계를 확립하고, 다양한 이해관계자들의

의견을 수렴하여 정책의 효율성과 효과성을 높이기 위한 제도적 기반을 마련하고자 도입되었다.

2. 조문 해설

1) 제1항: "전략산업등의 육성 및 보호와 관련된 주요 정책 및 계획에 관한 다음 각 호의 사항을 심의·의결하기 위하여 국무총리 소속으로 국가첨단전략산업위원회(이하 '위원회'라 한다)를 둔다."

(1) 내용: 전략산업의 육성과 보호를 위한 주요 정책과 계획을 심의하고 의결하는 역할을 하는 국가첨단전략산업위원회를 국무총리 소속으로 설치한다.

(2) 의미: 정부 최고위급 기관인 국무총리의 주도로 전략산업의 발전을 위한 체계적이고 일관된 정책을 추진할 수 있는 기틀을 마련한 것이다.

(3) 해설: 이 항은 국가적 중요성을 지닌 전략산업의 육성과 보호를 위해 국무총리 산하에 고위급 위원회를 설치하여, 주요 정책 결정에 있어서의 심도 있는 검토와 심의의결을 통해 권위와 공정성, 신뢰성, 실행력을 확보하게 된다.

1호: 기본계획 및 실행계획의 수립·시행, 이행실적 점검 및 평가에 관한 사항

2호: 전략산업등의 육성·보호에 필요한 관계 법령의 개선 권고에 관한 사항

3호: 전략기술의 지정·변경 및 해제에 관한 사항

4호: 전략산업 특화단지의 조성·지정·해제 및 지원에 관한 사항

5호: 관계 중앙행정기관 및 지방자치단체의 전략산업등의 육성·보호 관련 특례에 관한 사항

6호: 전략산업등의 육성·보호 관련 고충처리에 관한 사항

7호: 전략산업 관련 기업, 기관 또는 단체 간 연대협력모델 선정 및 지원에 관한 사항

8호: 전략기술 관련 품목의 긴급수급안정화를 위한 조정에 관한 사항

9호: 전략기술 관련 전문인력 등의 지정에 관한 사항

10호: 전략기술보유자에 대한 지원에 관한 사항

11호: 그 밖에 전략산업등의 육성 및 보호와 관련하여 위원장이 필요하다고 인정하는 사항

2) 제2항: "위원회는 위원장 1명을 포함한 20명 이내의 위원으로 구성하되, 위원장은 국무총리가 되며, 위원은 다음 각 호의 사람이 된다."

(1) 내용: 위원회는 국무총리를 위원장으로 하여 20명 이내의 위원으로 구성한다.

(2) 의미: 정부 최고위급 인사들이 참여함으로써 정책 결정의 전문성과 권위가 확보되도록 한다.

(3) 해설: 위원회의 구성요건은 정책 결정의 신속성과 전문성을 보장하기 위한 것이다. 국무총리가 위원장을 맡아 정부의 강력한 의지를 반영하고, 다양한 분야의 전문가들이 참여하여 전문적이고 균형 잡힌 의사 결정을 할 수 있도록 해 준다.

3) 제3항: "위원회에 간사위원 1명을 두며, 간사위원은 산업통상자원부장관이 된다."

(1) 내용: 위원회에는 간사위원 1명을 두며, 간사위원은 주무부처 산업통상자원부장관이 맡는다.

(2) 의미: 간사위원은 위원회의 행정적 지원과 조정 역할을 담당한다.

(3) 해설: 산업통상자원부장관이 간사위원을 맡음으로써 위원회의 효율적인 운영을 지원하고, 전략산업 정책의 일관성을 유지하게 한 것이다.

4) 제4항: "위원회에서 심의·의결하는 사항을 미리 검토·조정하고 대통령령으로 정하는 바에 따라 위원회로부터 위임된 사항을 다루기 위하여 위원회에 첨단전략산업조정위원회(이하 '조정위원회'라 한다)를 두며, 조정위원회의 위원장은 산업통상자원부장관이 지명하는 산업통상자원부차관이 된다."

(1) 내용: 위원회에서 심의·의결하는 사항을 미리 검토·조정하고, 위임된 사항을 처리하기 위해 첨단전략산업조정위원회를 두며, 조정위원회의 위원장은 산업통상자원부차관이 맡는다.

(2) 의미: 위원회의 실질적 업무를 지원하고, 신속한 의사 결정을 돕기 위해 내부 실무 조정위원회를 설치한 것이다.

(3) 해설: 조정위원회는 위원회에서 다루는 주요 사항을 사전에 검토하고 조정하여, 위원회의 원활한 운영을 돕게 되며, 이를 통해 위원회 결정을 더욱 전문화하고, 정책의 실행력을 높

이고, 행정적 지원을 강화하게 한다.

5) **제5항:** "조정위원회의 심의를 효율적으로 운영하기 위하여 대통령령으로 정하는 바에 따라 소위원회를 둔다."

(1) **내용:** 조정위원회의 심의를 효율적으로 운영하기 위해 소위원회를 둘 수 있다.

(2) **의미:** 세부적인 사항을 전문적으로 다루기 위해 소위원회를 설치하여 효율성을 높이는 것이다.

(3) **해설:** 소위원회를 통해 특정 분야나 이슈에 대한 심도 있는 논의와 검토가 가능해지며, 조정위원회의 업무 부담을 분산시키게 된다.

6) **제6항:** "위원회는 제1항에 따른 업무를 수행하기 위하여 필요한 경우에는 전문적인 지식과 경험이 있는 관계 전문가의 의견을 듣거나 관계 중앙행정기관 및 지방자치단체, 공공기관·연구기관 또는 그 밖의 기관·단체 등에 자료 제출 또는 의견 제시 등의 협조를 요청할 수 있다."

(1) **내용:** 위원회는 필요한 경우 관계 전문가의 의견을 청취하거나 자료 제출을 요청할 수 있다.

(2) **의미:** 정책 결정의 전문성과 신뢰성을 높이기 위해 외부 전문가와 협력하는 근거조항을 둔 것이다.

(3) **해설:** 위원회는 다양한 전문가의 의견을 반영하여 보다 객관적이고 실효성 있는 정책을 마련할 수 있게 한다.

7) **제7항:** "제1항부터 제6항까지에서 규정한 사항 외에 위원회 및 조정위원회의 구성·운영 등에 필요한 사항은 대통령령으로 정한다."

(1) **내용:** 제1항부터 제6항까지의 규정 외에 더 세부적인 필요한 사항은 대통령령으로 정한다.

(2) **의미:** 법률에서 규정하지 않은 세부 사항을 대통령령으로 보완하게 한 것이다.

(3) **해설:** 위원회와 조정위원회의 구성 및 운영에 관한 구체적인 사항은 대통령령으로 정하여 법률의 실효성을 높이게 하였다.

제10조(긴급수급안정화를 위한 조정)

① 정부는 천재지변, 국제통상여건의 급변 등으로 전략기술 관련 품목의 안정적 수급과 산업 공급망의 원활한 기능에 지장이 초래되고 국민경제 활동이 현저하게 저해될 우려가 있는 경우에는 해당 전략기술 관련 품목의 사업자·수요자, 수출입 또는 운송이나 보관을 업으로 하는 자 또는 「공공기관의 운영에 관한 법률」 제4조에 따른 공공기관(이하 "사업자등"이라 한다)에 대하여 대통령령으로 정하는 바에 따라 6개월 이내의 기간을 정하여 다음 각 호의 어느 하나에 해당하는 긴급수급안정화를 위한 조정(이하 "수급안정화조정"이라 한다)을 할 수 있다.

1. 생산계획의 수립·실시 및 변경
2. 국내우선공급 등 공급계획의 수립·실시 및 변경
3. 운송·보관·비축 또는 양도
4. 수급을 위한 물류·유통구조 정비 및 관련 시설의 개선·확충
5. 대체품목의 실증과 성능검증
6. 그 밖에 긴급수급안정화를 위하여 위원회가 필요하다고 인정하는 사항

② 정부는 수급안정화조정을 하려는 경우에는 위원회 및 국무회의의 심의를 거쳐야 하며, 수급안정화조정의 사유가 없어졌다고 인정할 때에는 지체 없이 이를 해제하여야 한다.

③ 정부는 수급안정화조정에 따라 필요한 경우 지방자치단체의 장과 사업자등에 대하여 수급안정화조정과 관련한 자료의 제출이나 의견의 진술, 협의 등을 요청할 수 있다. 이 경우 요청을 받은 자는 국방상 또는 국가·경제 안보상의 기밀을 유지할 필요가 있는 사항 등 정당한 사유가 없으면 이에 따라야 한다.

④ 정부, 공공기관(「공공기관의 운영에 관한 법률」 제4조에 따른 공공기관을 말한다. 이하 같다) 및 그 밖에 대통령령으로 정하는 기관은 국가·경제 안보 또는 국민경제의 발전에 지장을 줄 우려가 있거나 영업비밀(「부정경쟁방지 및 영업비밀보호에 관한 법률」 제2조제2호에 따른 영업비밀을 말한다) 등 기업의 경영활동을 보호하여야 할 필요가 있는 경우에는 「공공기관의 정보공개에 관한 법률」, 「공공데이터의 제공 및 이용 활성화에 관한 법률」 등의 규정에도 불구하고 제3항에 따른 자료에 관한 정보를 공개하지 아니할 수 있다.

⑤ 누구든지 제3항에 따라 습득한 자료 및 정보에 대하여 다음 각 호의 어느 하나에 해당하는 행

위를 하여서는 아니 된다.

1. 부정한 방법으로 자료·정보를 취득, 사용 또는 공개(비밀을 유지하면서 특정인에게 알리는 것을 포함한다. 이하 이 조 및 제15조에서 같다)하는 행위
2. 부정한 이익을 얻거나 관련 기업 및 대상기관에게 손해를 가할 목적으로 자료·정보를 유출하거나 그 유출한 자료·정보를 사용 또는 공개하거나 제3자가 사용하게 하는 행위
3. 제1호 또는 제2호에 해당하는 행위가 개입된 사실을 알고 그 자료·정보를 취득·사용 또는 공개하는 행위
4. 제1호 또는 제2호에 해당하는 행위가 개입된 사실을 중대한 과실로 알지 못하고 그 자료·정보를 취득·사용 또는 공개하는 행위
5. 관련 소송 등 대통령령으로 정하는 적법한 경로를 통하여 자료·정보를 제공받은 자가 제공받은 목적 외의 다른 용도로 그 자료·정보를 사용하거나 공개하는 행위

⑥ 제3항에 따른 자료 제출 등의 방법 및 절차에 관하여 필요한 사항은 대통령령으로 정한다.

■ **해설**

1. 도입 이유

제10조는 국가 첨단전략산업의 경쟁력 강화와 보호를 위해 긴급한 상황에서 정부가 전략기술 관련 품목의 안정적 수급과 공급망의 원활한 기능을 보장하기 위한 조정 권한을 부여하고 있다. 이는 천재지변이나 국제통상 여건의 급변 등으로 인해 발생할 수 있는 위기 상황에서 국가 경제와 산업의 안정성을 유지하기 위함이다. 이 조문은 글로벌 패권 전쟁이나 무역 전쟁, 기술 안보, 자원 무기화, 국가 간 갈등으로 인한 수출이나 수입 제한 등 긴급한 상황에서 신속하고 효과적인 조치를 통해 국가 경제의 심각한 저해를 방지하고, 전략산업의 지속적인 성장을 지원하는 데 그 목적이 있다.

2. 제10조(긴급수급안정화를 위한 조정) 해설

1) 제1항: "정부는 천재지변, 국제통상여건의 급변 등으로 전략기술 관련 품목의 안정적 수급과 산업 공급망의 원활한 기능에 지장이 초래되고 국민경제 활동이 현저하게 저해될 우려가 있는 경우에는 해당 전략기술 관련 품목의 사업자·수요자, 수출입 또는 운송이나 보관을 업으로 하는 자 또는 「공공기관의 운영에 관한 법률」 제4조에 따른 공공기관(이하 '사업자등'이라 한다)에 대하여 대통령령으로 정하는 바에 따라 6개월 이내의 기간을 정하여 다음 각 호의 어느 하나에 해당하는 긴급수급안정화를 위한 조정(이하 '수급안정화조정'이라 한다)을 할 수 있다."

(1) 내용: 정부는 천재지변이나 국제통상여건의 급변 등으로 인해 전략기술 관련 품목의 수급과 공급망에 심각한 문제가 발생할 우려가 있을 경우, 해당 품목의 사업자와 공공기관 등에 대해 6개월 이내의 기간 동안 긴급수급안정화를 위한 조정을 할 수 있다.

(2) 의미: 긴급한 상황에서 정부가 신속하게 개입하여 수급안정화를 도모함으로써 국가 경제와 산업의 안정성을 확보하도록 한 것이다.

(3) 해설: 이 항은 위기 상황에서 정부가 전략기술 관련 품목의 안정적 수급과 공급망을 유지하기 위해 필요한 조치를 취할 수 있는 법적 근거를 제공한다. 이를 통해 산업 생태계의 붕괴를 방지하고 국민 경제 활동의 안정성을 확보할 수 있게 한다.

2) 제1항 각 호:

(1) 1호: 생산계획의 수립·실시 및 변경

- 내용: 전략기술 관련 품목의 생산계획을 수립하고 이를 실시 및 변경할 수 있다.
- 의미: 생산계획의 유연한 조정을 통해 수급 불균형을 해소하게 한다.

(2) 2호: 국내우선공급 등 공급계획의 수립·실시 및 변경

- 내용: 국내 우선 공급을 포함한 공급계획을 수립하고 이를 실시 및 변경할 수 있다.
- 의미: 국내 수요를 우선적으로 충족시켜 우리나라 경제 안정성을 도모한다.

(3) 3호: 운송·보관·비축 또는 양도

- 내용: 전략기술 관련 품목의 운송, 보관, 비축 또는 양도를 조정할 수 있다.
- 의미: 물류 및 보관의 효율성을 높여 수요 공급 불일치를 완화하고 안정화를 촉진한다.

(4) 4호: 수급을 위한 물류·유통구조 정비 및 관련 시설의 개선·확충

- 내용: 물류와 유통구조를 정비하고 관련 시설을 개선·확충할 수 있다.
- 의미: 물류 및 유통 체계를 개선하여 신속하게 공급망의 안정성을 강화한다.

(5) 5호: 대체품목의 실증과 성능검증

- 내용: 대체품목의 실증 및 성능검증을 할 수 있다.
- 의미: 대체품목의 검증을 통해 대체재를 신속하게 생산가능하게 하여 공급망의 유연성을 높인다.

(6) 6호: 그 밖에 긴급수급안정화를 위하여 위원회가 필요하다고 인정하는 사항

- 내용: 긴급수급안정화를 위해 위원회가 필요하다고 인정하는 기타 사항을 조정할 수 있다.
- 의미: 상황에 따라 추가적인 조치가 필요할 경우 유연하게 대응할 수 있도록 한다.

3) 제2항: "정부는 수급안정화조정을 하려는 경우에는 위원회 및 국무회의의 심의를 거쳐야 하며, 수급안정화조정의 사유가 없어졌다고 인정할 때에는 지체 없이 이를 해제하여야 한다."

(1) 내용: 정부는 수급안정화조정을 시행하려면 위원회 및 국무회의의 심의를 거쳐야 하며, 그 사유가 없어졌을 때는 즉시 해제해야 한다.

(2) 의미: 수급안정화조정의 신중한 시행을 보장하고, 상황이 개선되면 조치를 해제하여 시장의 수요 공급에 따른 생산과 공급으로 돌아가게 하고 정상화한다.

(3) 해설: 이 항은 수급안정화조정이 남용되지 않도록 심의 절차를 거치게 하여 투명성과 신뢰성을 높이며, 필요가 없어진 경우 즉시 해제하여 불필요한 시장 경제에 대한 간섭을 최소화하도록 한 것이다.

4) 제3항: "정부는 수급안정화조정에 따라 필요한 경우 지방자치단체의 장과 사업자등에 대하여 수급안정화조정과 관련한 자료의 제출이나 의견의 진술, 협의 등을 요청할 수 있다. 이

경우 요청을 받은 자는 국방상 또는 국가·경제 안보상의 기밀을 유지할 필요가 있는 사항 등 정당한 사유가 없으면 이에 따라야 한다."

(1) 내용: 정부는 필요시 지방자치단체와 사업자 등에게 자료 제출, 의견 진술, 협의 등을 요청할 수 있으며, 요청을 받은 자는 특별한 사유가 없는 한 협조해야 한다.

(2) 의미: 수급안정화조정의 효과적인 시행을 위해 지방정부나 사업자 등 관련자들의 필요한 정보와 협력을 확보하는 법적 근거를 마련하였다.

(3) 해설: 이 항은 수급안정화조정의 실행력을 높이기 위해 관련 기관과 기업의 협조를 의무화함으로써, 정확한 데이터 및 정보를 바탕으로 수급안정화를 도모하고, 협력의무화를 통해 조치의 실효성을 보장해 주는 제도를 마련한 것이다.

5) 제4항: "정부, 공공기관(「공공기관의 운영에 관한 법률」 제4조에 따른 공공기관을 말한다. 이하 같다) 및 그 밖에 대통령령으로 정하는 기관은 국가·경제 안보 또는 국민경제의 발전에 지장을 줄 우려가 있거나 영업비밀(「부정경쟁방지 및 영업비밀보호에 관한 법률」 제2조제2호에 따른 영업비밀을 말한다) 등 기업의 경영활동을 보호하여야 할 필요가 있는 경우에는 「공공기관의 정보공개에 관한 법률」, 「공공데이터의 제공 및 이용 활성화에 관한 법률」 등의 규정에도 불구하고 제3항에 따른 자료에 관한 정보를 공개하지 아니할 수 있다."

(1) 내용: 정부와 공공기관 등은 국가 경제 안보나 영업비밀보호 필요가 있는 경우, 정보 공개 법령에도 불구하고 제3항의 자료를 공개하지 않을 수 있다.

(2) 의미: 중요한 기밀 정보와 영업비밀을 보호하여 국가안보와 기업 활동을 안정적으로 유지하도록 해 준다.

(3) 해설: 이 항은 수급안정화조정을 위해서일지라도 국가안보를 위협하거나 국민 경제를 위태롭게 하는 민감한 정보가 불필요하게 공개되지 않도록 하여, 기업의 경영활동을 보호하고 국가 경제의 안정을 도모하려는 것이다. 공공기관의 정보 공개에 관한 법률에 의한 정보공개청구가 있을 때에도 공개를 제한할 수 있다. 또한 공공 데이터의 제공 및 이용 활성화에 관한 법률 등에서 공개하도록 의무화되어 있는 사항에 대해서도 공개를

제한할 수 있다.

6) 제5항: "누구든지 제3항에 따라 습득한 자료 및 정보에 대하여 다음 각 호의 어느 하나에 해당하는 행위를 하여서는 아니 된다."

(1) 내용: 제3항에 따라 습득한 자료와 정보에 대해 다음과 같은 행위를 금지하고 있다,

1호. 부정한 방법으로 자료·정보를 취득, 사용 또는 공개하는 행위

2호. 부정한 이익을 얻거나 관련 기업 및 대상기관에게 손해를 가할 목적으로 자료·정보를 유출하거나 그 유출한 자료·정보를 사용 또는 공개하거나 제3자가 사용하게 하는 행위

3호. 부정한 방법으로 자료·정보를 취득한 사실을 알고 그 자료·정보를 취득·사용 또는 공개하는 행위

4호. 부정한 방법으로 자료·정보를 취득한 사실을 중대한 과실로 알지 못하고 그 자료·정보를 취득·사용 또는 공개하는 행위

5호. 관련 소송 등 대통령령으로 정하는 적법한 경로를 통하여 자료·정보를 제공받은 자가 제공받은 목적 외의 다른 용도로 그 자료·정보를 사용하거나 공개하는 행위

(2) 의미: 자료와 정보의 부정한 사용 및 공개를 방지하여 기밀성과 신뢰성을 유지하도록 한 것이다.

(3) 해설: 이 항은 민감한 자료와 정보가 부정하게 유출되거나 사용되지 않도록 전략산업의 안정성과 관련 산업보안을 강화하고 유출을 금지하며, 금지 사항을 위반하면 형사 처벌할 법적 근거를 마련한 것이다. 이 법 제50조 벌칙의 제5항에서 제10조제5항 각 호의 어느 하나에 해당하는 행위를 한 자는 1년 이하의 징역 또는 1천만원 이하의 벌금에 처하도록 규정하고, 형사 처벌을 통해 금지 사항의 실효적 집행을 보장하고 있다.

7) 제6항: "제3항에 따른 자료 제출 등의 방법 및 절차에 관하여 필요한 사항은 대통령령으로 정한다."

(1) 내용: 제3항에 따른 자료 제출 등의 방법 및 절차는 대통령령으로 정한다.

(2) 의미: 자료 제출과 관련한 구체적인 절차를 명확히 규정하여 실효성을 확보하도록 한 것이다.

(3) 해설: 이 항은 자료 제출 절차를 명확히 하여 표준화하고, 실질적인 시행 과정에서 혼선을 방지하고 효율적인 조치를 보장하려는 것이다.

제10조는 국가 경제와 산업의 안정성을 유지하기 위해 긴급한 상황에서 정부가 전략기술 관련 품목의 수급안정화를 위한 조치를 취할 수 있도록 규정하고 있다. 이를 통해 정부는 천재지변이나 국제통상여건의 급변 등으로 인한 위기 상황에서 신속하고 효과적인 대응을 할 수 있으며, 전략산업의 지속적인 성장을 지원할 수 있다. 법적 절차와 기밀 보호를 통해 신뢰성과 투명성을 유지하면서도, 필요시 빠르고 유연한 조치를 통해 국가 경제와 산업의 안정성을 확보하는 것이 이 조문의 핵심이다.

제3장 국가첨단전략기술의 지정 및 관리

제11조(전략기술의 지정·변경 및 해제 등)

① 산업통상자원부장관은 조정위원회의 심의 및 위원회의 심의·의결을 거쳐 전략기술을 지정할 수 있다. 이 경우 다음 각 호의 요건을 종합적으로 고려하여야 한다.

2. 해당 기술의 성장잠재력과 기술난이도
3. 해당 기술이 다른 산업에 미치는 파급효과
4. 해당 기술이 가지는 산업적 중요성
5. 해당 기술이 수출·고용 등 국민경제에 미치는 영향
6. 그 밖에 대통령령으로 정하는 사항

② 산업통상자원부장관은 전략기술의 범위 또는 내용의 변경이나 지정의 해제가 필요하다고 인정하는 경우 조정위원회 심의 및 위원회 심의·의결을 거쳐 변경 또는 해제할 수 있다.

③ 산업통상자원부장관은 제1항에 따른 전략기술의 지정, 제2항에 따른 전략기술의 범위 또는 내용의 변경이나 지정의 해제가 있는 경우에는 이를 고시하여야 한다.

④ 산업통상자원부장관은 제1항 및 제2항에 따른 전략기술의 지정·변경 또는 해제를 위하여 관계 중앙행정기관의 장, 지방자치단체의 장 및 공공기관의 장에게 필요한 자료의 제출을 요청할 수 있다. 이 경우 요청을 받은 기관의 장은 특별한 사유가 없으면 이에 따라야 한다.

⑤ 자신이 보유하고 있는 기술이 전략기술에 해당하는지에 대한 판정을 받고자 하는 자는 대통령령으로 정하는 바에 따라 산업통상자원부장관에게 신청할 수 있다.

⑥ 산업통상자원부장관은 전략기술의 보호 및 관리를 위하여 필요하다고 인정하는 경우 해당 기술 보유자에게 제5항에 따른 신청을 하도록 권고할 수 있다.

⑦ 제1항 및 제2항에 따라 전략기술을 지정·변경 또는 해제한 경우 「산업기술의 유출방지 및 보호에 관한 법률」 제9조에 따라 국가핵심기술을 지정·변경 또는 해제한 것으로 본다.

⑧ 그 밖에 전략기술의 지정·변경 및 해제에 필요한 사항은 대통령령으로 정한다.

■ 해설

1. 도입 이유

제11조는 국가첨단전략산업의 경쟁력 강화와 보호를 위해 핵심적인 기술을 '전략기술'로 지정하고, 그 지정된 기술의 변경 및 해제 절차를 규정하여 법적 안정성을 확보하고자 한다. 이를 통해 기술 성장잠재력, 산업적 중요성, 국민경제에 미치는 영향 등을 종합적으로 고려하여 국가 전략기술을 보호하고 관리함으로써 국가 경제와 산업의 발전을 도모하기 위한 것이다.

2. 제11조(전략기술의 지정·변경 및 해제 등) 해설

1) 제1항: "산업통상자원부장관은 조정위원회의 심의 및 위원회의 심의·의결을 거쳐 전략기술을 지정할 수 있다. 이 경우 다음 각 호의 요건을 종합적으로 고려하여야 한다."

(1) 내용: 산업통상자원부장관은 조정위원회와 위원회의 심의·의결을 통해 전략기술을 지정할 수 있으며, 다음 요건들을 종합적으로 고려해야 한다.

1호. 해당 기술의 성장잠재력과 기술난이도

2호. 해당 기술이 다른 산업에 미치는 파급효과

3호. 해당 기술이 가지는 산업적 중요성

4호. 해당 기술이 수출·고용 등 국민경제에 미치는 영향

5호. 그 밖에 대통령령으로 정하는 사항

(2) 의미: 전략기술의 지정은 엄격한 심의 절차와 종합적인 요건 검토를 통해 이루어져야 함을 규정한 것이다.

(3) 해설: 이 항은 국가 전략기술의 지정 과정에서 성장잠재력, 기술난이도, 산업 파급효과, 중요성, 국민경제 영향 등을 모두 분석해 검토하도록 신중한 평가와 심의를 요구함으로써, 지정된 기술이 국가 경제와 산업에 실질적으로 기여할 수 있도록 하라는 것이다.

2) 제2항: "산업통상자원부장관은 전략기술의 범위 또는 내용의 변경이나 지정의 해제가 필요하다고 인정하는 경우 조정위원회 심의 및 위원회 심의·의결을 거쳐 변경 또는 해제할 수 있다."

(1) 내용: 전략기술의 범위나 내용의 변경 또는 지정의 해제가 필요하다고 인정될 경우, 산업통상자원부장관은 조정위원회와 위원회의 심의·의결을 거쳐 이를 변경 또는 해제할 수 있다.

(2) 의미: 전략기술의 변경 및 해제 역시 위원회 심의의 엄격한 절차를 통해 신중하게 이루어져야 함을 명시한 것이다.

(3) 해설: 이 항은 지정된 전략기술이 변화하는 산업 환경과 기술 발전 상황에 따라 유연하게 대응할 수 있도록 하는 한편, 위원회 심의를 필수화하여 체계적인 심의를 통해 변화의 적절성을 확보하라는 것이다.

3) 제3항: "산업통상자원부장관은 제1항에 따른 전략기술의 지정, 제2항에 따른 전략기술의 범위 또는 내용의 변경이나 지정의 해제가 있는 경우에는 이를 고시하여야 한다."

(1) 내용: 전략기술의 지정, 변경 또는 해제가 이루어진 경우 이를 산업통상자원부장관이 고시해야 한다.

(2) 의미: 투명한 공개를 통해 관련 정보를 모든 이해관계자에게 제공하여, 공정성과 신뢰성을 확보하라는 것이다.

(3) 해설: 이 항은 전략기술 지정, 변경 및 해제에 관한 사항을 공개함으로써, 관련 정보의 투명성과 접근성을 높여 관련 산업계의 불안과 불확실성을 해소하고 공급망 안정화를 위한

정부의 신뢰를 유지하도록 한 것이다.

4) **제4항**: “산업통상자원부장관은 제1항 및 제2항에 따른 전략기술의 지정·변경 또는 해제를 위하여 관계 중앙행정기관의 장, 지방자치단체의 장 및 공공기관의 장에게 필요한 자료의 제출을 요청할 수 있다. 이 경우 요청을 받은 기관의 장은 특별한 사유가 없으면 이에 따라야 한다.”

(1) **내용**: 전략기술의 지정, 변경 또는 해제를 위해 필요한 자료 제출을 관계 기관에게 요청할 수 있으며, 요청받은 기관은 특별한 사유가 없으면 이에 응해야 한다.

(2) **의미**: 전략기술의 관리에 필요한 정부기관이나 공공기관의 모든 자료를 확보하여 정확하고 신뢰할 수 있는 정보를 기반으로 결정하라는 것이다.

(3) **해설**: 이 항은 자료 제출 요청을 통해 관련 정보를 철저히 검토하고, 체계적인 관리와 의사 결정을 지원해 준다. 자료 제출 요청을 받은 기관장은 특별한 사유가 없으면 자료 제출을 해야 하는 법적인 의무를 부과하여 어느 정도 강제성을 부여한 것이다. 다만, 거부할 수 있는 특별한 사유가 무엇인지는 제한적으로 해석해야 할 것이다.

5) **제5항**: “자신이 보유하고 있는 기술이 전략기술에 해당하는지에 대한 판정을 받고자 하는 자는 대통령령으로 정하는 바에 따라 산업통상자원부장관에게 신청할 수 있다.”

(1) **내용**: 개인이나 기업은 자신이 보유한 기술이 전략기술에 해당하는지 판정을 받기 위해 신청할 수 있다.

(2) **의미**: 전략기술의 지정 절차에 참여할 수 있는 기회를 제공하여, 다양한 기술이 국가 전략기술로 지정될 수 있도록 유도하고, 기업의 경영전략 수립 및 불확실성 리스크 해소를 위해 사전 지정을 신청하는 절차를 둔 것이다.

(3) **해설**: 이 항은 기술 보유자가 자발적으로 신청하여 전략기술로 지정될 수 있는 절차를 명시함으로써, 기술 혁신과 발전을 촉진한다. 해당 기술이 전략기술에 해당하는 중요한 결정을 미리 받아서 산업의 보안을 강화하고, 수출입 절차 등에서 제한을 당하지 않도록 미리 심사를 받아 투자와 향후 무역에 대처하도록 하는 기능을 한다.

6) **제6항**: "산업통상자원부장관은 전략기술의 보호 및 관리를 위하여 필요하다고 인정하는 경우 해당 기술 보유자에게 제5항에 따른 신청을 하도록 권고할 수 있다."

(1) **내용**: 산업통상자원부장관은 필요시 전략기술 보호 및 관리를 위해 기술 보유자에게 신청을 권고할 수 있다.

(2) **의미**: 중요 기술의 보호와 관리를 위해 필요한 경우 신청을 권고함으로써, 전략기술에 해당할 수 있는 관련기술을 국가가 미리 확보하거나, 전략기술임에도 전략기술로 지정되어 관리되지 않는 허점을 예방한다.

(3) **해설**: 이 항은 산업통상자원부장관이 필요하다고 판단하는 경우, 기술 보유자에게 신청을 권고하여, 국가의 첨단 전략기술을 확보를 적극적으로 하도록 하고, 관련 전략기술의 보호와 관리를 강화할 수 있는 권한을 부여한 것이다. 한편으로 기업들이 전략기술로 지정되는 것을 불편하게 생각하거나 불필요하게 여겨서 전략기술에서 누락되는 것을 막기 위한 조치를 하도록 한 것이다. 비록 강제는 아닌 권고사항이지만 산업통상자원부의 신중하면서도 적극적인 활용이 필요하다.

7) **제7항**: "제1항 및 제2항에 따라 전략기술을 지정·변경 또는 해제한 경우 「산업기술의 유출방지 및 보호에 관한 법률」 제9조에 따라 국가핵심기술을 지정·변경 또는 해제한 것으로 본다."

(1) **내용**: 전략기술의 지정, 변경 또는 해제는 국가핵심기술의 지정, 변경 또는 해제와 동일한 효력을 가진다.

(2) **의미**: 전략기술과 국가핵심기술 간의 일관성을 유지하여, 중요한 기술의 보호와 관리를 일관되게 하도록 한다.

(3) **해설**: 이 항은 전략기술과 국가핵심기술의 지정 및 관리에서 법적 일관성을 보장하여, 중요한 기술의 보호를 체계적으로 유지하도록 하고 있다.

8) **제8항**: "그 밖에 전략기술의 지정·변경 및 해제에 필요한 사항은 대통령령으로 정한다."

(1) **내용**: 전략기술의 지정, 변경 및 해제에 필요한 사항은 대통령령으로 정해야 한다.

(2) 의미: 세부 절차와 기준을 대통령령으로 정하여, 법률의 적용을 명확하고 구체적으로 하게 한다.

(3) 해설: 이 항은 전략기술 지정, 변경 및 해제와 관련된 세부적인 절차와 기준을 대통령령으로 규정하여, 법률의 표준운영절차를 정하도록 하고 구체적 적용을 가능하게 한다.

결론

제11조는 국가 전략기술의 지정, 변경 및 해제 절차를 명확히 규정하여, 기술의 성장잠재력, 산업적 중요성, 국민 경제에 미치는 영향 등을 종합적으로 고려한 결정이 이루어지도록 하고 있다. 이를 통해 국가 경제와 산업의 지속적인 발전을 도모하며, 신뢰성과 투명성을 확보하려는 것이다. 또한, 전략기술과 국가핵심기술 간의 일관성을 유지하여 중요한 기술의 보호와 관리를 체계적으로 강화하도록 하였다. 법률적 절차와 기준을 명확히 하여, 법적 안정성과 실효성을 보장함으로써 국가 첨단전략산업의 경쟁력을 강화하고 보호하는 법적 근거 조항이다.

제12조(전략기술의 수출 승인 등)

① 전략기술보유자가 해당 전략기술을 외국기업 등에 매각 또는 이전 등의 방법으로 수출(이하 "전략기술의 수출"이라 한다)하고자 하는 경우에는 산업통상자원부장관의 승인을 받아야 한다.

② 산업통상자원부장관은 제1항에 따른 승인신청에 대하여 전략기술의 수출에 따른 국가·경제 안보 및 국민경제적 파급효과 등을 검토하여 관계 중앙행정기관의 장과 협의한 후 「산업기술의 유출방지 및 보호에 관한 법률」 제7조에 따른 산업기술보호위원회(이하 "산업기술보호위원회"라 한다)의 심의를 거쳐 승인할 수 있다.

③ 제1항에 따라 승인을 받은 전략기술이 「대외무역법」 제19조에 따른 기술인 경우에는 같은 법 제19조의2에 따라 허가를 받은 것으로 보며, 「국방과학기술혁신 촉진법」 제2조제2호에 따른 국방과학기술 및 「방위사업법」 제34조에 따른 방산물자인 경우에는 같은 법 제57조제2항에 따라 허가를 받은 것으로 본다. 이 경우 산업통상자원부장관은 사전에 관계 중앙행정기관의

장과 협의하여야 한다. <개정 2024. 2. 20.>

④ 산업통상자원부장관은 전략기술보유자가 제1항에 따른 승인을 받지 아니하거나 부정한 방법으로 승인을 받아 전략기술의 수출을 한 경우 정보수사기관의 장에게 조사를 의뢰하고, 조사결과를 산업기술보호위원회에 보고한 후 산업기술보호위원회의 심의를 거쳐 해당 전략기술의 수출중지·수출금지·원상회복 등의 조치를 명할 수 있다.

⑤ 제1항에 따라 승인을 받은 경우 「산업기술의 유출방지 및 보호에 관한 법률」 제11조에 따라 국가핵심기술의 수출 승인을 받거나 신고를 한 것으로 본다.

⑥ 그 밖에 전략기술의 수출 승인, 수출중지·수출금지·원상회복 등의 절차에 관하여는 「산업기술의 유출방지 및 보호에 관한 법률」을 준용한다.

▪ 해설

1. 도입 이유

제12조는 국가 전략기술의 수출을 규제하고 관리하여 국가안보와 경제적 이익을 보호하기 위해 제정되었다. 이는 국가 전략기술의 외부 유출을 방지하고, 국가의 경제적 이익과 산업적 경쟁력을 유지하기 위해 꼭 필요하다. 특히, 외국 기업 등에 기술이 매각되거나 이전될 때 국가 및 경제 안보에 미치는 영향을 사전에 평가하고 관리하는 절차를 규정함으로써, 국가 경제에 미치는 부정적 영향을 최소화하기 위한 법조항이다.

2. 제12조(전략기술의 수출 승인 등) 해설

1) 제1항: "전략기술보유자가 해당 전략기술을 외국기업 등에 매각 또는 이전 등의 방법으로 수출(이하 "전략기술의 수출"이라 한다)하고자 하는 경우에는 산업통상자원부장관의 승인

을 받아야 한다."

(1) 내용: 전략기술보유자가 해당 기술을 외국기업 등에 매각하거나 이전하려면 산업통상자원부장관의 사전 승인을 받아야 한다.

(2) 의미: 전략기술의 무분별한 해외 유출을 방지하고, 국가의 경제 및 안보에 미치는 영향을 최소화하기 위한 수출 등 기술이전에 대한 규제 장치이다.

(3) 해설: 이 항은 전략기술의 해외 이전에 대한 산업통상자원부의 심사를 반드시 거치도록 하고, 엄격한 관리와 통제를 통해 국가 전략기술이 외부로 유출되는 것을 방지하여 국가안보와 산업의 경쟁력을 보호하자는 것이다.

2) 제2항: "산업통상자원부장관은 제1항에 따른 승인신청에 대하여 전략기술의 수출에 따른 국가·경제 안보 및 국민경제적 파급효과 등을 검토하여 관계 중앙행정기관의 장과 협의한 후 「산업기술의 유출방지 및 보호에 관한 법률」 제7조에 따른 산업기술보호위원회(이하 "산업기술보호위원회"라 한다)의 심의를 거쳐 승인할 수 있다."

(1) 내용: 산업통상자원부장관은 전략기술 수출 승인 신청을 받으면, 국가와 경제 안보, 국민 경제에 미치는 파급 효과를 검토하고 관계 중앙행정기관의 장과 협의 후 산업기술보호위원회의 심의를 거쳐 승인을 할 수 있다.

(2) 의미: 전략기술의 수출 전에 체계적인 검토와 다각적인 협의를 통해 전략기술 수출의 적정성을 판단하라는 것이다.

(3) 해설: 이 항은 전략기술 수출이 국가와 경제에 미치는 영향을 종합적으로 평가하여, 전략기술 수출에 따른 국가안보와 국민경제에 미치는 리스크를 최소화하고, 전략기술의 수출 사전에 수출 이득과 국가안보에 미치는 악영향을 다 함께 고려하여 수출중지, 수출금지, 원상회복 등 체계적으로 관리하게 하는 법적 근거를 마련한 것이다.

3) 제3항: "제1항에 따라 승인을 받은 전략기술이 「대외무역법」 제19조에 따른 기술인 경우에는 같은 법 제19조의2에 따라 허가를 받은 것으로 보며, 「국방과학기술혁신 촉진법」 제2조제2호에 따른 국방과학기술 및 「방위사업법」 제34조에 따른 방산물자인 경우에는 같

은 법 제57조제2항에 따라 허가를 받은 것으로 본다. 이 경우 산업통상자원부장관은 사전에 관계 중앙행정기관의 장과 협의하여야 한다."

(1) 내용: 전략기술 수출 승인을 받은 경우, 해당 기술이 「대외무역법」, 「국방과학기술혁신 촉진법」, 「방위사업법」에 따른 허가를 받은 것으로 간주한다. 이 경우 사전에 관계 중앙행정기관의 장과 협의해야 한다.

(2) 의미: 전략기술 수출 승인 절차와 다른 법률의 수출통제 절차의 중복으로 인한 기업들의 피해를 줄이며 간소화하고, 관련 법률 간의 일관성을 유지하게 한다.

(3) 해설: 이 항은 전략기술 수출 승인 절차를 다른 관련 법률과 중복된 절차로 인한 수출절차의 복잡성과 행정력 낭비, 관련 기업의 비용 부담, 불확실성의 해소를 하기 위한 것이다.

4) 제4항: "산업통상자원부장관은 전략기술보유자가 제1항에 따른 승인을 받지 아니하거나 부정한 방법으로 승인을 받아 전략기술의 수출을 한 경우 정보수사기관의 장에게 조사를 의뢰하고, 조사결과를 산업기술보호위원회에 보고한 후 산업기술보호위원회의 심의를 거쳐 해당 전략기술의 수출중지·수출금지·원상회복 등의 조치를 명할 수 있다."

(1) 내용: 승인 없이 또는 부정한 방법으로 전략기술을 수출한 경우, 정보수사기관의 조사를 의뢰하고, 산업기술보호위원회의 심의를 거쳐 수출중지, 수출금지, 원상회복 등의 조치를 명할 수 있다.

(2) 의미: 불법적인 전략기술 수출을 엄격히 제재하여, 불법을 원상회복하여 국가안보를 확보하라는 것이다.

(3) 해설: 이 항은 전략기술의 불법 수출을 방지하고, 위반 시 강력한 제재 조치 및 원상 회복을 통해, 수출로 인한 기업의 이익을 보지 못하도록 함으로써 법의 실효성을 높이며, 전략기술의 보호를 강화하는 강력한 법적 조치를 도입한 것이다. 이러한 수출중지, 수출금지, 원상회복 조치는 기업에게는 엄청 큰 부담으로 작용할 것이다.

5) 제5항: "제1항에 따라 승인을 받은 경우 「산업기술의 유출방지 및 보호에 관한 법률」 제11조에 따라 국가핵심기술의 수출 승인을 받거나 신고를 한 것으로 본다."

(1) 내용: 전략기술 수출 승인을 받은 경우, 「산업기술의 유출방지 및 보호에 관한 법률」에 따른 국가핵심기술의 수출 승인을 받은 것으로 간주한다.

(2) 의미: 전략기술과 국가핵심기술 간의 수출 승인 절차를 통합하여 단일화하고, 행정 절차의 효율성을 제고한다.

(3) 해설: 이 항은 전략기술 수출 승인 절차를 국가핵심기술과 통합함으로써, 행정적 중복을 줄이고 절차를 효율화한 것이며, 이로써 전략기술 수출기업의 불편과 비용부담, 두 가지 수출승인절차에서 발생하는 모순을 방지하는 효과가 있다.

6) 제6항: "그 밖에 전략기술의 수출 승인, 수출중지·수출금지·원상회복 등의 절차에 관하여는 「산업기술의 유출방지 및 보호에 관한 법률」을 준용한다."

(1) 내용: 전략기술 수출 승인, 수출중지, 수출금지, 원상회복 등의 절차는 「산업기술의 유출방지 및 보호에 관한 법률」을 준용한다.

(2) 의미: 기존 법률을 준용하여 법적 일관성을 유지하고, 절차의 명확성을 확보하였다.

(3) 해설: 이 항은 입법 기술적 측면에서 준용이라는 방법을 사용하여, 전략기술 수출 관련 절차를 기존 법률에 맞추어 일관되게 적용함으로써, 중복적인 법률 규정을 없애고, 법적 명확성과 일관성을 확보하도록 한 것이다.

제12조는 국가 전략기술의 해외 유출을 철저히 관리하고 규제하여, 국가 경제와 안보를 보호하고자 하는 법적 근거 조항이다. 산업통상자원부장관의 사전 승인 절차와 관계 기관과의 협의를 통해 전략기술의 수출이 국가와 경제에 미치는 영향을 면밀히 검토하여야 하고, 또한, 승인 절차를 다른 관련 법률과 통합하여 행정 효율성을 높이고, 불법적인 기술 수출에 대한 강력한 제재 조치를 통해 법의 실효성을 확보해 나가야 한다. 이를 통해 국가 전략기술의 보호와 관리를 강화하고, 국가 경제와 산업의 지속 가능한 발전을 도모할 수 있을 것이다.

제13조(전략기술보유자의 해외 인수·합병 등)

① 전략기술보유자가 대통령령으로 정하는 해외 인수·합병, 합작투자 등 외국인투자(이하 "해외인수·합병등"이라 한다)를 진행하려는 경우에는 미리 산업통상자원부장관의 승인을 받아야 한다.

② 전략기술보유자는 대통령령으로 정하는 외국인(이하 이 조에서 "외국인"이라 한다)에 의하여 해외인수·합병등이 진행되는 것을 알게 된 경우 지체 없이 산업통상자원부장관에게 신고하여야 한다.

③ 산업통상자원부장관은 제2항에 따라 전략기술보유자로부터 신고를 받은 경우 해외인수·합병등을 진행하려는 외국인에게 제1항에 따른 승인 절차에 협조하여 줄 것을 요청할 수 있다. 이 경우 요청을 받은 외국인은 특별한 사유가 없으면 이에 따라야 한다.

④ 산업통상자원부장관은 제1항에 따른 승인의 신청을 받은 경우 해외인수·합병등이 국가·경제 안보에 미치는 영향을 검토하여 관계 중앙행정기관의 장과 협의한 후 산업기술보호위원회의 심의를 거쳐 승인할 수 있다. 이 경우 산업통상자원부장관은 승인에 조건을 붙일 수 있다.

⑤ 산업통상자원부장관은 해외인수·합병등에 따른 전략기술의 유출로 국가·경제 안보에 심각한 영향을 줄 수 있다고 판단하는 경우에는 관계 중앙행정기관의 장과 협의한 후 산업기술보호위원회의 심의를 거쳐 해당 해외인수·합병등에 대하여 중지·금지·원상회복 등의 조치를 명할 수 있다.

⑥ 제1항에 따라 해외인수·합병등을 진행하려는 자는 해당 해외인수·합병등과 관련하여 다음 각 호의 사항에 의문이 있는 때에는 대통령령으로 정하는 바에 따라 산업통상자원부장관에게 미리 검토하여 줄 것을 신청할 수 있다.

1. 해당 전략기술이 국가·경제 안보와 관련되는지 여부
2. 해당 해외인수·합병등이 제1항에 따른 승인대상인지 여부
3. 그 밖에 해당 해외인수·합병등과 관련하여 의문이 있는 사항

⑦ 산업통상자원부장관은 전략기술보유자가 제1항에 따른 승인을 받지 아니하거나 거짓이나 그 밖의 부정한 방법으로 승인을 받아 해외인수·합병등을 진행한 경우 정보수사기관의 장에게 조사를 의뢰하고, 조사결과를 산업기술보호위원회에 보고한 후 산업기술보호위원회의 심의

를 거쳐 해당 해외인수·합병등에 대하여 중지·금지·원상회복 등 필요한 조치를 명할 수 있다.

⑧ 제1항에 따라 승인을 받은 경우 「산업기술의 유출방지 및 보호에 관한 법률」 제11조의2에 따라 국가핵심기술을 보유하는 대상기관의 해외인수·합병등의 승인을 받거나 신고를 한 것으로 본다.

⑨ 그 밖에 해외인수·합병등의 승인, 중지·금지·원상회복 등의 절차에 관하여는 「산업기술의 유출방지 및 보호에 관한 법률」을 준용한다.

■ 해설

1. 도입 이유

제13조는 국가첨단전략산업 경쟁력 강화 및 보호에 관한 법률에서 전략기술보유자의 해외 인수·합병 등 외국인투자를 관리하기 위해 제정되었다. 글로벌화가 진전되면서 해외 인수·합병 등이 빈번하게 발생하고 있으며, 이에 따라 전략기술의 해외 유출 가능성이 증가하고 있다. 이러한 상황에서 국가의 경제 안보와 전략기술의 보호를 위해 해외 인수·합병 등을 엄격히 관리하고 규제하는 것이 필수적이다. 제13조는 이를 위해 필요한 승인 절차와 제재 조치 등을 규정하고 있다.

2. 제13조(전략기술보유자의 해외 인수·합병 등) 해설

1) 제1항: "전략기술보유자가 대통령령으로 정하는 해외 인수·합병, 합작투자 등 외국인투자(이하 "해외인수·합병등"이라 한다)를 진행하려는 경우에는 미리 산업통상자원부장관의 승인을 받아야 한다."

(1) 내용: 전략기술보유자가 대통령령으로 정하는 해외 인수·합병, 합작투자 등의 외국인투자를 진행하려는 경우, 사전에 산업통상자원부장관의 승인을 받아야 한다.

(2) 의미: 전략기술의 무분별한 해외 유출을 방지하고, 국가의 경제 및 안보에 미치는 영향을 최소화하기 위한 규제 장치다.

(3) 해설: 전략기술보유자가 해외 인수·합병 등을 통해 기술을 외국으로 이전하는 것은 국가의 경제 안보에 중대한 영향을 미칠 수 있다. 이를 사전에 통제하고, 국가적 관점에서 적절성을 판단하기 위해 승인 절차를 법제화한 것이다.

2) 제2항: "전략기술보유자는 대통령령으로 정하는 외국인(이하 이 조에서 "외국인"이라 한다)에 의하여 해외인수·합병등이 진행되는 것을 알게 된 경우 지체 없이 산업통상자원부장관에게 신고하여야 한다."

(1) 내용: 전략기술보유자는 대통령령으로 정하는 외국인에 의해 해외 인수·합병 등이 진행되는 것을 알게 된 경우, 지체 없이 산업통상자원부장관에게 신고해야 하는 의무가 있다.

(2) 의미: 정부가 신속한 정보 공유를 통해 해외 인수·합병 등의 진행 상황을 즉각 파악하고, 필요한 대응 조치를 취하기 위함이다.

(3) 해설: 전략기술보유자가 외국인에 의해 인수·합병 등의 진행 사실을 알게 되었을 때, 정부에 즉시 신고하도록 함으로써, 정부가 신속하게 대응할 수 있도록 하였다. 이는 기술 유출의 사전 예방과 신속한 대응을 가능하게 하는 중요한 법적 장치다. 아직 실제 처벌 조항은 없으며, 신고 의무 근거만을 정하고 있어서 미신고로 제재도 할 수 없는 점이 문제가 될 수 있다.

3) 제3항: "산업통상자원부장관은 제2항에 따라 전략기술보유자로부터 신고를 받은 경우 해외인수·합병등을 진행하려는 외국인에게 제1항에 따른 승인 절차에 협조하여 줄 것을 요청할 수 있다. 이 경우 요청을 받은 외국인은 특별한 사유가 없으면 이에 따라야 한다."

(1) 내용: 산업통상자원부장관은 전략기술보유자로부터 신고를 받은 경우, 해당 외국인에게 승인 절차에 협조할 것을 요청할 수 있으며, 외국인은 특별한 사유가 없으면 이에 따라야 한다.

(2) 의미: 외국인의 협조를 통해 승인 절차가 원활하게 진행될 수 있도록 하는 규정이다.

(3) **해설:** 전략기술의 해외 유출을 방지하기 위해 외국인에게 승인 절차에 협조하도록 요청함으로써, 승인 절차의 실효성을 높이기 위한 조항이다. 하지만 실제 처벌 조항은 없으며, 협조를 요청하는 근거만을 정하고 있어서 법적 규제의 실질적인 이행을 보장은 어려운 점이 있다.

4) **제4항:** "산업통상자원부장관은 제1항에 따른 승인의 신청을 받은 경우 해외인수·합병등이 국가·경제 안보에 미치는 영향을 검토하여 관계 중앙행정기관의 장과 협의한 후 산업기술보호위원회의 심의를 거쳐 승인할 수 있다. 이 경우 산업통상자원부장관은 승인에 조건을 붙일 수 있다."

(1) **내용:** 산업통상자원부장관은 해외 인수·합병 등의 승인 신청을 받은 경우, 국가 및 경제 안보에 미치는 영향을 검토하고 관계 중앙행정기관의 장과 협의한 후 산업기술보호위원회의 심의를 거쳐 승인할 수 있으며, 승인에 조건을 붙일 수 있다.

(2) **의미:** 다각적인 검토와 협의, 조건부과를 통해 해외 인수·합병 등이 국가에 미치는 영향을 최소화하도록 한다.

(3) **해설:** 승인 절차에서 국가 및 경제 안보에 미치는 영향을 철저히 검토하고, 관계 기관과의 협의를 통해 다각적인 관점에서 판단하도록 제도화 한 것이다. 또한, 필요한 경우 조건부 승인을 통해 위험을 관리하고 통제하여 기술 유출로 인한 기술보유자의 이익과 국가안보 및 국민 경제 발전을 조화하도록 하고 있다.

5) **제5항:** "산업통상자원부장관은 해외인수·합병등에 따른 전략기술의 유출로 국가·경제 안보에 심각한 영향을 줄 수 있다고 판단하는 경우에는 관계 중앙행정기관의 장과 협의한 후 산업기술보호위원회의 심의를 거쳐 해당 해외인수·합병등에 대하여 중지·금지·원상회복 등의 조치를 명할 수 있다."

(1) **내용:** 산업통상자원부장관은 해외 인수·합병등에 따른 전략기술의 유출로 국가 및 경제 안보에 심각한 영향을 줄 수 있다고 판단하는 경우, 관계 중앙행정기관의 장과 협의하고 산업기술보호위원회의 심의를 거쳐 중지, 금지, 원상회복 등의 조치를 명할 수 있다.

(2) 의미: 국가 및 경제 안보에 중대한 위협이 되는 경우, 강력한 제재 조치를 통해 이를 방지하는 법적 근거를 제정한 것이다.

(3) 해설: 해외 인수·합병 등이 국가 및 경제 안보에 심각한 영향을 미칠 수 있는 상황에서, 이를 사전에 차단하고 필요한 조치를 통해 국가적 위험을 최소화하도록 한 것이며, 인수 및 합병 등의 중지, 금지, 원상회복 등 강력한 제재 조치를 통해 법적 규제의 실효성을 확보하도록 규정한 것이다.

6) **제6항**: "제1항에 따라 해외인수·합병등을 진행하려는 자는 해당 해외인수·합병등과 관련하여 다음 각 호의 사항에 의문이 있는 때에는 대통령령으로 정하는 바에 따라 산업통상자원부장관에게 미리 검토하여 줄 것을 신청할 수 있다."

(1) 내용: 해외 인수·합병 등을 진행하려는 자는 해당 사항에 대해 의문이 있는 경우, 사전에 산업통상자원부장관에게 검토를 신청할 수 있다.

(2) 의미: 전략기술보유자가 인수합병 등 추진을 위해 사전 검토를 통해 불확실성을 제거하고, 승인 절차를 원활하게 진행하게 한다.

(3) 해설: 해외 인수·합병 등을 진행하려는 자가 사전에 검토를 신청함으로써, 인수나 합병 등의 경영 전략에서 불확실성을 줄이고 승인 절차의 효율성을 높일 수 있다. 이는 절차적 명확성을 제공하고, 예측 가능한 법적 환경을 조성해 주는 의미가 있다.

7) **제7항**: "산업통상자원부장관은 전략기술보유자가 제1항에 따른 승인을 받지 아니하거나 거짓이나 그 밖의 부정한 방법으로 승인을 받아 해외인수·합병등을 진행한 경우 정보수사기관의 장에게 조사를 의뢰하고, 조사결과를 산업기술보호위원회에 보고한 후 산업기술보호위원회의 심의를 거쳐 해당 해외인수·합병등에 대하여 중지·금지·원상회복 등 필요한 조치를 명할 수 있다."

(1) 내용: 승인 없이 또는 허위 자료 제출 등 부정한 방법으로 해외 인수·합병 등을 진행한 경우, 정보수사기관의 조사를 의뢰하고, 조사 결과를 산업기술보호위원회에 보고한 후 필요한 조치를 명할 수 있다.

(2) **의미:** 미승인 해외 인수 또는 합병, 허위 승인 획득 등 불법적인 행위에 대해 강력한 제재를 통해 법적 규제의 실효성을 확보하도록 하였다.

(3) **해설:** 승인 없이 또는 부정한 방법으로 해외 인수·합병 등을 진행하는 것은 국가안보에 중대한 위협이 되는데, 이를 방지하기 위해 산업통상자원부가 조사하기 어려운 사항에 대해 국정원 등 정보수사기관, 경찰 등에 조사를 의뢰하여 엄격한 제재 조치를 가함으로써 법적 규제의 실효성을 높이고, 국가 전략기술의 보호를 강화하도록 한 것이다.

8) **제8항:** "제1항에 따라 승인을 받은 경우「산업기술의 유출방지 및 보호에 관한 법률」제11조의 2에 따라 국가핵심기술을 보유하는 대상기관의 해외인수·합병등의 승인을 받거나 신고를 한 것으로 본다."

(1) **내용:** 해외 인수·합병 등의 승인을 받은 경우,「산업기술의 유출방지 및 보호에 관한 법률」에 따른 국가핵심기술의 승인을 받은 것으로 간주해 준다.

(2) **의미:** 관련 법률과의 일관성을 유지하고, 행정 절차의 중복을 방지하며, 효율성을 제고한다.

(3) **해설:** 여러 법률이 연관되는 승인 절차를 통합 관리하여, 행정 절차를 간소화하고 법적 일관성을 유지함으로써 효율성을 높이고, 기업에게 승인 과정의 시간과 비용을 줄여 주는 역할을 한다.

9) **제9항:** "그 밖에 해외인수·합병등의 승인, 중지·금지·원상회복 등의 절차에 관하여는「산업기술의 유출방지 및 보호에 관한 법률」을 준용한다."

(1) **내용:** 해외 인수·합병 등의 승인, 중지, 금지, 원상회복 등의 절차는「산업기술의 유출방지 및 보호에 관한 법률」을 준용한다.

(2) **의미:** 산업기술보호 기존 법률을 준용하여 법적 일관성을 유지하고, 이 법제 규정되지 않은 관련 절차의 명확성을 확보한다.

(3) **해설:** 산업기술보호 기존 법률의 절차를 준용함으로써 중복 입법을 피하고, 법적 일관성을 유지하며, 명확한 절차를 통해 행정적 혼선을 방지하게 한다. 이는 법적 안정성과 명확성을 제공하기 위한 것이다.

제13조는 전략기술보유자의 해외 인수·합병 등을 체계적으로 관리하여, 국가의 경제 안보와 전략기술을 보호하는 데 중점을 두고 있다. 이를 위해 산업통상자원부장관의 사전 승인 절차와 다양한 관계 기관과의 협의를 통해 체계적인 검토가 이루어지며, 불법적인 해외 인수·합병 등에 대해서는 강력한 제재 조치를 통해 법의 실효성을 확보하고 있다. 또한, 관련 법률과의 통합적 관리로 행정 절차의 효율성을 높이고, 법적 일관성을 유지하는 규정이다.

제14조(전략기술의 보호조치 등)

① 전략기술보유자는 전략기술의 유출을 방지하기 위하여 다음 각 호에 따른 조치를 하여야 한다.

1. 보호구역의 설정·출입허가 또는 출입 시 휴대품 검사
2. 전략기술을 취급하는 인력의 이직 관리 및 비밀유지 등에 관한 계약 체결
3. 그 밖에 전략기술 유출 방지를 위하여 대통령령으로 정하는 사항

② 전략기술보유자는 산업통상자원부장관에게 전략기술을 취급하는 보직과 전문인력(이하 "전문인력등"이라 한다)의 지정을 요청할 수 있다. 이 경우 산업통상자원부장관은 위원회 심의를 거쳐 전문인력등을 지정할 수 있다.

③ 정부는 제2항에 따라 지정된 전문인력등의 장기근속과 경력개발, 국내활용 등을 촉진하기 위한 지원방안을 마련하여야 하며, 이에 필요한 비용의 일부를 지원할 수 있다.

④ 제2항에 따라 전문인력등의 지정을 받은 전략기술보유자는 전문인력등에 대하여 다음 각 호의 사항이 포함된 계약을 체결할 수 있다.

1. 해외 동종 업종으로의 이직 제한 및 그 기간
2. 전략기술 관련 비밀유출 방지
3. 퇴직 후 재취업 정보제공 등 그 밖에 대통령령으로 정하는 사항

⑤ 제2항에 따라 전문인력등의 지정을 받은 전략기술보유자는 다음 각 호의 어느 하나에 해당하는 경우 산업통상자원부장관에게 해당 전문인력의 출입국 정보 제공을 신청할 수 있다.

1. 전략기술 전문인력의 동의가 있는 경우
2. 전략기술의 해외 유출이 심각하게 우려되는 경우

3. 그 밖에 전략기술의 해외 유출을 방지하기 위하여 대통령령으로 정한 경우

⑥ 산업통상자원부장관은 제5항에 따른 신청을 한 자에게 제공하기 위하여 법무부장관에게 해당 전문인력의 출입국 정보 제공을 요청할 수 있다. 이 경우 법무부장관은 특별한 사유가 없으면 해당 정보를 제공하여야 한다.

⑦ 제2항에 따른 전문인력등의 지정 절차, 제4항에 따른 계약 등에 관하여 세부적인 사항은 대통령령으로 정한다.

■ **해설**

1. 도입 이유

제14조는 국가첨단전략산업의 경쟁력 강화 및 보호를 목적으로 하는 법률에서 전략기술의 유출을 방지하기 위한 구체적인 보호조치를 규정하고 있다. 첨단기술의 유출은 국가 경제 및 안보에 심각한 위협을 초래할 수 있으며, 이러한 기술을 보유한 기업이나 기관은 이를 보호할 책임이 있다. 이 조항은 전략기술보유자가 준수해야 할 기본적인 보호 조치를 명시하고, 정부가 지원하는 제도적 장치를 마련함으로써 전략기술의 안전한 관리와 보호를 강화하고자 제정된 것이다.

2. 제14조(전략기술의 보호조치 등) 해설

1) 제1항: "전략기술보유자는 전략기술의 유출을 방지하기 위하여 다음 각 호에 따른 조치를 하여야 한다."

(1) 내용: 전략기술보유자는 전략기술의 유출을 방지하기 위해 이 법이 정한 보호조치를 취해야 한다.

(2) 의미: 이는 전략기술의 유출을 사전에 방지하고, 기술의 안전한 관리를 위한 구체적인 조치

를 명확히 법제화한 것이다.

(3) **해설:** 전략기술보유자가 기술 보호를 위해 필요한 최소한의 조치를 법으로 규정함으로써, 기술 유출의 위험을 줄이고, 체계적인 관리가 이루어지도록 한 것이다. 여기에 규정한 보호 조치가 충분하지 않으며, 변화하는 산업 스파이들의 수법과 전술들을 계속해서 분석하고 새로운 대응 조치는 각 대상 기관들이 더 세밀하게 하여야 한다.

(4) 제1호: "보호구역의 설정·출입허가 또는 출입 시 휴대품 검사"

- 전략기술을 취급하는 구역을 보호구역으로 설정하고, 출입허가제를 운영하며, 출입 시 휴대품 검사를 실시하라는 것이다.
- 물리적 접근 통제를 통해 기술 유출을 방지하는 기본적인 방법이다.
- 보호구역 설정 및 출입 관리는 전략기술의 물리적 보안을 강화하고, 무단 접근을 차단하는 효과가 있다.

(5) 제2호: "전략기술을 취급하는 인력의 이직 관리 및 비밀유지 등에 관한 계약 체결"

- 전략기술을 다루는 인력과 이직 관리 및 비밀유지에 관한 계약을 체결하라는 것이다.
- 인적 자원을 통한 기술 유출을 방지하고, 대상 기관과 종사자들에게 계약 의무를 부과한다.
- 이직 관리 및 비밀유지 계약은 전략기술을 다루는 인력이 기술 유출을 하지 않도록 법적 책임을 명확히 하고, 이들이 계약 체결 행위와 계약 내용에 전략기술보호 사항이 포함되어 있음을 이해하고 계약이 유효한 기간 동안은 물론이고 퇴직이나 이직 후에도 전략기술 보호를 해야 할 계약상의 의무와 법적 책임이 따른다는 경각심을 주게 한다.

(6) 제3호: "그 밖에 전략기술 유출 방지를 위하여 대통령령으로 정하는 사항"

- 기타 대통령령으로 정하는 전략기술 유출 방지 조치를 포함한 보호 조치를 해야 한다.
- 법률이 미처 다루지 못한 다양한 상황에 대해 유연하게 대처할 수 있도록 해 준다.
- 제1호 물적 보호 조치, 제2호 인적 보호 조치 이외에도 필요한 전략기술 보호 조치를 대통령령으로 정하고 있으며, 이 대통령령으로 정하는 사항을 포함함으로써, 전략기술 유출 방지를 위

한 포괄적이고 유연한 대응이 가능하다.

2) **제2항**: "전략기술보유자는 산업통상자원부장관에게 전략기술을 취급하는 보직과 전문인력(이하 "전문인력등"이라 한다)의 지정을 요청할 수 있다. 이 경우 산업통상자원부장관은 위원회 심의를 거쳐 전문인력등을 지정할 수 있다."

(1) **내용**: 전략기술보유자는 전략기술을 취급하는 전문인력의 지정을 산업통상자원부장관에게 요청할 수 있으며, 장관은 위원회 심의를 거쳐 전문인력을 지정할 수 있다.

(2) **의미**: 전문인력의 지정은 전략기술 보호의 중요한 요소로, 지정된 인력은 특별한 보호 조치의 주체로서 핵심 역할을 하게 된다.

(3) **해설**: 전문인력의 지정은 기술 유출 방지와 기술 보호를 위한 관리를 체계적으로 또한 전문가를 배치해 전략기술 보호 업무를 총괄하게 하는 제도다. 또한, 대상기관의 다른 업무보다 최우선으로 전략기술 보호 업무를 전담하게 하여 상시적인 침입방지 모니터링, 수법 분석, 전략전술적 대응책 마련의 역할을 할 수 있게 해 준다.

3) **제3항**: "정부는 제2항에 따라 지정된 전문인력등의 장기근속과 경력개발, 국내활용 등을 촉진하기 위한 지원방안을 마련하여야 하며, 이에 필요한 비용의 일부를 지원할 수 있다."

(1) **내용**: 정부는 지정된 전문인력의 장기근속, 경력개발, 국내 활용 등을 촉진하기 위한 지원방안을 마련하고, 필요한 비용의 일부를 지원할 수 있다.

(2) **의미**: 전략기술 보호 전문인력의 안정적인 근속과 경력 개발을 지원하여, 전략기술의 지속적인 보호와 발전을 도모하게 한다.

(3) **해설**: 정부의 행정 및 재정 지원을 통해 전문인력이 안정적으로 근무하고 경력을 개발할 수 있도록 하며, 이들의 신분 보장은 물론이고, 장기적인 근무를 통한 노하우 축적과 보호기술 개발을 할 수 있고, 전략기술의 유출 방지와 지속적인 기술 발전을 지원해 주는 효과가 있다.

4) **제4항**: "제2항에 따라 전문인력등의 지정을 받은 전략기술보유자는 전문인력등에 대하여 다

음 각 호의 사항이 포함된 계약을 체결할 수 있다."

(1) 내용: 지정된 전문인력과의 계약에 포함되어야 할 사항을 규정하고 있다.

(2) 의미: 전략기술 보호를 위한 구체적인 계약 사항을 명확히 함으로써 법적 구속력을 부여해 준다.

(3) 해설: 전문인력과의 계약을 통해 전문인력을 통한 전략기술의 유출을 방지하고, 이를 위한 법적 구속력을 명확히 하고 있다.

(4) 제1호: "해외 동종 업종으로의 이직 제한 및 그 기간"

- 해외 동종 업종으로의 이직을 제한하고, 그 기간을 계약에 명시해야 한다.
- 전략기술이 동종 업종의 해외로 유출되는 것을 방지하고 한국의 전략기술 경쟁력 유지를 위한 계약 사항이다.
- 이직 제한은 전략기술의 보호를 강화하고, 기술 유출을 예방하는 중요한 수단이다. 하지만, 전문인력으로 지정되었던 경력으로 인해 직업 선택의 자유, 거주 이전의 자유 등이 침해될 수 있으므로 계약 기간을 필요한 최소한의 기간으로 합리적으로 정할 필요가 있다.

(5) 제2호: "전략기술 관련 비밀유출 방지"

- 전략기술과 관련된 비밀 유출을 방지하기 위한 조치를 계약에 포함해야 한다.
- 비밀 유출을 방지함으로써 전략기술의 보호를 강화하는 계약 사항이다.
- 전문인력에 의한 비밀유출 방지 조치는 일반 종사자와는 다르게 더욱 엄중하게 다루어야 할 계약 사항이다. 기술 보호의 핵심으로, 이를 전문인력과의 계약에 명시하도록 법제화하였는데, 이를 통해 전문인력에 대한 계약상의 전략기술 보호 의무와 함께 법적 구속력을 확보하게 한 것이다.

(6) 제3호: "퇴직 후 재취업 정보제공 등 그 밖에 대통령령으로 정하는 사항"

- 내용: 퇴직 후 재취업 정보제공 등 기타 대통령령으로 정하는 사항을 계약내용에 포함해야 한다.
- 퇴직 후에도 전담인력에 의한 전략기술의 유출을 차단하기 위해 지속적으로 관리하라는 의미이다.

- 전략기술보유자는 전담인력이 퇴직하더라도 생계와 건전한 생업을 이어 갈 수 있게 보장하는 방안을 마련하여야 할 것이다. 재취업 정보제공을 통해 퇴직 후에도 전략기술의 보호를 강화하고, 기술 유출을 예방하도록 한다.

5) **제5항**: "제2항에 따라 전문인력등의 지정을 받은 전략기술보유자는 다음 각 호의 어느 하나에 해당하는 경우 산업통상자원부장관에게 해당 전문인력의 출입국 정보 제공을 신청할 수 있다."

(1) **내용**: 전략기술보유자가 전문인력의 출입국 정보를 제공받기 위한 조건을 규정하고 있다.

(2) **의미**: 전략기술의 해외 유출을 방지하기 위해 전문인력 보유 기관이 전문인력의 출국 및 입국 기록 정보를 관리하도록 하고, 정보제공을 받을 수 있는 법적 근거 조항을 둔 것이다.

(3) **해설**: 전략기술 보호 전문인력의 출입국 정보제공을 통해 전략기술의 해외 유출을 사전에 방지하고, 체계적인 관리가 가능하도록 해 주기 위한 규정이다. 다만, 사생활의 침해가 우려되기 때문에 제한을 두고 있다.

(4) 제1호: "전략기술 전문인력의 동의가 있는 경우"

- 전문인력의 동의가 있을 때 출입국 정보제공을 신청할 수 있다.
- 사생활 침해, 여행의 자유 등 제한의 성격을 가지므로 해당 전문인력의 동의를 얻어 출입국 정보를 관리하도록 한 것이다.
- 개인정보제공 동의 절차를 통해 출입국 정보제공의 법적 정당성을 확보하고, 국외 다른 사생활이나 국외 여행 등에 대해서는 제한을 최소화하여야 할 필요가 있다.

(5) 제2호: "전략기술의 해외 유출이 심각하게 우려되는 경우"

- 전략기술의 해외 유출이 심각하게 우려될 때 출입국 정보 제공을 신청할 수 있다.
- 긴급한 상황에서 신속하게 대응하기 위한 조치다.
- 해외 유출 우려 시 출입국 정보를 수집관리하여 신속히 대응함으로써 기술 유출을 방지하려는 것이다.

(6) 제3호: "그 밖에 전략기술의 해외 유출을 방지하기 위하여 대통령령으로 정한 경우"

- 기타 대통령령으로 정하는 경우 출입국 정보 제공을 신청할 수 있다.
- 대통령령으로 정하는 다양한 상황, 예를 들면, 해당 전문인력이 법 제14조제4항에 따른 계약 중 해외 동종 업종으로의 이직 제한과 국가첨단전략기술 관련 비밀유출 방지 내용을 위반한 것으로 의심할 상당한 이유가 있는 경우, 해당 전문인력이 법 제15조에 따른 금지 행위를 한 것으로 의심할 상당한 이유가 있는 경우에 정보제공을 신청할 수 있다.[40]
- 법률이 규정하지 않은 다양한 상황에서 유연한 대응을 가능하게 한다.

6) 제6항: "산업통상자원부장관은 제5항에 따른 신청을 한 자에게 제공하기 위하여 법무부장관에게 해당 전문인력의 출입국 정보 제공을 요청할 수 있다. 이 경우 법무부장관은 특별한 사유가 없으면 해당 정보를 제공하여야 한다."

(1) 내용: 산업통상자원부장관이 법무부장관에게 출입국 정보 제공을 요청할 수 있으며, 법무부장관은 특별한 사유가 없으면 해당 정보를 제공해야 한다.

(2) 의미: 법무부와의 협력 의무화를 통해 출입국 정보를 신속하게 제공받을 수 있다.

(3) 해설: 정부 기관 간 협력을 통해 신속하고 효과적인 대응이 가능하며, 법무부의 협력이 긴요하므로 협력 의무를 법에 규정해 둔 것이다.

7) 제7항: "제2항에 따른 전문인력등의 지정 절차, 제4항에 따른 계약 등에 관하여 세부적인 사항은 대통령령으로 정한다."

(1) 내용: 전문인력 지정 절차 및 계약 등에 관한 세부 사항은 대통령령으로 정하도록 하고 있다.

(2) 의미: 대통령령을 통해 세부적인 절차와 사항을 명확히 규정하고 있다.

(3) 해설: 세부 사항을 대통령령으로 규정하여 이 법에 정하지 못한 사항들을 구체화하도록 한 것이다. 이는 실무에서의 일관성과 적용 가능성을 높이는 데 기여한다.

---

40) 국가첨단전략산업 경쟁력 강화 및 보호에 관한 특별조치법 시행령 (약칭: 국가첨단전략산업법 시행령) [시행 2024. 5. 17.] [대통령령 제34488호, 2024. 5. 7., 타법개정], https://www.law.go.kr/LSW/lsLinkCommonInfo.do?lspttninfSeq=176961&chrClsCd=010202 2024.6.14.

제14조는 전략기술보유자가 기술 유출을 방지하기 위해 필수적인 조치를 취하도록 규정하고 있으며, 이를 통해 국가의 경제 안보와 기술 보호를 강화하는 데 중점을 두고 있다. 전문인력의 지정과 정부의 지원 방안을 마련하여 기술 보호를 체계적으로 관리하고, 법적 구속력을 명확히 함으로써 전략기술의 안전한 관리를 보장한다. 이러한 조치는 전략기술의 유출을 방지하고, 국가 경제와 산업의 지속 가능한 발전을 도모하는 데 중요한 역할을 한다.

제15조(전략기술 유출 및 침해행위 금지)

누구든지 다음 각 호의 어느 하나에 해당하는 행위를 하여서는 아니 된다.

1. 절취·기망·협박 또는 그 밖의 부정한 방법으로 대상기관의 전략기술을 취득하는 행위 또는 그 취득한 전략기술을 사용하거나 공개하는 행위
2. 제14조에 따른 전략기술보유자와의 계약 또는 「산업기술의 유출방지 및 보호에 관한 법률」 제34조 등에 따라 전략기술에 대한 비밀유지의무가 있는 자가 부정한 이익을 얻거나 그 대상기관에 손해를 가할 목적으로 전략기술을 유출하거나 그 유출한 전략기술을 사용 또는 공개하거나 제3자가 사용하게 하는 행위
3. 제1호 또는 제2호에 해당하는 행위가 개입된 사실을 알고 그 전략기술을 취득·사용 및 공개하거나 전략기술을 취득한 후에 그 전략기술에 대하여 제1호 또는 제2호에 해당하는 행위가 개입된 사실을 알고 그 전략기술을 사용하거나 공개하는 행위
4. 제1호 또는 제2호에 해당하는 행위가 개입된 사실을 중대한 과실로 알지 못하고 그 전략기술을 취득·사용 및 공개하거나 전략기술을 취득한 후에 그 전략기술에 대하여 제1호 또는 제2호에 해당하는 행위가 개입된 사실을 중대한 과실로 알지 못하고 그 전략기술을 사용하거나 공개하는 행위
5. 제12조제1항에 따른 승인을 받지 아니하거나 부정한 방법으로 승인을 받아 전략기술을 수출하는 행위
6. 전략기술을 외국에서 사용하거나 사용되게 할 목적으로 제13조제1항에 따른 승인을 받지 아니하거나 거짓이나 그 밖의 부정한 방법으로 승인을 받아 해외인수·합병등을 하는 행위

7. 제14조에 따른 전략기술보유자와의 계약 또는 「산업기술의 유출방지 및 보호에 관한 법률」 제34조 등에 따라 전략기술에 대한 비밀유지의무가 있는 자가 전략기술에 대한 보유 또는 사용 권한이 소멸됨에 따라 해당 전략기술보유자로부터 전략기술에 관한 문서, 도화(圖畵), 전자기록 등 특수매체기록의 반환이나 전략기술의 삭제를 요구받고도 부정한 이익을 얻거나 그 보유자에 손해를 가할 목적으로 이를 거부 또는 기피하거나 그 사본을 보유하는 행위
8. 전략기술 관련 소송 등 대통령령으로 정하는 적법한 경로를 통하여 전략기술이 포함된 정보를 제공받은 자가 정보를 제공받은 목적 외의 용도로 그 정보를 사용하거나 공개하는 행위.

■ 해설

1. 도입 이유

제15조는 국가첨단전략산업의 보호를 위한 법률에서 전략기술의 유출 및 침해행위를 방지하기 위해 명확한 금지 행위를 규정하고 있다. 첨단전략산업의 핵심 기술이 외부로 유출되면 국가의 경제 및 안보에 심각한 위협을 초래할 수 있다. 따라서 이 조항은 형사 처벌을 위한 금지 행위들의 유형을 정형화하고 명확하게 정함으로써 죄형법정주의의 원칙에 따라 금지와 형벌을 규정하고 있다.

2. 제15조(전략기술 유출 및 침해행위 금지) 해설

1) 서론

(1) 내용: 누구든지 이 법에 정한 행위를 통해 전략기술을 유출하거나 침해해서는 안 된다.

(2) 의미: 이는 전략기술 유출 및 침해행위를 일반적으로 금지하는 조항이다. 법적 구속력을 부여하여 전략기술의 유출 및 침해를 방지하고, 이를 통해 기술 보호를 강화하는 것을 목적으로 한다.

(3) **해설:** 죄형법정주의 원리를 따르기 위해 법률로 명확히 금지된 행위를 규정함으로써, 기술 유출 및 침해 행위에 대한 경각심을 높이고, 법적 대응의 기반을 마련한 것이다.

2) **제1호:** "절취·기망·협박 또는 그 밖의 부정한 방법으로 대상기관의 전략기술을 취득하는 행위 또는 그 취득한 전략기술을 사용하거나 공개하는 행위"

(1) **내용:** 부정한 방법으로 전략기술을 취득하거나, 취득한 전략기술을 사용하는 행위는 금지된다.

(2) **의미:** 이는 기술 취득과 관련된 모든 부정행위를 금지하고, 이를 통해 기술 보호를 강화하는 조항이다.

(3) **해설:** 절취, 기망, 협박 등의 부정한 수단을 통해 기술을 취득하는 행위는 중대한 범죄로 간주되며, 이러한 행위에 대한 엄격한 금지 및 형사 처벌을 통해 기술 유출을 방지하는 법적 근거조항이다.

3) **제2호:** "제14조에 따른 전략기술보유자와의 계약 또는 「산업기술의 유출방지 및 보호에 관한 법률」 제34조 등에 따라 전략기술에 대한 비밀유지의무가 있는 자가 부정한 이익을 얻거나 그 대상기관에 손해를 가할 목적으로 전략기술을 유출하거나 그 유출한 전략기술을 사용 또는 공개하거나 제3자가 사용하게 하는 행위"

(1) **내용:** 전략기술보유자와의 계약에 따른 비밀유지 의무를 위반하여 기술을 유출하거나, 이를 사용하는 행위는 금지된다. 부정한 이익을 얻거나 그 대상 기관에 손해를 가할 목적으로 금지를 위반한 목적범이어야 한다.

(2) **의미:** 이는 계약상의 비밀유지 의무를 강조하고, 이를 위반하는 행위를 방지함으로써 기술 보호를 강화하는 조항이다.

(3) **해설:** 비밀유지 의무를 위반하는 행위는 전략기술의 유출로 이어질 수 있으며, 이를 방지하기 위해 계약을 통한 비밀유지 의무를 위반하는 경우 형사 처벌의 대상이 됨을 법제화한 것이다.

4) **제3호:** "제1호 또는 제2호에 해당하는 행위가 개입된 사실을 알고 그 전략기술을 취득·사용

및 공개하거나 전략기술을 취득한 후에 그 전략기술에 대하여 제1호 또는 제2호에 해당하는 행위가 개입된 사실을 알고 그 전략기술을 사용하거나 공개하는 행위"

(1) 내용: 부정한 행위가 개입된 사실을 알고 전략기술을 취득, 사용, 공개하는 행위는 금지된다.

(2) 의미: 금지 행위가 개입되어 유출된 것을 알면서도 고의로 금지 사항을 위반하는 전득자들을 처벌하기 위한 조항이다.

(3) 해설: 제1호 또는 제2호에 해당하는 행위가 개입된 사실을 알고도 취득하거나 취득된 기술을 사용하거나 공개하는 것도 기술 유출의 위험을 증가시키므로, 이를 방지하기 위해 제1호 또는 제2호와 동일하게 금지한다.

5) 제4호: "제1호 또는 제2호에 해당하는 행위가 개입된 사실을 중대한 과실로 알지 못하고 그 전략기술을 취득·사용 및 공개하거나 전략기술을 취득한 후에 그 전략기술에 대하여 제1호 또는 제2호에 해당하는 행위가 개입된 사실을 중대한 과실로 알지 못하고 그 전략기술을 사용하거나 공개하는 행위"

(1) 내용: 중대한 과실로 부정한 행위가 개입된 사실을 알지 못하고 기술을 취득, 사용, 공개하는 행위도 금지된다.

(2) 의미: 이는 중대한 과실로 인한 기술 유출을 방지하기 위한 조항이다. 중대한 과실은 제1호 또는 제2호에 해당하는 행위가 개입된 사실을 중대한 과실로 알지 못한 것을 말한다. 업계나 대상 기관의 일반적인 조사나 확인 등을 거쳐서 정당하게 취득, 사용, 공개하여야 한다는 의미이다.

(3) 해설: 중대한 과실로 인한 기술 유출도 심각한 위험을 초래할 수 있으므로, 이를 방지하기 위해 과실 책임을 부담하게 하여, 통상적인 주의 의무 이행을 명확히 한 것이며, 제1호 또는 제2호에 해당하는 행위가 개입된 사실을 중대한 과실로 알지 못하고 하는 침해행위도 처벌 대상임을 규정한 것이다.

6) 제5호: "제12조제1항에 따른 승인을 받지 아니하거나 부정한 방법으로 승인을 받아 전략기술을 수출하는 행위"

(1) 내용: 승인 없이 또는 부정한 방법으로 전략기술을 수출하는 행위는 금지된다.

(2) 의미: 이는 전략기술의 불법 수출을 방지하고, 기술 보호를 강화하는 조항이다.

(3) 해설: 승인 없는 기술 수출은 국가안보와 경제에 큰 위협을 줄 수 있으므로, 이를 방지하기 위해 엄격히 규제한 것이다.

7) 제6호: "전략기술을 외국에서 사용하거나 사용되게 할 목적으로 제13조제1항에 따른 승인을 받지 아니하거나 거짓이나 그 밖의 부정한 방법으로 승인을 받아 해외인수·합병등을 하는 행위"

(1) 내용: 전략기술을 외국에서 사용하거나 사용되게 할 목적으로 승인 없이 또는 부정한 방법으로 전략기술을 해외에서 사용하거나 인수·합병을 하는 행위는 금지된다.

(2) 의미: 이는 전략기술의 불법적 해외 사용 및 인수·합병을 방지하기 위한 조항이다. 전략기술을 외국에서 사용하거나 사용되게 할 목적으로 한 경우여야 하며 목적범에 해당한다.

(3) 해설: 전략기술을 외국에서 사용하거나 사용되게 할 목적으로 승인 없이 또는 부정한 방법으로 전략기술을 해외에서 사용하는 것은 국가의 전략기술 보호에 큰 위협이 되므로, 이를 방지하기 위해 엄격히 규제한 것이다.

8) 제7호: "제14조에 따른 전략기술보유자와의 계약 또는 「산업기술의 유출방지 및 보호에 관한 법률」 제34조[41] 등에 따라 전략기술에 대한 비밀유지의무가 있는 자가 전략기술에 대

---

41) 산업기술의 유출방지 및 보호에 관한 법률 (약칭: 산업기술보호법)
[시행 2023. 4. 4.] [법률 제19166호, 2023. 1. 3., 일부개정]
제34조(비밀유지의무) 다음 각 호의 어느 하나에 해당하거나 해당하였던 자는 그 직무상 알게 된 비밀을 누설하거나 도용하여서는 아니 된다. <개정 2008. 2. 29., 2011. 7. 25., 2013. 3. 23., 2015. 1. 28., 2019. 8. 20.>
1. 대상기관의 임·직원(교수·연구원·학생을 포함한다)
2. 제9조의 규정에 따라 국가핵심기술의 지정·변경 및 해제 업무를 수행하는 자 또는 제16조에 따라 국가핵심기술의 보호·관리 등에 관한 지원 업무를 수행하는 자
3. 제11조 및 제11조의2에 따라 국가핵심기술의 수출 및 해외인수·합병등에 관한 사항을 검토하거나 사전검토, 조사업무를 수행하는 자
3의2. 제11조의2제3항 및 제6항에 따른 해외인수·합병등을 진행하려는 외국인 및 외국인의 임·직원
4. 제15조의 규정에 따라 침해행위의 접수 및 방지 등의 업무를 수행하는 자
5. 제16조제4항제3호의 규정에 따라 상담업무 또는 실태조사에 종사하는 자
6. 제17조제1항의 규정에 따라 산업기술의 보호 및 관리 현황에 대한 실태조사업무를 수행하는 자
7. 제20조제2항의 규정에 따라 산업보안기술 개발사업자에게 고용되어 산업보안기술 연구개발업무를 수행하는 자
8. 제23조의 규정에 따라 산업기술 분쟁조정업무를 수행하는 자
9. 제33조의 규정에 따라 산업통상자원부장관의 권한의 일부를 위임·위탁받아 업무를 수행하는 자

한 보유 또는 사용 권한이 소멸됨에 따라 해당 전략기술보유자로부터 전략기술에 관한 문서, 도화(圖畵), 전자기록 등 특수매체기록의 반환이나 전략기술의 삭제를 요구받고도 부정한 이익을 얻거나 그 보유자에 손해를 가할 목적으로 이를 거부 또는 기피하거나 그 사본을 보유하는 행위"

(1) 내용: 전략기술보유자와의 계약 또는 「산업기술의 유출방지 및 보호에 관한 법률」 제34조 등에 따라 전략기술에 대한 비밀유지의무가 있는 자가 보유 또는 사용 권한이 소멸된 전략기술을 반환하거나 삭제하지 않고, 부정한 이익을 얻기 위해 이를 거부, 기피하거나 사본을 보유하는 행위는 금지된다.

(2) 의미: 이는 전략기술의 적법한 반환 및 삭제를 보장하기 위한 조항이다.

(3) 해설: 권한이 소멸된 전략기술을 반환하지 않거나 삭제하지 않는 것은 기술 유출의 위험을 증가시키므로, 전략기술에 대한 비밀유지의무가 있는 자가 전략기술에 대한 보유 또는 사용 권한이 소멸됨에 따라 해당 전략기술보유자로부터 전략기술에 관한 문서, 도화(圖畵), 전자기록 등 특수매체기록의 반환이나 전략기술의 삭제를 요구받고도 부정한 이익을 얻거나 그 보유자에 손해를 가할 목적으로 이를 거부 또는 기피하거나 그 사본을 보유하는 행위를 방지하기 위해 엄격히 규제하고 있다.

9) 제8호: "전략기술 관련 소송 등 대통령령으로 정하는 적법한 경로를 통하여 전략기술이 포함된 정보를 제공받은 자가 정보를 제공받은 목적 외의 용도로 그 정보를 사용하거나 공개하는 행위."

(1) 내용: 적법한 경로로 제공받은 전략기술 정보를 목적 외의 용도로 사용하는 행위는 금지된다.

(2) 의미: 이는 정보제공의 목적을 명확히 하고, 목적을 벗어난 불법적 사용을 방지하기 위한 조항이다.

(3) 해설: 전략기술 관련 소송 등을 위해 소송 절차를 거쳐 적법한 경로로 제공된 정보를 소송 관련 목적 외로 사용하는 것은 전략기술의 유출을 초래할 수 있으므로, 이를 방지하기 위해 엄격히 규제한 것이다.

---

10. 「공공기관의 정보공개에 관한 법률」에 따른 정보공개 청구, 산업기술 관련 소송 업무 등 대통령령으로 정하는 업무를 수행하면서 산업기술에 관한 정보를 알게 된 자

제4장 전략산업 특화단지의 지정 및 특례 등

제16조(전략산업 특화단지의 지정)

① 산업통상자원부장관은 전략산업등의 혁신적 발전 및 산업생태계 조성을 위하여 다음 각 호의 지역을 위원회의 심의·의결을 거쳐 전략산업 특화단지(이하 "특화단지"라 한다)로 지정할 수 있다. 이 경우 대통령령으로 정하는 바에 따라 신청을 받아 지정하여야 하며, 관계 중앙행정기관 및 지방자치단체의 장과 협의를 거쳐야 한다.

1. 전략산업등을 영위하는 사업자와 그 지원시설 등이 집단적으로 입주하여 있거나 입주하려는 지역
2. 대통령령으로 정하는 기준에 따라 전략산업등 관련 투자 또는 기술개발 등과 관련된 사업을 추진하는 기업이 위치하고 있거나 이전 또는 투자를 희망하는 지역
3. 그 밖에 특화단지로 지정할 필요성이 인정되어 대통령령으로 정하는 지역

② 제1항에 따라 특화단지를 지정하여 특화단지를 조성할 경우에는 「산업입지 및 개발에 관한 법률」, 「산업단지 인·허가 절차 간소화를 위한 특례법」 및 「산업집적활성화 및 공장설립에 관한 법률」을 따라야 한다. 이 경우 산업통상자원부장관은 신속한 특화단지 조성이 필요하다고 인정될 때에는 대상지역을 정하여 국토교통부장관에게 「산업입지 및 개발에 관한 법률」 제6조제1항에 따른 국가산업단지의 지정을 요청할 수 있으며, 해당 요청을 받은 국토교통부장관은 국가산업단지의 지정이 우선적으로 추진될 수 있도록 노력하여야 한다.

③ 산업통상자원부장관은 제1항에 따라 특화단지를 지정하는 경우 다음 각 호의 어느 하나에 해당하는 지역을 우선적으로 고려하여야 한다.

1. 「수도권정비계획법」 제2조제1호에 따른 수도권 외의 지역

2. 제1항제1호에 해당하는 지역

④ 그 밖에 특화단지의 지정 요건 등 지정에 필요한 사항은 대통령령으로 정한다.

■ 해설

1. 도입 이유

제16조는 국가첨단전략산업의 혁신적 발전과 산업생태계 조성을 위해 특정 지역을 전략산업 특화단지로 지정하는 절차와 기준을 규정하는 조항이다. 이는 전략산업의 집약적 발전을 도모하고, 관련 인프라 및 지원시설을 집단적으로 배치하여 효율성을 극대화하려는 목적으로 도입되었다. 또한, 지정 절차와 관련된 법적 근거를 명확히 하여 정부가 여러 가지 법적 제약을 선도적으로 해결해 전략산업 특화단지 조성과 지원을 신속하게 추진해 공급망을 안정화하기 위한 것이다. 또한, 행정의 일관성과 투명성을 확보하고, 신속하고 효율적인 특화단지 조성을 촉진하려는 목적을 가지고 있다.

2. 제16조(전략산업 특화단지의 지정) 해설

1) 제1항: 지정 권한 및 절차

(1) 내용: 산업통상자원부장관은 전략산업의 혁신적 발전과 산업생태계 조성을 위해 다음 각 호의 지역을 전략산업 특화단지로 지정할 수 있다. 이 경우 위원회의 심의와 의결을 거쳐야 하며, 대통령령으로 정하는 절차에 따라 신청을 받아 지정해야 한다. 또한, 관계 중앙행정기관 및 지방자치단체의 장과 협의를 거쳐야 한다.

(2) 의미: 이 조항은 전략산업 특화단지 지정을 위한 주체와 절차를 명확히 하여 법적 근거를 제

공한다. 이들 주체를 통해 전략산업의 집중적 육성과 발전을 지원하도록 한 것이다.

(3) 해설:

- 위원회의 심의·의결: 전략산업 특화단지 지정을 위한 객관성과 공정성을 확보하기 위해 관련 전문가들로 구성된 위원회의 심의와 의결을 거치도록 한다.
- 신청 절차: 특화단지 지정을 위해 신청 절차를 거치도록 하여 관련 사업자와 지방자치단체의 자발적 참여를 촉진한다.
- 협의: 관계 중앙행정기관 및 지방자치단체와의 협의를 통해 지역 간 협력을 강화하고, 사업자들이 실질적인 조성을 위한 중앙정부와 자치단체 등의 지원을 받아 공급망 안정을 신속히 추진하도록 하고 있다.
- 제1호: 집단적으로 입주한 사업자와 지원시설이 있는 지역을 우선 지정함으로써 시너지 효과를 극대화한다.
- 제2호: 전략산업 관련 투자 및 기술개발을 추진하는 기업이 있는 지역을 지정함으로써 관련 산업의 성장을 촉진한다.
- 제3호: 기타 필요성이 인정되는 지역을 지정하여 유연성을 확보하고, 다양한 전략산업 육성을 지원하도록 하고 있다.

2) 제2항: 조성 절차와 관련 법률

(1) 내용: 특화단지 조성 시 「산업입지 및 개발에 관한 법률」, 「산업단지 인·허가 절차 간소화를 위한 특례법」 및 「산업집적활성화 및 공장설립에 관한 법률」을 따라야 한다. 산업통상자원부장관은 신속한 조성이 필요하다고 인정될 경우 국토교통부장관에게 국가산업단지 지정을 요청할 수 있으며, 국토교통부장관은 이를 우선적으로 추진해야 한다.

(2) 의미: 이 조항은 특화단지 조성의 관련 법들을 준수하되 우선적 추진을 위해 산업통상자원부가 국토교통부에 협조 요청을 하게 한 것이다. 이를 통해 신속하고 효율적인 조성을 도

모하게 한다.

(3) 해설:

- 관련 법률 준수: 특화단지 조성 시 관련 법률을 준수함으로써 법적 안정성을 확보하고, 조성 절차의 일관성을 유지하게 한다.
- 국가산업단지 지정 요청: 신속한 조성이 필요한 경우 국가산업단지 지정을 요청함으로써 행정 협력의 근거를 마련하고 조성 속도를 높여 나가게 한 것이다.
- 우선 추진: 국토교통부장관의 우선 추진 의무를 명시하여 조성의 신속성을 보장하도록 하였다.

3) 제3항: 우선 고려 지역

(1) 내용: 특화단지 지정 시 다음의 지역을 우선 고려해야 한다.

- 제1호: 「수도권정비계획법」 제2조제1호에 따른 수도권 외의 지역
- 제2호: 제1항제1호에 해당하는 지역

(2) 의미: 이 조항은 특화단지 지정 시 지역 균형 발전을 도모하기 위해 수도권 외 지역을 우선 고려하도록 한다. 또한, 기존의 입주 지역이 있으면 그 지역과 시설을 반영하여 우선 처리하도록 한 것이다.

(3) 해설:

- 수도권 외 지역 우선 고려: 수도권 집중을 완화하고, 지역 균형 발전을 도모하기 위해 수도권 외 지역을 우선적으로 고려하도록 한다.
- 집단 입주 지역 우선 고려: 전략산업 사업자와 지원시설이 집단적으로 입주한 지역을 우선 지정함으로써 기존의 투자 시설과 지원시설을 활용하고 시너지 효과를 극대화하도록 한다.

4) 제4항: 지정 요건 등의 규정

(1) 내용: 특화단지의 지정 요건 등 지정에 필요한 사항은 대통령령으로 정한다.

(2) 의미: 이 조항은 세부적인 지정 요건 및 절차를 대통령령으로 규정하여 공개행정을 하고, 행정의 유연성을 확보하도록 한 것이다.

제16조는 전략산업의 혁신적 발전과 산업생태계 조성을 위해 전략산업 특화단지를 지정하는 절차와 기준을 명확히 규정하고 있다. 이를 통해 전략산업의 집중적 육성과 발전을 도모하며, 지역 균형 발전을 촉진하도록 한 것이다. 또한, 관련 법률을 준수하여 조성 절차의 일관성과 투명성을 확보하고, 신속한 조성을 위한 법적 근거를 제공하였다. 이 조항은 국가첨단전략산업의 경쟁력 강화와 보호를 위한 중요한 특화단지 지정의 법적 근거조항이다.

제17조(특화단지의 지정 해제)

① 산업통상자원부장관은 다음 각 호의 어느 하나에 해당하는 경우에는 위원회의 심의·의결을 거쳐 특화단지의 지정을 해제할 수 있다. 이 경우 관계 중앙행정기관 및 특화단지 관할 지방자치단체의 장과 협의를 거쳐야 한다.

1. 제16조제1항 및 제4항에 따른 지정 요건에 미달하는 경우
2. 제20조제1항 또는 제21조제1항에 따른 지원금을 당초 목적 외에 사용한 경우
3. 특화단지 지정 목적의 달성이 불가능하다고 인정되는 경우
4. 관련 특별시장·광역시장·특별자치시장·도지사 또는 특별자치도지사(이하 "시·도지사"라 한다)가 요청하는 경우

② 그 밖에 특화단지의 해제에 필요한 사항은 대통령령으로 정한다.

■ **해설**

1. 도입 이유

제17조는 전략산업 특화단지의 지정 해제 절차와 기준을 명시하여, 특화단지 지정의 유연성과 공정성을 확보하고, 전략산업 정책의 효율적 집행을 도모하려는 목적을 가지고 있다. 특화단지 지정 이후의 변동 상황에 신속하게 대응하고, 지정 목적이 달성되지 않거나 부적절한 운영이 발견될 경우 이를 적절히 조치함으로써, 전략산업의 지속적이고 효율적인 발전을 지원하기 위한 것이다.

2. 제17조(특화단지의 지정 해제) 해설

1) 제1항: 지정 해제의 권한 및 절차

(1) 내용: 산업통상자원부장관은 다음 각 호의 어느 하나에 해당하는 경우, 위원회의 심의·의결을 거쳐 특화단지의 지정을 해제할 수 있다. 이 경우 관계 중앙행정기관 및 특화단지 관할 지방자치단체의 장과 협의를 거쳐야 한다.

(2) 의미: 이 항은 특화단지 지정 해제의 주체와 절차를 명확히 규정함으로써 지정 해제의 법적 근거를 제공한다. 이를 통해 지정 해제 과정의 공정성과 투명성을 확보하고, 전략산업 정책의 일관성을 유지하도록 한다.

(3) 해설:

- 위원회의 심의·의결: 특화단지 지정을 해제하기 위해 관련 전문가들로 구성된 위원회의 심의와 의결을 거치도록 하여 전문성과 공정성을 확보하도록 하고 있다.
- 협의: 관계 중앙행정기관 및 지방자치단체와의 협의를 통해 다양한 이해관계를 조율하고, 해제 과정의 원활한 진행을 도모하게 하고 있다.

(4) 각 호의 지정 해제 사유

- 제1호: 지정 요건 미달
- 제2호: 지원금의 목적 외 사용
- 제3호: 지정 목적 달성 불가능
- 제4호: 시·도지사의 요청

2) 제2항: 기타 해제에 필요한 사항

(1) 내용: 그 밖에 특화단지의 해제에 필요한 사항은 대통령령으로 정한다.

(2) 의미: 특화단지 지정 해제에 필요한 세부 사항을 대통령령으로 규정하여 공개하여 절차를 표준화하고, 행정의 유연성과 효율성을 확보하도록 한다.

(3) 해설: 세부 사항을 대통령령으로 규정함으로써 변화하는 상황에 신속하게 대응할 수 있으며, 해제 절차의 일관성과 공정성을 유지하게 한 것이다.

제17조는 전략산업 특화단지의 지정 해제 절차와 기준을 명확히 규정하여, 지정 해제의 유연성과 공정성을 확보하고, 전략산업 정책의 효율적 집행을 도모하도록 한 근거 규정이다. 이를 통해 지정 이후의 변동 상황에 신속하게 대응하고, 지정 목적이 달성되지 않거나 부적절한 운영이 발견될 경우 적절한 조치를 취할 수 있도록 하고 있다. 이 조항은 국가첨단전략산업의 지속성과 상황변화에 대한 적응성을 위해 중요한 법적 기반을 마련한 조항이다.

제18조(특화단지육성시책)

① 정부는 전략산업등의 혁신적 발전을 위하여 특화단지의 육성에 관한 시책(이하 “특화단지육성시책”이라 한다)을 추진할 수 있다.

② 특화단지육성시책에는 다음 각 호의 사항이 포함되어야 한다.

1. 특화단지 육성의 기본방향에 관한 사항

2. 특화단지 및 전략산업 육성을 위한 산업기반 구축에 관한 사항
3. 특화단지의 대학·연구소 및 기업의 연구·개발 활동 지원에 관한 사항
4. 특화단지의 대학·연구소 및 기업의 연구·개발 성과의 지식재산권 출원·관리 및 사업화 촉진에 관한 사항
5. 특화단지의 대학·연구소 및 기업의 전문인력 등의 양성에 관한 사항
6. 특화단지 안팎의 대학·연구소 및 기업 간 교류와 협력 활성화에 관한 사항
7. 특화단지의 체계적 개발 및 재원 조달 방안에 관한 사항
8. 특화단지 입주기업·기관의 연대협력 방안에 관한 사항
9. 그 밖에 특화단지의 육성을 위하여 대통령령으로 정하는 사항

③ 특화단지육성시책을 수립하거나 변경하려는 때에는 관계 중앙행정기관의 장 및 관련 시·도지사와 협의하여야 한다.

④ 관련 시·도지사는 특화단지육성시책의 효율적인 추진을 위하여 입지, 세제, 재정, 행정 등에 관한 지원책을 마련하여야 한다.

▪ 해설

1. 도입 이유

국가첨단전략산업 경쟁력 강화 및 보호에 관한 법률 제18조는 전략산업의 혁신적 발전을 도모하기 위해 특화단지의 육성을 지원하고 촉진하는 시책을 규정하고 있다. 이러한 시책은 정부 주도로 특화단지 내의 산업기반을 구축하고, 연구개발 활동을 촉진하며, 전문 인력을 양성하는 등 다양한 방안을 포함하여 국가적 경쟁력을 제고하고자 하는 목적을 가지고 있다.

2. 조문 요약

제18조 제1항에서는 정부가 전략산업 등의 혁신적 발전을 위해 특화단지 육성 시책을 추진할 수 있음을 명시하고 있다.

제18조 제2항은 특화단지육성시책에 포함되어야 할 사항들을 구체적으로 열거하고 있다. 주요 사항은 다음과 같다.

1호. 특화단지 육성의 기본방향 설정

2호. 특화단지 및 전략산업 육성을 위한 산업기반 구축

3호. 대학, 연구소 및 기업의 연구개발 활동 지원

4호. 연구개발 성과의 지식재산권 출원, 관리 및 사업화 촉진

5호. 전문 인력 양성

6호. 대학, 연구소 및 기업 간 교류와 협력 활성화

7호. 체계적 개발 및 재원 조달 방안

8호. 입주기업 및 기관의 연대협력 방안

9호. 대통령령으로 정하는 기타 사항

제18조 제3항은 특화단지육성시책을 수립하거나 변경할 때 관계 중앙행정기관의 장 및 관련 시·도지사와 협의해야 함을 규정하고 있다.

제18조 제4항은 관련 시·도지사가 특화단지육성시책의 효율적 추진을 위해 입지, 세제, 재정, 행정 등의 지원책을 마련해야 함을 규정하고 있다.

제19조(다른 법률에 따른 인·허가등의 신속처리 특례)

① 제16조제2항에 따라 특화단지를 조성하는 사업시행자(이하 "사업시행자"라 한다)는 다음 각 호의 협의·승인·인가·허가 등(이하 "인·허가등"이라 한다)이 지연되어 특화단지의 조성·운영에 현저한 지장을 초래할 우려가 있는 경우 산업통상자원부장관에게 해당 인·허가등의 신속한 처리를 신청할 수 있다.

1. 「산업입지 및 개발에 관한 법률」 제21조에 따른 인·허가등이 의제되는 사항에 관한 관계 행정기관의 장과의 협의 또는 승인
2. 「산업집적활성화 및 공장설립에 관한 법률」 제13조의2에 따른 인가·허가 등이 의제되는 사항에 관한 관계 행정기관의 장과의 협의
3. 「농어촌도로 정비법」 제18조에 따른 도로 점용 허가
4. 「매장유산 보호 및 조사에 관한 법률」 제8조에 따른 개발사업 협의
5. 그 밖에 특화단지의 조성을 위하여 대통령령으로 정하는 사항

② 산업통상자원부장관은 제1항에 따른 신청을 받은 경우 위원회의 심의·의결을 거쳐 해당 인·허가등의 권한을 가진 행정기관의 장(이하 "인·허가권자"라 한다)에게 인·허가등의 신속한 처리를 요청할 수 있다. 이 경우 해당 인·허가권자의 의견을 들은 후 위원회의 심의를 거쳐야 하며, 해당 인·허가권자는 대통령령으로 정하는 특별한 사유가 없으면 인·허가등을 지체 없이 처리하여야 한다.

③ 제2항에 따른 요청을 받은 인·허가권자는 인·허가등의 처리 계획을 15일 이내에 산업통상자원부장관에게 회신하여야 하며, 인·허가권자가 인·허가등의 처리 계획을 수립하기 위하여 사업시행자에게 자료 보완을 요구한 경우에는 관련 자료의 보완에 걸린 기간은 제3항에 따른 회신 기간에 산입하지 아니한다. 다만, 이 경우에도 30일 이내에는 처리 계획을 회신하여야 한다.

④ 제3항에 따라 처리 계획을 제출한 인·허가권자는 제출일부터 15일 이내에 인·허가등의 처리 결과를 사업시행자에게 통보하여야 한다. 다만, 인·허가등의 처리 과정에서 불가피한 연장 사유가 발생하는 경우에는 15일 이내의 범위에서 한 차례 기간 연장을 요청할 수 있다.

⑤ 인·허가권자가 제3항의 처리기간 내에 인·허가등의 처리 계획을 산업통상자원부장관에게 회신하지 아니하거나, 제4항의 처리기간 내에 인·허가등의 처리 결과를 사업시행자에게 통보하지 아니한 경우에는 제2항에 따른 요청이 있은 날부터 60일이 지난 날에 인·허가등의 처리가 완료된 것으로 본다.

⑥ 그 밖에 인·허가등의 신속처리의 심의·의결에 필요한 사항은 대통령령으로 정한다.

■ 해설

1. 도입 이유

국가첨단전략산업 경쟁력 강화 및 보호에 관한 법률 제19조는 특화단지 조성과 운영에 필요한 인·허가 절차를 신속하게 처리하기 위해 특별한 규정을 마련하고 있다. 이는 행정 절차 지연으로 인해 특화단지 사업에 지장이 생기는 것을 방지하고, 전략산업의 효과적인 발전을 도모하기 위한 목적을 가지고 있다.

2. 조문 요약

제19조 제1항에서는 특화단지 조성 사업시행자가 인·허가 절차 지연으로 특화단지 조성·운영에 지장이 발생할 우려가 있는 경우, 산업통상자원부장관에게 신속한 처리를 신청할 수 있음을 규정한다. 해당 인·허가는 특정 법률에 따른 관계 행정기관의 협의, 승인, 인가, 허가 등을 포함한다.

제19조 제2항은 산업통상자원부장관이 신속처리 신청을 받은 경우, 위원회의 심의·의결을 거쳐 인·허가권자에게 신속한 처리를 요청할 수 있도록 하며, 인·허가권자는 특별한 사유가 없는 한 신속히 처리해야 함을 명시하고 있다.

제19조 제3항에 따르면, 인·허가권자는 처리 계획을 15일 이내에 산업통상자원부장관에게 회신해야 하며, 자료 보완이 필요한 경우 그 기간은 회신 기간에 산입되지 않지만 최대 30일 이내에 회신해야 한다.

제19조 제4항은 처리 계획 제출 후 15일 이내에 인·허가 결과를 사업시행자에게 통보해야 하며, 불가피한 사유로 연장이 필요한 경우 한 차례 15일 범위 내에서 연장이 가능함을 규정한다.

제19조 제5항은 인·허가권자가 처리 기간 내에 처리 계획을 회신하지 않거나 처리 결과를 통보하지 않은 경우, 신청일로부터 60일이 지난 날에 인·허가 처리가 완료된 것으로 간주한다.

제19조 제6항은 인·허가 신속처리 심의·의결에 필요한 구체적인 사항은 대통령령으로 정하도록 규정하고 있다.

제20조(특화단지 조성·운영 지원)

① 국가 또는 지방자치단체는 특화단지 조성·운영에 필요한 다음 각 호에 대한 비용의 전부 또는 일부를 우선적으로 지원한다.

1. 특화단지의 원활한 운영을 위하여 대통령령으로 정하는 산업기반시설(천재지변 등 사고가 발생할 경우를 대비한 이중화 시설을 포함한다) 및 공동연구개발 인프라
2. 그 밖에 특화단지 운영을 위하여 대통령령으로 정하는 사항

② 제1항제1호에 따른 산업기반시설은 국가 또는 지방자치단체 및 해당 시설을 공급하는 자가 우선적으로 지원할 수 있다.

③ 국가 또는 지방자치단체는 제1항제1호에 따른 산업기반시설의 설치와 관련하여 대통령령으로 정하는 바에 따라 인가·허가·승인 등에 필요한 행정지원을 하여야 한다.

④ 특화단지 운영을 지원하기 위하여 관련 중앙행정기관, 지방자치단체, 공공기관 및 기업 등이 참여하는 지원협의체를 구성할 수 있다.

⑤ 정부는 제16조제3항 각 호의 어느 하나에 해당하는 지역에 지정되는 특화단지에 대하여 제1항의 지원이 이루어질 수 있도록 노력하여야 한다.

⑥ 그 밖에 특화단지 운영 지원에 필요한 사항은 대통령령으로 정한다.

■ **해설**

1. 도입 이유

국가첨단전략산업 경쟁력 강화 및 보호에 관한 법률 제20조는 특화단지의 조성 및 운영을 효과적으로 지원하기 위한 재정적, 행정적 지원 방안을 규정하고 있다. 이를 통해 특화단지의 원활한 운영과 발전을 도모하고, 첨단전략산업의 경쟁력을 강화하는 것이 목적이다.

2. 조문 요약

제20조 제1항에서는 국가 또는 지방자치단체가 특화단지 조성 및 운영에 필요한 비용을 우선적으로 지원할 수 있음을 규정한다. 지원 항목으로는 산업기반시설과 공동연구개발 인프라 등 대통령령으로 정하는 사항이 포함된다.

제20조 제2항에 따르면, 산업기반시설은 국가, 지방자치단체, 그리고 해당 시설 공급자가 우선적으로 지원할 수 있음을 명시한다.

제20조 제3항은 산업기반시설 설치와 관련된 인가, 허가, 승인 등에 필요한 행정지원을 국가 또는 지방자치단체가 제공해야 함을 규정한다.

제20조 제4항에서는 특화단지 운영을 지원하기 위해 중앙행정기관, 지방자치단체, 공공기관 및 기업 등이 참여하는 지원협의체를 구성할 수 있음을 규정한다.

제20조 제5항에 따르면, 정부는 특정 지역에 지정된 특화단지에 대해 우선적인 지원이 이루어질 수 있도록 노력해야 함을 명시한다.

제20조 제6항은 특화단지 운영 지원에 필요한 기타 사항을 대통령령으로 정하도록 규정한다.

제21조(특화단지 입주기관 지원)

① 국가 또는 지방자치단체는 특화단지 입주기관에 대하여 위원회의 심의·의결을 거쳐 다음 각 호에 해당하는 비용의 전부 또는 일부를 우선적으로 지원할 수 있다.

1. 전략산업등에 관련된 설비투자, 연구시설 등 인프라 투자 소요비용
2. 그 밖에 입주기관 지원을 위하여 대통령령으로 정하는 비용

② 국가 및 지방자치단체는 「국유재산법」, 「공유재산 및 물품 관리법」 및 그 밖의 다른 법률의 규정에도 불구하고 특화단지 입주기관에 대하여 국유·공유 재산의 사용료 또는 대부료를 대통령령으로 정하는 바에 따라 감면할 수 있다.

③ 특화단지 입주기관에 대하여는 「국유재산법」 제18조제1항, 제35조제1항, 제46조제1항 및 「공유재산 및 물품 관리법」 제13조, 제21조제1항, 제31조제1항에도 불구하고 국유·공유 재산의

임대기간을 20년 이내로 할 수 있으며, 영구시설물을 축조하게 할 수 있다. 이 경우 해당 시설물의 종류 등을 고려하여 임대기간이 끝날 때 그 시설물을 국가 또는 지방자치단체에 기부하거나 원상회복하여 반환하는 조건을 붙일 수 있다.

④ 제3항에 따른 임대계약을 갱신 또는 연장하려는 자는 임대기간이 끝나기 3개월 전까지 관할 행정기관의 장에게 대통령령으로 정하는 바에 따라 임대기간의 갱신 또는 연장을 신청하여야 한다.

⑤ 다음 각 호의 어느 하나에 해당하는 자는 특화단지 입주기관이 필요한 자금을 원활하게 조달할 수 있도록 우선적으로 신용보증을 할 수 있다.

1. 「신용보증기금법」에 따른 신용보증기금
2. 「기술보증기금법」에 따른 기술보증기금

⑥ 산업통상자원부장관은 특화단지 입주기관이 「산업융합 촉진법」 제8조 또는 「기업 활력 제고를 위한 특별법」 제10조에 따른 심의를 받는 경우 우선적으로 심의할 수 있다.

⑦ 제1항부터 제5항까지에 따른 지원은 특화단지 입주기관이 「중소기업기본법」 제2조에 따른 중소기업(이하 "중소기업"이라 한다), 「중견기업 성장촉진 및 경쟁력 강화에 관한 특별법」 제2조에 따른 중견기업(이하 "중견기업"이라 한다) 또는 연구기관인 경우에 한정한다. 다만, 위원회 심의·의결을 거쳐 지원대상을 달리 정할 수 있다.

⑧ 그 밖에 특화단지 입주기관 지원에 필요한 사항은 대통령령으로 정한다.

■ 해설

1. 도입 이유

국가첨단전략산업 경쟁력 강화 및 보호에 관한 법률 제21조는 특화단지에 입주하는 기관들을 위한 지원 방안을 규정하고 있다. 이 조항은 입주기관이 전략산업에 관련된 설비투자 및 연구시설 등에 소요되는 비용을 효율적으로 조달하고, 필요한 인프라를 구축하는 데 있어 재정적 및 행정적 지원을 제공하기 위해 마련되었다.

2. 조문 요약

제21조 제1항에서는 국가 또는 지방자치단체가 특화단지 입주기관에 대해 위원회의 심의·의결을 거쳐 설비투자, 연구시설 등 인프라 투자 소요비용 및 대통령령으로 정하는 기타 비용을 우선적으로 지원할 수 있음을 명시한다.

제21조 제2항은 특화단지 입주기관에 대해 국유·공유 재산의 사용료 또는 대부료를 감면할 수 있음을 규정하며, 이는 「국유재산법」, 「공유재산 및 물품 관리법」 등 다른 법률의 규정에도 불구하고 적용된다.

제21조 제3항은 국유·공유 재산의 임대기간을 20년 이내로 할 수 있으며, 영구시설물의 축조도 허용될 수 있음을 규정한다. 임대기간 종료 시 해당 시설물을 국가나 지방자치단체에 기부하거나 원상회복하여 반환하는 조건을 붙일 수 있다.

제21조 제4항은 임대계약을 갱신 또는 연장하려는 자가 임대기간 종료 3개월 전까지 갱신 또는 연장을 신청해야 함을 명시한다.

제21조 제5항은 신용보증기금과 기술보증기금이 특화단지 입주기관이 필요한 자금을 원활하게 조달할 수 있도록 우선적으로 신용보증을 할 수 있음을 규정한다.

제21조 제6항은 산업통상자원부장관이 특화단지 입주기관이 「산업융합 촉진법」 또는 「기업 활력 제고를 위한 특별법」에 따른 심의를 받을 경우 이를 우선적으로 심의할 수 있음을 명시한다.

제21조 제7항은 제1항부터 제5항까지의 지원이 중소기업, 중견기업, 또는 연구기관에 한정됨을 규정하며, 위원회의 심의·의결을 거쳐 지원대상을 달리 정할 수 있음을 명시한다.

제21조 제8항은 특화단지 입주기관 지원에 필요한 기타 사항을 대통령령으로 정하도록 규정한다.

제22조(부담금 감면에 관한 특례)

국가 또는 지방자치단체는 특화단지 내 전략산업등의 육성을 위하여 필요한 경우 특화단지 입주기관(중소기업 또는 중견기업인 경우에 한정한다) 및 사업시행자에 대하여 다음 각 호의 부담금을 감면할 수 있다.

1. 「개발이익 환수에 관한 법률」에 따른 개발부담금
2. 「농지법」에 따른 농지보전부담금
3. 「대도시권 광역교통 관리에 관한 특별법」에 따른 광역교통시설 부담금
4. 「초지법」에 따른 대체초지조성비
5. 「산지관리법」에 따른 대체산림자원조성비
6. 그 밖에 대통령령으로 정하는 부담금

■ 해설

1. 도입 이유

국가첨단전략산업 경쟁력 강화 및 보호에 관한 법률 제22조는 특화단지 내 전략산업의 육성을 촉진하기 위해 중소기업과 중견기업 및 사업시행자에게 부담금을 감면하는 특례를 규정하고 있다. 이는 경제적 부담을 완화하여 특화단지의 효율적 조성과 운영을 지원하고, 궁극적으로 국가 첨단산업의 경쟁력을 강화하기 위한 목적이다.

2. 조문 요약

제22조 제1항에서는 국가 또는 지방자치단체가 특화단지 내 전략산업 육성을 위하여 필요한 경우, 중소기업 또는 중견기업인 특화단지 입주기관 및 사업시행자에게 부담금을 감면할 수 있음을

규정한다.

제22조 제1항 각 호는 감면 대상이 되는 부담금을 열거하고 있다.

1호. 「개발이익 환수에 관한 법률」에 따른 개발부담금

2호. 「농지법」에 따른 농지보전부담금

3호. 「대도시권 광역교통 관리에 관한 특별법」에 따른 광역교통시설 부담금

4호. 「초지법」에 따른 대체초지조성비

5호. 「산지관리법」에 따른 대체산림자원조성비

6호. 그 밖에 대통령령으로 정하는 부담금

제23조(민원의 신속처리에 관한 특례)

특화단지 입주기관이 전략기술과 관련된 다음 각 호의 어느 하나에 해당하는 민원을 제기하는 경우 해당 업무를 관장하는 중앙행정기관의 장은 해당 사안을 관련 법령에 따라 조속히 처리하여야 하며, 필요한 행정적·재정적 지원을 할 수 있다.

1. 「화학물질관리법」 제23조에 따라 제출한 화학사고예방관리계획서의 검토 및 결과 통보
2. 「화학물질의 등록 및 평가 등에 관한 법률」 제10조에 따른 등록 또는 같은 법 제11조에 따른 등록면제확인
3. 「산업안전보건법」 제108조에 따라 제출한 유해성·위험성 조사보고서의 처리
4. 「산업안전보건법」 제44조에 따라 제출한 공정안전보고서 심사
5. 그 밖에 특화단지 입주기업의 전략기술 관련 연구개발·투자·제품생산 등에 대하여 대통령령으로 정하는 민원 사항

■ **해설**

1. 도입 이유

국가첨단전략산업 경쟁력 강화 및 보호에 관한 법률 제23조는 특화단지 입주기관이 전략기술과 관련된 민원을 신속하게 처리하여 연구개발, 투자 및 생산 활동이 지연되지 않도록 하기 위해 마련되었다. 이는 특화단지 내 기업의 효율적 운영과 국가 첨단산업의 발전을 지원하기 위한 목적을 가지고 있다.

2. 조문 요약

제23조 제1항에서는 특화단지 입주기관이 전략기술과 관련된 민원을 제기하는 경우, 해당 업무를 관장하는 중앙행정기관의 장이 관련 법령에 따라 조속히 처리해야 함을 규정한다. 또한, 필요한 경우 행정적·재정적 지원을 할 수 있음을 명시한다.

제23조 제1항 각 호는 신속히 처리해야 할 민원의 구체적인 항목을 열거하고 있다.

1호. 「화학물질관리법」 제23조에 따라 제출한 화학사고예방관리계획서의 검토 및 결과 통보.

2호. 「화학물질의 등록 및 평가 등에 관한 법률」 제10조에 따른 등록 또는 같은 법 제11조에 따른 등록면제확인.

3호. 「산업안전보건법」 제108조에 따라 제출한 유해성·위험성 조사보고서의 처리.

4호. 「산업안전보건법」 제44조에 따라 제출한 공정안전보고서 심사.

5호. 그 밖에 특화단지 입주기업의 전략기술 관련 연구개발, 투자, 제품생산 등에 대하여 대통령령으로 정하는 민원 사항.

제5장 전략산업등의 혁신발전 지원 및 기반조성

제24조(중소기업 등의 혁신발전 지원)

정부는 전략산업등을 영위하는 중소기업 또는 중견기업의 혁신발전을 위하여 다음 각 호의 사항을 지원 할 수 있다.

1. 연구개발, 실증, 안전관리 및 관련 기반시설의 구축
2. 연구개발 또는 연구장비 운영을 위한 전문인력 지원 및 인력양성을 위한 교육프로그램의 개발과 운영
3. 「병역법」 제36조에 따른 전문연구요원이 복무할 병역지정업체를 선정하기 위한 우대 추천
4. 이공계 석사 및 박사 연구인력 고용보조금의 우선 지원
5. 해외 고급 인력의 유치 지원
6. 기술보호 및 지식재산 분쟁의 대응 지원
7. 해외특허출원 등 해외진출 전략에 관한 지도 및 자문
8. 그 밖에 전략산업등의 발전생태계 조성을 위하여 필요한 사항으로서 대통령령으로 정하는 지원

■ 해설

1. 도입 이유

국가첨단전략산업 경쟁력 강화 및 보호에 관한 법률 제24조는 중소기업 및 중견기업의 혁신발전을 지원하여 국가 전략산업의 지속적 성장을 도모하기 위해 제정되었다. 이를 통해 중소기업 및 중견기업이 연구개발 및 인력 양성에서 기술 보호 및 해외 진출까지 다양한 영역에서 경쟁력을 확보할 수 있도록 돕는 것이 목적이다.

2. 조문 요약

제24조 제1항에서는 정부가 전략산업을 영위하는 중소기업 또는 중견기업의 혁신발전을 위해 다음 각 호의 사항을 지원할 수 있음을 규정한다.

제24조 제1항 각 호는 구체적인 지원 사항을 열거하고 있다.

1호. 연구개발, 실증, 안전관리 및 관련 기반시설의 구축: 기업의 연구개발 활동 및 실증 작업, 안전관리를 위한 시설과 기반 구축을 지원한다.

2호. 전문인력 지원 및 인력양성을 위한 교육프로그램 개발과 운영: 연구개발 및 연구장비 운영을 위한 전문인력을 지원하고, 이를 위한 교육프로그램을 개발하고 운영한다.

3호. 병역지정업체 우대 추천: 「병역법」 제36조에 따른 전문연구요원이 복무할 병역지정업체를 선정할 때 우대 추천을 제공한다.

4호. 연구인력 고용보조금 지원: 이공계 석사 및 박사 연구인력에 대한 고용보조금을 우선 지원한다.

5호. 해외 고급 인력 유치 지원: 해외 고급 인력의 유치를 지원한다.

6호. 기술보호 및 지식재산 분쟁 대응 지원: 기술보호 및 지식재산권 분쟁에 대한 대응을 지원한다.

7호. 해외진출 전략 지도 및 자문: 해외특허출원 등 해외진출 전략에 대한 지도 및 자문을 제공한다.

8호. 기타 대통령령으로 정하는 지원: 전략산업 발전생태계 조성을 위해 필요한 기타 사항을 지원한다.

제25조(국가첨단전략기술개발사업의 추진)

① 정부는 전략산업등의 기술 확보와 경쟁력 강화를 위하여 「국가과학기술자문회의법」에 따른 국가과학기술자문회의의 심의를 거쳐 다음 각 호의 사업을 포함하는 국가첨단전략기술개발사업(이하 "기술개발사업"이라 한다)을 추진할 수 있다.

1. 전략산업등 분야의 연구개발사업
2. 기술개발의 효율화를 위한 국내외 특허 등 지식재산권에 대한 전략적 조사·분석
3. 기업, 대학, 연구기관 및 관련 기관·단체 간의 공동연구개발사업
4. 「민·군기술협력사업 촉진법」에 따른 민·군기술협력사업
5. 그 밖에 전략산업등의 기술경쟁력 강화를 위하여 대통령령으로 정하는 사업

② 관계 행정기관의 장은 「과학기술기본법」 제12조의2에 따라 국가연구개발사업 예산을 편성할 때 기술개발사업이 우선적으로 편성될 수 있도록 노력하여야 한다.

③ 정부는 다음 각 호의 어느 하나에 해당하는 기관·단체 또는 사업자로 하여금 기술개발사업을 실시하게 할 수 있다.

1. 전략산업등을 영위하는 사업자
2. 국공립연구기관
3. 「특정연구기관 육성법」의 적용을 받는 연구기관
4. 「정부출연연구기관 등의 설립·운영 및 육성에 관한 법률」에 따라 설립된 정부출연연구기관 또는 「과학기술분야 정부출연연구기관 등의 설립·운영 및 육성에 관한 법률」에 따라 설립된 과학기술분야 정부출연연구기관
5. 「산업기술혁신 촉진법」에 따라 설립된 전문생산기술연구소
6. 「고등교육법」 제2조에 따른 학교
7. 그 밖에 대통령령으로 정하는 기관·단체 또는 사업자

④ 기술개발사업을 수행하는 주관기관은 산업통상자원부장관이 정하여 고시하는 바에 따라 제1항제2호에 따른 특허 등 지식재산권에 대한 전략적 조사·분석을 실시하여야 한다.

⑤ 정부는 기술개발사업을 실시할 때 제42조에 따른 연대협력모델을 우선적으로 지원하여야 한다.

⑥ 정부는 기술개발사업을 실시하는 기관에 출연할 수 있다.

⑦ 제1항부터 제6항까지에 따른 지원 범위·방법 및 절차와 출연금의 지급·사용·관리에 필요한 사항은 대통령령으로 정한다.

■ 해설

1. 도입 이유

국가첨단전략산업 경쟁력 강화 및 보호에 관한 법률 제25조는 첨단전략산업의 기술력 확보와 국제 경쟁력 강화를 목적으로 한다. 이를 위해 정부가 추진할 수 있는 국가첨단전략기술개발사업의 구체적인 내용과 절차를 규정함으로써 체계적인 기술개발과 효율적인 자원 분배를 도모한다.

2. 조문 요약

제25조 제1항은 정부가 국가과학기술자문회의의 심의를 거쳐 추진할 수 있는 기술개발사업의 종류를 명시한다. 주요 사업은 다음과 같다.

1호. 전략산업 분야의 연구개발사업

2호. 국내외 특허 등 지식재산권에 대한 전략적 조사·분석

3호. 기업, 대학, 연구기관 간의 공동연구개발사업

4호. 민·군기술협력사업

5호. 기타 대통령령으로 정하는 사업

제25조 제2항은 관계 행정기관의 장이 기술개발사업을 국가연구개발사업 예산에 우선적으로 포함하도록 노력해야 함을 규정한다.

제25조 제3항은 기술개발사업을 수행할 수 있는 기관·단체 또는 사업자를 규정한다. 주요 기관은 다음과 같다.

1호. 전략산업을 영위하는 사업자

2호. 국공립연구기관

3호. 특정연구기관 육성법 적용 연구기관

4호. 정부출연연구기관

5호. 전문생산기술연구소

6호. 고등교육법에 따른 학교

7호. 기타 대통령령으로 정하는 기관·단체 또는 사업자

제25조 제4항은 기술개발사업의 주관기관이 특허 등 지식재산권에 대한 전략적 조사·분석을 수행해야 함을 규정한다.

제25조 제5항은 기술개발사업 실시 시 연대협력모델을 우선적으로 지원해야 함을 규정한다.

제25조 제6항은 정부가 기술개발사업을 실시하는 기관에 출연할 수 있음을 규정한다.

제25조 제7항은 기술개발사업 지원의 범위, 방법, 절차 및 출연금 관리에 필요한 사항을 대통령령으로 정하도록 규정한다.

제25조의2(전략산업등 선도사업 지원)

① 중앙행정기관의 장은 전략기술보유자의 전략산업등 관련 설비투자 또는 기술개발 사업이 국가 정책적으로 시급하게 추진할 필요가 있거나 전략산업 경쟁력 확보를 위하여 특별히 중요하다고 인정하는 경우 위원회의 심의·의결을 거쳐 전략산업등 선도사업(이하 “선도사업”이라 한다)으로 선정할 수 있다.

② 중앙행정기관의 장은 제1항에 따라 선정된 선도사업의 원활한 추진을 위하여 위원회의 심의·의결을 거쳐 다음 각 호에 해당하는 지원을 할 수 있다.

1. 설비구축 및 연구·개발 투자와 관련한 관계 행정기관의 장의 신속한 인·허가등
2. 원활한 사업 추진에 필요한 규제 완화 및 제도 개선
3. 선도사업 촉진을 위한 재정적·행정적 지원
4. 그 밖에 선도사업 지원을 위하여 대통령령으로 정하는 사항

③ 제2항제1호의 지원 절차 및 내용은 제19조를 준용한다. 이 경우 "사업시행자"는 "선도사업을 추진하는 사업자"로, "특화단지의 조성" 또는 "특화단지의 조성·운영"은 "선도사업의 추진"으로 본다.

④ 제2항제2호와 관련한 관계 행정기관의 장에 대한 통보·회신, 관계 행정기관의 장의 검토에 관한 사항은 제29조제2항 및 제3항을 준용한다.

⑤ 제2항제3호의 지원이 산업기반시설의 구축과 관련한 경우에는 제20조제1항부터 제3항까지를 준용한다. 이 경우 "특화단지 조성·운영", "특화단지의 원활한 운영" 또는 "특화단지 운영"은 "선도사업 추진"으로, "특화단지"는 "선도사업"으로 본다.

⑥ 그 밖에 선도사업의 선정 및 지원 등에 관한 구체적인 사항은 대통령령으로 정한다.

■ 해설

1. 도입 이유

국가첨단전략산업 경쟁력 강화 및 보호에 관한 법률 제25조의2는 국가 전략산업의 핵심 기술과 설비 투자를 신속하고 효과적으로 지원하기 위해 도입되었다. 이를 통해 정부는 전략산업의 선도사업을 선정하고, 필요한 재정적·행정적 지원을 제공하여 국가 경쟁력을 강화하고자 한다.

2. 조문 요약

제25조의2 제1항에서는 중앙행정기관의 장이 전략기술 보유자의 설비 투자 또는 기술개발 사업이 국가적으로 시급하거나 중요하다고 판단되는 경우, 위원회의 심의·의결을 거쳐 이를 선도사업으로 선정할 수 있음을 규정한다.

제25조의2 제2항은 선정된 선도사업의 원활한 추진을 위해 중앙행정기관의 장이 위원회의 심의·의결을 거쳐 다음과 같은 지원을 할 수 있음을 규정한다.

1호. 관계 행정기관의 신속한 인·허가 지원

2호. 규제 완화 및 제도 개선

3호. 재정적·행정적 지원

4호. 기타 대통령령으로 정하는 사항

제25조의2 제3항은 제19조를 준용하여 인·허가 지원 절차를 설명하며, "사업시행자"는 "선도사업을 추진하는 사업자"로, "특화단지 조성" 또는 "특화단지 운영"은 "선도사업 추진"으로 본다.

제25조의2 제4항은 규제 완화와 제도 개선에 관한 사항을 제29조 제2항 및 제3항을 준용하여 규정한다.

제25조의2 제5항은 재정적·행정적 지원이 산업기반시설 구축과 관련된 경우, 제20조 제1항부터 제3항을 준용하며, "특화단지"를 "선도사업"으로 본다.

제25조의2 제6항은 선도사업의 선정 및 지원 등에 관한 구체적인 사항을 대통령령으로 정하도록 규정한다.

이 조문은 전략산업의 선도사업을 선정하고, 필요한 행정적·재정적 지원을 신속히 제공함으로써, 국가 전략산업의 경쟁력을 강화하고 지속적인 발전을 도모하려는 목적을 가지고 있다.

제26조(기술개발사업 촉진에 관한 특례)

① 관계 중앙행정기관의 장은 제25조에 따른 기술개발사업으로서 국가정책적으로 중요성이 높

고 대규모 투자가 요구되며 기술개발의 난이도 또는 기술개발의 참여에 따른 위험도가 높다고 인정하는 사업에 대하여는 「국가연구개발혁신법」 제9조제4항 각 호 외의 부분 단서에 따라 지정 등 공모 외의 방법으로 연구개발과제와 이를 수행하는 연구개발기관을 선정할 수 있다.

② 관계 중앙행정기관의 장은 「국가연구개발혁신법」 제13조 및 같은 법에 근거한 관련 규정에 따라 과학기술정보통신부장관과 협의하여 기술개발사업에 참여하는 연구개발기관에 대한 정부출연금의 지원기준 및 현금부담비율 등을 달리 정할 수 있다. 다만, 사회적·경제적 위기상황으로 긴급한 경우에는 지원기준을 높이거나 현금부담비율을 낮춘 후 지체 없이 과학기술정보통신부장관에게 변경된 사실과 그 사유를 통보한다.

■ **해설**

1. 도입 이유

제26조는 기술개발사업 촉진을 위한 특례를 규정하여, 국가정책적으로 중요한 기술개발사업에 대해 신속하고 효과적인 지원을 제공하고자 도입되었다. 이를 통해 대규모 투자와 높은 난이도가 요구되는 기술개발사업에 대해 정부의 지원을 강화하고, 참여 기관의 부담을 줄여 기술 혁신을 촉진하려는 목적을 가지고 있다.

2. 조문 요약

제26조 제1항은 관계 중앙행정기관의 장이 국가정책적으로 중요하고 대규모 투자가 요구되며 기술개발의 난이도와 위험도가 높은 사업에 대해, 「국가연구개발혁신법」 제9조 제4항에 따라 지정 등 공모 외의 방법으로 연구개발과제와 이를 수행할 연구개발기관을 선정할 수 있음을 규정한다.

제26조 제2항은 관계 중앙행정기관의 장이 「국가연구개발혁신법」 제13조 및 관련 규정에 따라

과학기술정보통신부장관과 협의하여 기술개발사업에 참여하는 연구개발기관에 대한 정부출연금의 지원기준 및 현금부담비율 등을 달리 정할 수 있음을 규정한다. 또한, 사회적·경제적 위기상황에서 긴급한 경우 지원기준을 높이거나 현금부담비율을 낮춘 후 지체 없이 과학기술정보통신부장관에게 변경 사실과 그 사유를 통보해야 한다고 명시한다.

이 조문은 국가정책적으로 중요한 기술개발사업을 신속하고 유연하게 지원함으로써, 국가 전략산업의 경쟁력을 강화하고 기술 혁신을 촉진하려는 목적으로 도입되었다. 이를 통해 정부는 중요한 기술개발사업을 효율적으로 추진할 수 있으며, 관련 연구개발기관의 부담을 줄여 참여를 촉진할 수 있다.

제27조(예비타당성조사에 관한 특례)

① 기획재정부장관 및 과학기술정보통신부장관은 전략산업등의 신속한 경쟁력 강화를 위하여 다음 각 호의 사업이 위원회의 심의·의결을 거친 경우에는 「국가재정법」 제38조 및 관련 법령과 「과학기술기본법」 제12조의3에 따른 예비타당성조사 대상사업으로 우선 선정할 수 있다.

1. 제20조제1항에 따른 특화단지 지원 사업
2. 제25조제1항에 따른 기술개발사업
3. 그 밖에 전략산업등의 경쟁력 강화를 위하여 사업 목적, 규모, 추진방안 등 구체적인 사업계획이 수립된 사업

② 기획재정부장관 및 과학기술정보통신부장관은 제1항에 따라 예비타당성조사 대상사업으로 선정된 사업에 대하여 예비타당성조사가 신속히 추진되도록 노력하여야 한다.

③ 기획재정부장관 또는 과학기술정보통신부장관은 제1항 각 호에 따른 사업 중 국가·경제 안보, 안정적인 산업 공급망 확보, 미래 경쟁력 확보 등을 위하여 특히 신속하게 추진될 필요성이 있다고 인정된 사업에 대하여는 「국가재정법」 제38조제1항에도 불구하고 예비타당성조사를 면제할 수 있다. 이 경우 예비타당성조사 면제 사업의 내역 및 면제 사유를 지체 없이 국회 소관 상임위원회에 보고하여야 한다.

■ 해설

1. 도입 이유

제27조는 국가 첨단전략산업의 신속한 경쟁력 강화를 위해 예비타당성조사 절차를 간소화하거나 면제할 수 있도록 규정한다. 이를 통해 전략산업 관련 사업들이 빠르게 추진될 수 있도록 하여, 국가 경제와 안보에 중요한 산업 기반을 조속히 강화하고자 한다.

2. 조문 요약

제27조 제1항은 기획재정부장관과 과학기술정보통신부장관이 위원회의 심의·의결을 거친 다음 각 호의 사업을 예비타당성조사 대상사업으로 우선 선정할 수 있음을 규정하고 있다.

1호. 제20조 제1항에 따른 특화단지 지원 사업

2호. 제25조 제1항에 따른 기술개발사업

3호. 전략산업 경쟁력 강화를 위해 사업 목적, 규모, 추진방안 등 구체적인 사업계획이 수립된 기타 사업

제27조 제2항은 기획재정부장관과 과학기술정보통신부장관이 제1항에 따라 선정된 사업의 예비타당성조사가 신속히 추진되도록 노력해야 함을 명시하고 있다.

제27조 제3항은 기획재정부장관 또는 과학기술정보통신부장관이 국가·경제 안보, 안정적인 산업 공급망 확보, 미래 경쟁력 확보 등을 위해 신속히 추진할 필요성이 인정되는 사업에 대해 「국가재정법」 제38조 제1항에도 불구하고 예비타당성조사를 면제할 수 있음을 규정한다. 이 경우 면제된 사업의 내역 및 사유를 국회 소관 상임위원회에 지체 없이 보고해야 한다.

이 조문은 국가 첨단전략산업의 신속한 발전을 위해 예비타당성조사 절차를 효율적으로 운영하

고, 필요한 경우 이를 면제함으로써, 중요한 산업 프로젝트가 지연 없이 추진될 수 있도록 하고자 하는 목적을 가지고 있다. 이를 통해 국가 전략산업의 경쟁력을 강화하고, 경제 안보와 미래 성장 동력을 확보하고자 한다.

제27조의2(공기업·준정부기관 사업 예비타당성조사에 관한 특례)

① 공기업·준정부기관의 장(이하 이 조에서 "기관장"이라 한다)은 다음 각 호의 사업이 위원회의 심의·의결을 거쳐 국가·경제 안보, 안정적인 산업 공급망 확보, 미래 경쟁력 확보 등을 위하여 특히 신속하게 추진될 필요성이 있다고 인정된 사업에 대하여는 「공공기관의 운영에 관한 법률」 제40조제3항 본문에도 불구하고 기획재정부장관에게 예비타당성조사 면제를 신청할 수 있다.

1. 제16조제2항에 따른 특화단지 조성사업
2. 제20조제1항에 따른 특화단지 지원 사업
3. 제25조제1항에 따른 기술개발사업

② 기획재정부장관은 제1항에 따른 예비타당성조사 면제 신청을 받은 경우 관계 전문가의 자문을 거쳐 예비타당성조사 면제 여부를 결정하고 기관장에게 그 결과를 통보하여야 한다.

③ 기획재정부장관은 공공기관의 재무건전성 확보, 사업의 효율적인 추진 등을 위하여 필요한 경우 기관장에게 제2항에 의한 예비타당성조사 면제사업에 대하여 재원조달방안, 총사업비, 효율적 대안의 분석 등 사업계획의 적정성을 검토하게 할 수 있다.

④ 그 밖에 공기업·준정부기관 사업 예비타당성조사의 절차 등에 필요한 사항은 대통령령으로 정한다.

■ **해설**

1. 도입 이유

제27조의2는 공기업 및 준정부기관이 추진하는 국가 중요 사업들이 신속하게 진행될 수 있도록 예비타당성조사 절차를 면제하는 특례를 규정한다. 이를 통해 국가 및 경제 안보, 산업 공급망 안정, 미래 경쟁력 확보에 필수적인 사업들이 지체 없이 추진될 수 있도록 하여 국가 전략산업의 발전을 촉진하고자 한다.

2. 조문 요약

제27조의2 제1항은 공기업 및 준정부기관의 장이 위원회의 심의·의결을 거쳐 국가 및 경제 안보, 안정적인 산업 공급망 확보, 미래 경쟁력 확보 등을 위해 신속하게 추진할 필요가 있는 사업에 대해 예비타당성조사 면제를 기획재정부장관에게 신청할 수 있음을 규정하고 있다.

1호. 제16조 제2항에 따른 특화단지 조성사업

2호. 제20조 제1항에 따른 특화단지 지원 사업

3호. 제25조 제1항에 따른 기술개발사업

제27조의2 제2항은 기획재정부장관이 예비타당성조사 면제 신청을 받은 경우, 관계 전문가의 자문을 거쳐 면제 여부를 결정하고 그 결과를 기관장에게 통보해야 함을 규정한다.

제27조의2 제3항은 기획재정부장관이 공공기관의 재무건전성 확보와 사업의 효율적 추진을 위해 필요하다고 판단되는 경우, 기관장에게 재원조달방안, 총사업비, 효율적 대안의 분석 등 사업계획의 적정성을 검토하도록 할 수 있음을 명시한다.

제27조의2 제4항은 공기업 및 준정부기관 사업 예비타당성조사의 절차 등 필요한 사항을 대통령령으로 정하도록 규정한다.

이 조문은 공기업 및 준정부기관이 수행하는 중요 사업들이 예비타당성조사 절차로 인해 지연되지 않도록 하여, 국가 및 경제 안보를 강화하고, 안정적인 산업 공급망 및 미래 경쟁력을 확보하기 위해 필요한 특례를 제공한다. 이를 통해 신속하고 효율적인 사업 추진이 가능하게 하여 국가 전략산업의 경쟁력을 제고하고자 한다.

제28조(다른 특별회계 등을 통한 지원)

정부는 다음 각 호의 어느 하나에 해당하는 특별회계 또는 기금을 통하여 사업을 수행하는 것이 보다 효과적이라고 인정되는 경우 해당 특별회계 또는 기금을 통하여 전략산업등의 기반 및 생산시설 조성·운영 지원, 기업성장지원, 인재양성지원 등 경쟁력 강화를 위한 사업을 운용할 수 있다.

1. 「소재·부품·장비산업 경쟁력 강화 및 공급망 안정화를 위한 특별조치법」 제68조에 따른 소재·부품·장비경쟁력강화특별회계
2. 「지방자치분권 및 지역균형발전에 관한 특별법」 제74조에 따른 지역균형발전특별회계
3. 그 밖에 대통령령으로 정하는 특별회계 및 기금

▪ 해설

1. 도입 이유

제28조는 정부가 특정 특별회계 또는 기금을 통해 국가첨단전략산업의 경쟁력을 강화하고 지원하기 위한 법적 근거를 마련한다. 이는 전략산업의 기반 및 생산 시설 조성, 기업 성장, 인재 양성 등을 효과적으로 지원하기 위해 다양한 재정 자원을 활용하고자 하는 목적을 가지고 있다.

2. 조문 요약

제28조 제1항에서는 정부가 전략산업의 경쟁력 강화를 위한 사업을 수행할 때 특정 특별회계 또

는 기금을 통해 지원할 수 있음을 규정하고 있다.

제28조 제1항 제1호는 「소재·부품·장비산업 경쟁력 강화 및 공급망 안정화를 위한 특별조치법」 제68조에 따른 소재·부품·장비경쟁력강화특별회계를 통한 지원을 명시한다.

제28조 제1항 제2호는 「지방자치분권 및 지역균형발전에 관한 특별법」 제74조에 따른 지역균형발전특별회계를 통한 지원을 명시한다.

제28조 제1항 제3호는 그 밖에 대통령령으로 정하는 특별회계 및 기금을 통한 지원을 규정하여 유연성을 부여한다.

이 조문은 정부가 국가첨단전략산업의 경쟁력 강화를 위해 다양한 재정 자원을 활용할 수 있도록 하여, 필요한 경우 특정 특별회계 또는 기금을 통해 효과적으로 지원할 수 있게 한다. 이를 통해 전략산업의 기반 조성, 생산 시설 운영, 기업 성장, 인재 양성 등의 사업이 원활하게 추진될 수 있도록 법적 기반을 제공한다.

제28조의2(전략기술보유자의 지원 신청 등)

① 전략기술보유자는 산업통상자원부장관에게 다음 각 호와 관련된 사항에 대하여 지원을 신청할 수 있다.

1. 전략산업등의 설비구축 및 연구·개발 투자와 관련한 관계 행정기관의 장의 신속한 협의·승인·인가·허가
2. 전략산업등의 원활한 사업 추진에 필요한 규제 완화 및 제도 개선
3. 그 밖에 전략기술보유자의 지원을 위하여 대통령령으로 정하는 사항

② 위원회는 산업통상자원부장관의 요청에 따라 제1항에 따른 전략기술보유자의 지원 신청에 관한 사항을 심의할 수 있다.

③ 제1항의 지원 신청에 따른 관계 행정기관의 장에 대한 통보·회신, 관계 행정기관의 장의 검토 및 제2항에 따른 위원회의 심의에 관한 사항은 제29조제2항부터 제4항까지의 규정을 준용한다.

④ 제1항에 따른 지원 신청 절차 등에 필요한 사항은 대통령령으로 정한다.

■ 해설

1. 도입 이유

제28조의2는 전략기술보유자가 전략산업의 설비 구축, 연구개발 투자, 규제 완화 등과 관련된 지원을 정부에 직접 신청할 수 있는 절차를 규정하여, 신속하고 효율적인 지원을 제공하고자 하는 목적을 가지고 있다. 이를 통해 전략기술보유자의 사업 추진을 원활히 하고, 국가 경쟁력을 강화하는 데 기여한다.

2. 조문 요약

제28조의2 제1항에서는 전략기술보유자가 산업통상자원부장관에게 지원을 신청할 수 있는 사항들을 규정하고 있다. 주요 내용은 다음과 같다.

1호. 설비 구축 및 연구개발 투자에 필요한 관계 행정기관의 신속한 협의, 승인, 인가, 허가

2호. 사업 추진에 필요한 규제 완화 및 제도 개선

3호. 기타 대통령령으로 정하는 지원 사항

제28조의2 제2항은 산업통상자원부장관의 요청에 따라 위원회가 전략기술보유자의 지원 신청 사항을 심의할 수 있음을 규정한다.

제28조의2 제3항은 지원 신청에 따른 관계 행정기관의 장에 대한 통보 및 회신, 관계 행정기관의 검토, 위원회의 심의 절차 등을 제29조 제2항부터 제4항까지의 규정을 준용한다고 명시한다.

제28조의2 제4항은 지원 신청 절차 등 구체적인 사항은 대통령령으로 정한다고 규정하여, 법적 절차와 기준을 명확히 한다.

이 조문은 전략기술보유자가 필요한 지원을 신속하고 효율적으로 받을 수 있는 절차를 명확히

하여, 전략산업의 경쟁력을 높이는 데 기여한다.

제29조(규제개선의 신청 등)

① 전략산업등 관련 기업은 전략산업등과 관련된 연구개발, 시험·평가, 검증 및 생산 활동과 관련하여 산업통상자원부장관에게 해당 활동에 필요한 규제개선(이하 이 장에서 "규제개선"이라 한다)을 신청할 수 있다.

② 산업통상자원부장관은 제1항에 따른 신청이 있는 경우 그 신청내용을 관계 행정기관의 장에게 통보하여야 하며, 관계 행정기관의 장은 해당 신청내용을 검토하여 그 결과를 15일 이내에 산업통상자원부장관에게 문서로 회신하여야 한다. 이 경우 관계 행정기관의 장은 법령정비가 필요하지 아니한 신청내용에 대해서는 적극적으로 처리하여야 한다.

③ 관계 행정기관의 장이 규제개선 여부를 검토하기 위하여 신청기업에게 자료 보완을 요구한 경우에는 관련 자료의 보완에 걸린 기간은 제2항에 따른 회신 기간에 산입하지 아니한다. 다만, 이 경우에도 45일 이내에는 검토결과를 회신하여야 하며, 회신이 불가능한 경우에는 30일 이내의 범위에서 한 차례 회신기간 연장을 요청할 수 있다.

④ 위원회는 산업통상자원부장관의 요청에 따라 제1항에 따른 신청내용, 관계 행정기관의 장의 검토, 신청내용에 대한 처리결과, 규제개선 여부 등을 심의할 수 있다. 이 경우 관계 행정기관의 장은 위원회에 참석하여 의견을 제출할 수 있다.

⑤ 산업통상자원부장관은 제4항에 따른 심의 결과에 따라 법령을 정비할 필요성이 있는 경우 관계 행정기관의 장에게 심의 결과를 통보하고 규제개선을 요청할 수 있다. 이 경우 관계 행정기관의 장은 특별한 사유가 없으면 조속히 관련 법령의 정비를 추진하여야 한다.

⑥ 제4항에 따른 위원회의 심의 결과, 연구개발, 시험·평가, 검증 등 실증을 위한 규제특례가 필요하다고 인정되는 경우 「산업융합 촉진법」 제10조의3, 「정보통신 진흥 및 융합 활성화 등에 관한 특별법」 제38조의2, 「연구개발특구의 육성에 관한 특별법」 제16조의2 및 「규제자유특구 및 지역특화발전특구에 관한 규제특례법」 제86조의 절차에 따라 관련 규제에 관한 특례를 부여할 수 있다. 다만, 「규제자유특구 및 지역특화발전특구에 관한 규제특례법」 제86조의 특례

에 대해서는 관할 시·도지사에게 위원회의 심의 결과를 통보하여야 하며, 이 경우 시·도지사는 이를 검토하여 같은 법 제72조 및 제81조에 따라 중소벤처기업부장관에게 규제특례 관련 사항을 신청할 수 있다.

⑦ 산업통상자원부장관은 제2항에 따라 관계 행정기관의 장이 회신한 답변 또는 제4항에 따른 위원회의 심의 결과를 정보통신망 또는 우편 등을 이용하여 규제개선을 신청한 자에게 통지하여야 한다.

⑧ 제1항부터 제7항까지와 관련한 세부사항 및 규제개선의 심사기준, 절차 및 방법에 필요한 사항은 대통령령으로 정한다.

■ 해설

1. 도입 이유

제29조는 전략산업 관련 기업이 연구개발, 시험·평가, 검증 및 생산 활동에서 직면하는 규제를 신속하게 개선하기 위한 절차를 규정하고 있다. 이를 통해 전략산업의 효율적 발전을 도모하고, 국가 경쟁력을 강화하려는 목적을 가진다.

2. 조문 요약

제29조 제1항은 전략산업 관련 기업이 필요한 규제개선을 산업통상자원부장관에게 신청할 수 있도록 한다.

제29조 제2항은 산업통상자원부장관이 신청을 받은 경우 이를 관계 행정기관의 장에게 통보하고, 관계 행정기관의 장은 15일 이내에 검토 결과를 회신하도록 규정한다. 법령 정비가 필요하지 않은 사항은 적극 처리해야 한다.

제29조 제3항은 관계 행정기관의 장이 자료 보완을 요구할 경우, 보완 기간은 회신 기간에 포함되지 않지만, 최종 검토 결과는 45일 이내에 회신해야 하며, 필요 시 30일 범위 내에서 한 번 연장 가능하다.

제29조 제4항은 위원회가 신청 내용, 관계 행정기관의 검토 결과 등을 심의할 수 있으며, 관계 행정기관의 장은 위원회에 참석해 의견을 제출할 수 있도록 한다.

제29조 제5항은 심의 결과 법령 정비 필요성이 있으면 산업통상자원부장관이 관계 행정기관의 장에게 이를 통보하고 규제개선을 요청할 수 있으며, 관계 행정기관의 장은 조속히 법령 정비를 추진해야 한다.

제29조 제6항은 위원회의 심의 결과에 따라 연구개발, 시험·평가, 검증 등의 실증을 위한 규제특례가 필요할 경우, 관련 법률에 따른 절차에 따라 특례를 부여할 수 있음을 규정한다.

제29조 제7항은 산업통상자원부장관이 관계 행정기관의 회신 또는 위원회의 심의 결과를 규제개선을 신청한 자에게 통지해야 함을 명시한다.

제29조 제8항은 규제개선의 세부사항 및 심사기준, 절차와 방법에 필요한 사항을 대통령령으로 정한다고 규정한다.

이 조문은 전략산업 관련 기업들이 직면하는 규제를 신속하게 개선하여 산업 발전을 촉진하고, 국가 경쟁력을 강화하는 데 기여한다.

제30조(규제개선 관리 및 감독 등)

① 관계 행정기관의 장은 제29조에 따른 규제개선을 부여받아 시행하는 사업 등을 관리·감독한다.

② 관계 행정기관의 장은 규제개선을 부여받은 자가 다음 각 호의 어느 하나에 해당하는 경우에는 규제개선의 적용을 취소하거나 시정을 명할 수 있다. 다만, 제1호에 해당하는 경우에는 그 적용을 취소하여야 한다.

1. 거짓이나 그 밖의 부정한 방법으로 적용받은 경우
2. 제29조제8항에 따른 심사기준을 충족하지 못하게 되는 경우

3. 규제개선의 목적을 달성하는 것이 명백히 불가능하다고 판단되는 경우

4. 고의나 과실로 사고가 발생하여 사람의 건강이나 재산·환경에 위해가 발생한 경우

③ 제1항 및 제2항과 관련한 세부사항 및 규제개선의 적용 취소 등의 절차에 관한 사항은 대통령령으로 정한다.

■ 해설

1. 도입 이유

제30조는 국가첨단전략산업 경쟁력 강화 및 보호에 관한 법률에서 규제개선이 적절히 시행되고 관리될 수 있도록 하기 위해 제정되었다. 이는 규제개선이 실효성 있게 실행되도록 보장하고, 이를 악용하거나 부정한 방법으로 이용하는 것을 방지하는 목적을 가지고 있다.

2. 조문 요약

제30조 제1항은 관계 행정기관의 장이 제29조에 따라 규제개선을 부여받아 시행되는 사업 등을 관리·감독해야 함을 규정한다.

제30조 제2항은 관계 행정기관의 장이 규제개선을 부여받은 자가 특정 조건에 해당하는 경우, 규제개선의 적용을 취소하거나 시정을 명할 수 있음을 명시한다. 다만, 거짓이나 부정한 방법으로 규제개선을 받은 경우에는 반드시 취소해야 한다고 규정한다. 이 조건들은 다음과 같다.

1호. 거짓이나 부정한 방법으로 규제개선을 받은 경우

2호. 제29조 제8항에 따른 심사기준을 충족하지 못하게 되는 경우

3호. 규제개선의 목적을 달성하는 것이 명백히 불가능하다고 판단되는 경우

4호. 고의나 과실로 인해 사고가 발생하여 사람의 건강, 재산, 환경에 위해가 발생한 경우

제30조 제3항은 제1항 및 제2항과 관련된 세부사항 및 규제개선 적용 취소 등의 절차에 관한 사항은 대통령령으로 정한다고 규정한다.

제30조는 규제개선이 투명하고 공정하게 시행될 수 있도록 관리·감독을 강화하는 내용을 담고 있다. 관계 행정기관의 장은 규제개선을 부여받은 사업을 지속적으로 모니터링하며, 부정한 방법으로 규제개선을 받은 경우나 규제개선의 목적을 달성할 수 없는 경우 등에 대해 엄격하게 대응해야 한다. 이러한 규정은 규제개선 제도가 남용되지 않고, 전략산업의 진정한 경쟁력 강화를 위해 활용될 수 있도록 보장하는 역할을 한다.

제31조(국제협력 등의 사업화 지원)

국가 또는 지방자치단체는 전략산업등과 관련한 국제적인 동향을 파악하고 국제협력 및 해외시장 진출을 촉진하기 위하여 전문인력의 국제교류, 국제공동연구 수행 등의 사업을 시행하거나 이에 필요한 지원을 할 수 있다.

■ 해설

1. 도입 이유

제31조는 국가첨단전략산업의 글로벌 경쟁력을 강화하기 위해 국제협력과 해외시장 진출을 촉진하려는 목적에서 제정되었다. 이를 통해 전략산업이 국제적으로도 경쟁력을 갖출 수 있도록 지원하는 것이 주된 목적이다.

2. 조문 요약

국가 또는 지방자치단체의 역할: 이 조문은 국가와 지방자치단체가 전략산업과 관련된 국제적인 동향을 파악하고 이에 대응하기 위한 역할을 강조하고 있다.

국제협력 및 해외시장 진출 촉진: 전략산업의 국제적 경쟁력 강화를 위해 국제협력과 해외시장 진출을 촉진하는 활동을 명시하고 있다. 여기에는 다음과 같은 지원이 포함된다.

- 전문인력의 국제교류: 전략산업 분야의 전문인력이 국제적으로 교류할 수 있는 기회를 제공한다.
- 국제공동연구 수행: 해외 기관과의 공동 연구를 통해 기술 발전과 혁신을 도모한다.
- 지원의 형태: 이러한 활동을 시행하거나, 이러한 활동을 지원하기 위한 다양한 형태의 지원을 할 수 있다고 명시하고 있다.

제31조는 전략산업이 국제적으로 경쟁력을 갖추기 위해 국가와 지방자치단체가 수행해야 할 역할과 지원을 규정하고 있다. 국가와 지방자치단체는 국제적인 동향을 파악하여 전략산업의 글로벌 경쟁력을 강화하고, 이를 위해 국제협력과 해외시장 진출을 촉진하는 다양한 사업을 시행하거나 지원할 수 있다. 이러한 지원에는 전문인력의 국제교류와 국제공동연구 수행이 포함된다. 이는 전략산업이 세계적인 경쟁력을 갖추고 지속 가능한 성장을 이룰 수 있도록 하는 데 중요한 역할을 한다.

제32조(투자 활성화를 위한 지원)

① 산업통상자원부장관은 전략산업등에 대한 투자를 활성화하기 위하여 중소벤처기업부장관과 협의하여 「벤처투자 촉진에 관한 법률」 제70조에 따른 벤처투자모태조합을 활용한 지원을 할 수 있다.

② 제1항에 따른 지원을 위한 자금은 다음 각 호의 재원으로 조성한다.

1. 국가, 지방자치단체 또는 공공기관의 출자금
2. 국가, 지방자치단체 및 공공기관 외의 자로서 전략산업등과 관련하여 벤처투자모태조

합에 출자를 희망하는 자의 출자금

3. 그 밖의 부대수입

③ 제1항 및 제2항에서 규정한 사항 외에 전략산업등의 투자 활성화를 위한 지원에 필요한 사항은 대통령령으로 정한다.

■ 해설

1. 도입 이유

제32조는 국가첨단전략산업에 대한 투자를 활성화하여 산업 경쟁력을 강화하고 경제 성장을 촉진하려는 목적으로 도입되었다. 특히 벤처투자모태조합을 통해 다양한 자금을 유치하여 전략산업의 발전을 도모한다.

2. 조문 해설

제32조는 전략산업에 대한 투자를 활성화하기 위한 구체적인 지원 방안을 규정하고 있다.

1) **산업통상자원부장관의 지원 역할**: 전략산업의 투자를 촉진하기 위해 산업통상자원부장관은 중소벤처기업부장관과 협의하여 벤처투자모태조합을 통해 지원을 제공할 수 있다. 이는 벤처투자모태조합을 활용하여 전략산업에 필요한 자금을 유치하고, 이를 통해 산업 발전을 도모하려는 목적이다.
2) **지원 자금의 조성 방법**: 지원 자금은 국가 및 지방자치단체, 공공기관의 출자금뿐만 아니라, 민간 출자 희망자의 자금과 부대수입으로 조성된다. 이러한 다양한 재원을 통해 안정적이고 지속적인 자금 지원을 가능하게 한다.

3) **추가 규정**: 지원에 필요한 구체적인 사항은 대통령령으로 정하도록 하여, 법률의 적용과 운영의 유연성을 높이고 있다.

이 조항은 전략산업의 경쟁력 강화를 위해 필수적인 자금 지원 체계를 마련함으로써, 국가 경제 발전에 기여하고, 벤처투자모태조합을 통한 민간 자본의 유입을 촉진하는 데 중요한 역할을 한다.

제33조(유해화학물질 안전교육에 관한 특례)

① 대통령령으로 정하는 전략산업등 관련 사업자단체는 「화학물질관리법」 제33조에 따른 안전교육을 해당 산업 특성에 맞는 교육과정으로 운영할 것을 환경부장관에게 요청할 수 있다.

② 제1항에 따른 요청을 받은 환경부장관은 해당 전략산업등에 대한 전문역량을 갖춘 교육기관을 지정하여 전략산업등 관련 인력이 산업 특성에 맞는 안전교육을 받을 수 있도록 조치할 수 있다.

▪ **해설**

1. 도입 이유

제33조는 유해화학물질을 다루는 전략산업 관련 인력의 안전을 강화하고, 해당 산업의 특성에 맞는 맞춤형 교육을 제공하기 위해 도입되었다. 이는 화학물질로 인한 사고를 예방하고, 산업 종사자의 안전 의식을 고취시키는 데 목적이 있다.

2. 조문 해설

제33조는 유해화학물질을 취급하는 전략산업 관련 사업자와 종사자의 안전을 강화하기 위한 조항이다.

1) **요청 권한 부여**: 전략산업 관련 사업자단체는 화학물질관리법에 따른 일반적인 안전교육이 아닌, 해당 산업 특성에 맞는 맞춤형 안전교육을 요청할 수 있다. 이는 산업 특성에 맞지 않는 일반 교육의 한계를 보완하고, 실질적인 안전 향상을 도모하기 위함이다.

2) **환경부장관의 조치**: 환경부장관은 이러한 요청을 받으면, 해당 산업에 대한 전문지식과 역량을 갖춘 교육기관을 지정한다. 이를 통해 전략산업 관련 인력들이 실제로 적용 가능한 맞춤형 안전교육을 받을 수 있도록 한다. 이는 전략산업의 특수성을 고려한 교육을 통해 실질적인 안전 강화를 목표로 한다.

제33조는 유해화학물질을 취급하는 전략산업의 특성을 반영한 맞춤형 안전교육을 가능하게 함으로써, 화학물질로 인한 사고를 예방하고, 관련 종사자의 안전을 보장하는 데 중요한 역할을 한다.

제34조(세제 지원에 관한 특례)

국가 및 지방자치단체는 전략산업등의 혁신발전과 투자촉진을 지원하기 위하여 전략산업등 관련 기업에 대하여 「조세특례제한법」, 「지방세특례제한법」 등 관련 세법에서 정하는 바에 따라 조세를 감면할 수 있다.

▪ 해설

1. 도입 이유

제34조는 전략산업의 혁신과 발전을 촉진하고, 관련 기업의 투자를 장려하기 위해 세제 지원을 제공하려는 목적에서 도입되었다. 이는 전략산업의 경쟁력을 강화하고, 경제 성장을 도모하기 위한 중요한 조치이다.

2. 조문 해설

제34조는 전략산업 관련 기업에 대한 세제 지원을 통해 혁신과 성장을 촉진하려는 규정이다.

1) **세제 지원의 근거**: 국가 및 지방자치단체는 전략산업의 발전을 위해 해당 기업에 세제 혜택을 제공할 수 있다. 이는 전략산업 관련 기업들이 더 많은 연구개발과 투자를 유도할 수 있도록 재정적 부담을 줄여 주는 역할을 한다.

2) **법적 기반**: 이러한 세제 혜택은 「조세특례제한법」과 「지방세특례제한법」 등 관련 세법의 규정에 따라 이루어진다. 이는 세제 지원이 법적 근거를 가지고 체계적으로 시행될 수 있도록 보장한다.

제34조는 전략산업 관련 기업에 대한 세제 감면을 통해 기업의 혁신과 발전을 촉진하고, 투자를 활성화함으로써 국가 경제의 성장과 경쟁력을 강화하는 데 중요한 역할을 한다.

제6장 전략산업등 전문인력의 양성

제35조(전문인력양성)

① 정부는 전략산업등의 원활한 인력 수급을 위하여 산업계·대학·연구기관 등과 연계하여 다음 각 호의 사업을 추진할 수 있다.

1. 산업체 수요와 연계된 계약학과 및 이공계학과, 「초·중등교육법」 제2조제3호에 따른 고등학교 중 대통령령으로 정하는 고등학교 등 교육기관을 통한 인력양성사업
2. 제1호에 따른 교육기관 외의 전문인력양성기관을 통한 인력양성사업
3. 전문인력의 양성에 필요한 연구시설·장비 및 전문교원 확충
4. 「수도권정비계획법」 제2조제1호에 따른 수도권 외의 지역에 대한 거점구축형 인력양성 사업
5. 그 밖에 대통령령으로 정하는 인력양성사업

② 정부는 제1항에 따른 전문인력양성사업과 연계하여 전략산업등의 전문인력 확대 및 선순환 생태계 구축을 위하여 다음 각 호에 대한 행정적·재정적 지원을 할 수 있다.

1. 전략기술 관련 정부 기술개발사업 또는 인력양성프로그램에 참여하였거나 제36조부터 제38조까지의 인력양성기관에서 교육과정을 거친 기술인력에 대한 취업지원
2. 제1호의 기술인력 또는 제14조제2항에 따라 지정된 전문인력등에 대한 기술개발사업 우선 지원
3. 제36조부터 제38조까지의 인력양성기관에서 전략기술 관련 교육·실습을 하는 경우 전문인력등의 활용방안 마련
4. 전략산업등 관련 대학의 학생 정원 조정

■ 해설

1. 도입 이유

제35조는 국가 전략산업의 원활한 인력 수급을 보장하고, 전문 인력을 효과적으로 양성하기 위한 제도적 장치를 마련하기 위해 도입되었다. 이를 통해 전략산업의 경쟁력을 높이고 지속적인 성장을 도모하고자 한다.

2. 조문 해설

제35조는 국가가 전략산업에 필요한 인력을 효과적으로 양성하기 위한 다양한 사업과 지원책을 규정하고 있다.

1) 전문인력 양성 사업

- 계약학과 및 이공계학과: 정부는 산업체와의 계약을 통해 산업 수요에 맞춘 계약학과와 이공계학과를 운영할 수 있다. 대통령령으로 정하는 고등학교 등 교육기관도 포함된다.
- 전문인력양성기관: 대학 외에도 전문인력양성기관을 통해 전략산업에 필요한 인력을 양성할 수 있다.
- 연구시설 및 전문교원: 전문인력 양성에 필요한 연구시설, 장비 및 전문교원을 확충한다.
- 수도권 외 지역: 수도권 외의 지역에도 거점을 구축하여 인력을 양성한다.
- 기타 인력양성사업: 대통령령으로 정하는 기타 필요한 인력양성사업을 추진할 수 있다.

2) 전문인력 양성 지원

- 취업지원: 정부 기술개발사업 또는 인력양성 프로그램에 참여하거나 인력양성기관에서 교육을

받은 기술인력의 취업을 지원한다.

- 기술개발사업 우선 지원: 기술인력 및 전문인력에 대한 기술개발사업을 우선적으로 지원한다.
- 교육 및 실습 지원: 인력양성기관에서 전략기술 관련 교육 및 실습을 할 때 전문인력의 활용 방안을 마련한다.
- 학생 정원 조정: 전략산업 관련 대학의 학생 정원을 조정하여 필요한 인력을 적절히 배출한다.

이 조항은 전략산업의 지속적 성장을 위한 인력 양성과 지원 체계를 구축하여 산업 경쟁력을 높이는 데 중점을 두고 있다.

제36조(계약에 의한 직업교육훈련과정 등의 설치 지원)

① 정부는 전략산업등과 관련 기업의 수요에 맞는 분야별 맞춤형 인력양성을 위하여 「산업교육진흥 및 산학연협력촉진에 관한 법률」 제2조제2호에 따른 산업교육기관(이하 "산업교육기관"이라 한다)에 같은 법 제8조제1항에 따른 계약에 의한 학과 및 학부(이하 "계약학과등"이라 한다)의 설치·운영을 지원할 수 있다.

② 정부는 「산업발전법」 제12조제2항에 따라 계약학과등의 설치에 대한 수요를 매년 조사할 수 있으며, 그 결과를 토대로 제1항에 따른 지원을 할 수 있다.

③ 정부는 전략산업등 관련 계약학과등을 설치하거나 운영하고 있는 산업교육기관의 장에게 산업체 부담금의 일부 및 학생 등록금의 일부를 대통령령으로 정하는 바에 따라 지원할 수 있다.

④ 제3항에 따른 지원을 받는 산업교육기관의 장은 계약학과등을 설치·운영하거나 폐지하는 경우 「산업교육진흥 및 산학연협력촉진에 관한 법률」 제8조제3항에 따라 교육부장관에게 신고하여야 하며, 산업통상자원부장관은 필요한 경우 교육부장관에게 관련 자료 등을 요청할 수 있다.

▪ 해설

1. 도입 이유

제36조는 전략산업 관련 기업의 수요에 맞춘 맞춤형 인력을 양성하기 위해, 정부가 산업교육기관에 계약학과 등을 설치하고 운영을 지원하는 제도를 마련하기 위해 도입되었다. 이를 통해 산업계의 요구에 부응하는 전문 인력을 체계적으로 양성하고자 한다.

2. 조문 해설

1) 계약학과 설치 지원

- 맞춤형 인력양성 지원: 제1항은 정부가 산업교육진흥 및 산학연협력촉진에 관한 법률에 따른 산업교육기관에 계약학과를 설치하고 운영할 수 있도록 지원하는 내용을 규정하고 있다. 이는 전략산업 관련 기업의 수요에 맞춘 맞춤형 인력양성을 목표로 한다.

2) 수요조사 및 지원

- 수요조사: 제2항은 정부가 매년 전략산업 관련 계약학과 등의 설치 수요를 조사하고, 이를 바탕으로 제1항의 지원을 할 수 있음을 명시한다. 이는 실질적인 수요를 반영한 지원을 가능하게 한다.
- 재정지원: 제3항은 정부가 계약학과 등을 설치하거나 운영하는 산업교육기관에 대해 산업체 부담금 및 학생 등록금의 일부를 지원할 수 있도록 규정하고 있다. 이는 경제적 부담을 완화하고 교육기관의 운영을 돕기 위한 조치이다.

3) 신고 의무

- 신고 및 자료 요청: 제4항은 지원을 받는 산업교육기관이 계약학과 등을 설치, 운영 또는 폐지할 경우 이를 교육부장관에게 신고해야 하며, 필요 시 산업통상자원부장관이 관련 자료를 요청할 수 있도록 하고 있다. 이는 체계적인 관리를 위한 절차이다.

이 조항은 전략산업에 필요한 맞춤형 인력을 양성하고, 교육기관과 정부 간의 협력을 통해 산업의 요구에 부응하는 교육체계를 구축하는 데 중점을 두고 있다.

제37조(국가첨단전략산업 특성화대학등의 지정 등)

① 정부는 전략산업등에 필요한 전문인력양성을 위하여 다음 각 호에 해당하는 기관 중에서 대통령령으로 정하는 바에 따라 국가첨단전략산업 특성화대학, 특성화대학원 또는 산업수요 맞춤형 고등학교(이하 "특성화대학등"이라 한다)를 지정할 수 있다.

1. 「고등교육법」 제2조에 따른 학교, 같은 법 제29조에 따른 대학원 및 같은 법 제30조에 따른 대학원대학
2. 「한국과학기술원법」에 따른 한국과학기술원
3. 「광주과학기술원법」에 따른 광주과학기술원
4. 「대구경북과학기술원법」에 따른 대구경북과학기술원
5. 「울산과학기술원법」에 따른 울산과학기술원
6. 「초·중등교육법」 제2조에 따른 학교로서 산업계의 수요에 직접 연계된 맞춤형 교육과정을 운영하는 고등학교

② 정부는 제1항에 따라 지정된 특성화대학등의 운영에 필요한 지원을 할 수 있다.

③ 제1항에 따라 지정된 특성화대학등의 지정 기준, 절차 및 제2항에 따른 지원 내용 등에 필요한 사항은 대통령령으로 정한다.

▪ 해설

1. 도입 이유

제37조는 국가첨단전략산업에 필요한 전문 인력을 체계적으로 양성하기 위해 정부가 특성화대

학 등을 지정하고, 이들 기관을 지원하기 위한 법적 근거를 마련하기 위해 도입되었다. 이를 통해 산업 수요에 맞춘 교육을 제공하고 국가 경쟁력을 강화하려는 목적이다.

2. 조문 해설

1) 특성화대학 등의 지정

- 대상 기관: 제1항은 정부가 전략산업에 필요한 인력을 양성하기 위해 특성화대학, 특성화대학원 또는 산업수요 맞춤형 고등학교를 지정할 수 있는 법적 근거를 제공한다. 대상 기관에는 고등교육법에 따른 대학과 대학원, 한국과학기술원, 광주과학기술원, 대구경북과학기술원, 울산과학기술원, 그리고 산업계 수요에 맞춘 교육과정을 운영하는 고등학교가 포함된다.

2) 지원

- 운영 지원: 제2항은 정부가 지정된 특성화대학 등의 운영을 위해 필요한 지원을 할 수 있음을 명시하고 있다. 이는 재정적 지원, 시설 지원, 커리큘럼 개발 지원 등을 포함할 수 있다.

3) 세부사항 규정

- 대통령령 규정: 제3항은 특성화대학 등의 지정 기준, 절차 및 지원 내용 등을 대통령령으로 정하도록 하고 있다. 이는 제도의 구체적인 운영 방안을 마련하기 위한 것이다.

이 조문은 전략산업 관련 교육기관을 체계적으로 지정하고 지원하여, 산업계의 요구에 맞춘 전문인력을 양성하고 국가 첨단 전략산업의 경쟁력을 강화하기 위한 법적 근거를 제공한다.

제37조의2(교육공무원 등의 임용 자격기준, 겸임 또는 겸직에 관한 특례)

① 전략산업등에 필요한 전문인력 양성 또는 재교육을 목적으로 「고등교육법」 제14조제2항에 따

른 강사와 같은 법 제17조제1항에 따른 겸임교원 및 초빙교원 등을 임용할 경우에는 같은 법 제14조의2, 제16조 및 제17조제2항의 규정에도 불구하고 학칙 또는 학교법인의 정관으로 그 자격기준을 달리 정할 수 있다.

② 「고등교육법」 제14조제2항에 따른 교수·부교수 및 조교수는 학생의 교육·지도와 학문의 연구에 지장이 없는 범위에서 소속 학교의 장의 허가를 받아 전략산업등을 영위하는 사업자의 대표자 또는 임직원을 겸임 또는 겸직할 수 있다.

③ 제2항에 따른 소속 학교의 장의 허가를 받은 때에는 「교육공무원법」 제18조제1항 또는 「협동연구개발촉진법」 제6조제4항에 따른 겸임 또는 겸직허가를 받은 것으로 본다.

▪ 해설

1. 도입 이유

제37조의2는 전략산업에 필요한 전문인력 양성 및 재교육을 효율적으로 수행하기 위해 고등교육법과 교육공무원법 등의 규정을 완화하고 유연하게 적용하기 위해 도입되었다. 이를 통해 관련 산업과 교육기관 간의 인적 자원 교류를 촉진하고, 교육과 연구의 실효성을 높이고자 한다.

2. 조문 해설

1) 자격기준 특례

- 자격기준 완화: 제1항은 고등교육법이 규정한 강사, 겸임교원, 초빙교원의 자격기준을 학교의 학칙 또는 학교법인의 정관으로 변경할 수 있도록 허용하고 있다. 이는 전략산업에 필요한 전문 인력을 신속하게 확보하고, 산업 수요에 맞춘 교육을 제공하기 위한 조치다.

2) 겸임 또는 겸직 허가

- 교육과 산업의 연계: 제2항은 대학의 교수, 부교수, 조교수가 학교장의 허가를 받아 전략산업 관련 기업의 대표자 또는 임직원을 겸임하거나 겸직할 수 있도록 허용하고 있다. 이는 교육과 연구가 산업 현장과 긴밀히 연계되도록 하여, 실무 경험이 풍부한 인력을 양성하고자 하는 목적을 가지고 있다.

3) 허가의 효력

- 법적 효력 부여: 제3항은 학교장의 허가를 받은 경우, 해당 겸임 또는 겸직이 교육공무원법과 협동연구개발촉진법상의 허가를 받은 것으로 간주하도록 규정하고 있다. 이는 행정적 절차를 간소화하여 신속하게 인력 교류가 이루어지도록 하기 위한 것이다.

이 조문은 전략산업의 발전을 위해 교육과 산업 간의 인력 교류를 촉진하고, 관련 교육 인프라를 유연하게 운영할 수 있도록 법적 근거를 제공함으로써, 국가 첨단 전략산업의 경쟁력을 강화하려는 목적을 가지고 있다.

제37조의3(교육공무원 등의 휴직 허용)

① 「고등교육법」 제14조제2항에 따른 교수·부교수 및 조교수는 「교육공무원법」 제44조제1항 및 「사립학교법」 제59조제1항에도 불구하고 전략산업등을 영위하는 사업자의 대표자 또는 임직원으로 근무하기 위하여 휴직할 수 있다.

② 제1항에 따라 6개월 이상 휴직하는 경우에는 휴직일부터 휴직기간 만료일까지 해당 대학에 그 휴직자의 수에 해당하는 교원의 정원이 따로 있는 것으로 본다.

■ 해설

1. 도입 이유

제37조의3은 고등 교육기관의 교수진이 전략산업과 관련된 기업에서 근무할 수 있도록 휴직을 허용하는 특례 규정을 마련하기 위해 도입되었다. 이를 통해 교수진이 산업 현장과의 긴밀한 연계를 통해 실무 경험을 쌓고, 이를 교육에 반영하여 학생들에게 더욱 실질적인 교육을 제공할 수 있도록 지원하는 것이 목적이다.

2. 조문 해설

1) 휴직 허용

- 교수진의 산업체 근무 허용: 제1항은 고등교육법이 규정한 교수, 부교수, 조교수가 전략산업을 영위하는 기업의 대표자나 임직원으로 근무하기 위해 휴직할 수 있도록 허용하고 있다. 이는 교육공무원법과 사립학교법의 일반적인 규정을 예외적으로 완화한 것이다. 이를 통해 교수진이 산업 현장에서의 경험을 쌓아 교육과 연구에 실질적인 혜택을 제공할 수 있도록 지원한다.

2) 휴직자의 정원 유지

- 교육 인프라 유지: 제2항은 6개월 이상 휴직하는 경우, 휴직 기간 동안 해당 대학에 휴직자의 정원이 따로 있는 것으로 간주하여 교육 인프라의 손실을 방지한다. 이는 교수진의 휴직이 대학의 교원 정원에 영향을 미치지 않도록 하여, 휴직자가 발생해도 교육의 질이 유지될 수 있도록 보장하는 조치다.

이 조문은 전략산업과 교육 간의 연계를 강화하고, 교수진이 산업체에서의 실무 경험을 쌓아 이를 교육에 반영할 수 있도록 함으로써, 국가 첨단 전략산업의 경쟁력을 강화하고 교육의 실효성을 높이기 위해 마련되었다. 교수진의 휴직을 허용하고 정원을 유지함으로써, 교육과 산업이 상호 보완적으로 발전할 수 있는 기반을 마련한다.

제38조(전략산업종합교육센터의 지정 등)

① 정부는 다음 각 호의 어느 하나에 해당하는 기관을 전략산업등의 전문인력양성을 위한 전략산업종합교육센터로 지정할 수 있다.

1. 「과학기술분야 정부출연연구기관 등의 설립·운영 및 육성에 관한 법률」 제8조제1항에 따른 연구기관
2. 「산업기술혁신 촉진법」 제38조에 따른 한국산업기술진흥원
3. 전략산업등 관련 기업 또는 「민법」 제32조에 따라 설립한 사업자단체가 대통령령으로 정하는 바에 따라 설립한 전략산업등의 교육훈련기관
4. 그 밖에 전략산업등과 관련된 기관으로서 대통령령으로 정하는 기관

② 정부는 제1항에 따라 지정된 자가 다음 각 호의 어느 하나에 해당하는 전문인력양성사업을 실시하는 데 소요되는 비용을 출연 또는 보조할 수 있다.

1. 전략기술 현장전문인력의 양성
2. 전략산업등을 영위하는 사업자가 필요로 하는 현장전문인력의 위탁 교육
3. 전략기술과 관련한 교육·훈련
4. 국내외 전략기술 전문인력양성기관과의 양성시스템의 교류 및 협력사업
5. 그 밖에 전략산업등 전문인력양성과 관련하여 산업통상자원부령으로 정하는 사업

③ 제1항에 따라 지정된 자가 실시하는 전문인력양성사업이 「근로자직업능력 개발법」 제38조에 따른 훈련기준에 따라 실시되는 훈련과정으로 같은 법 제19조제1항 또는 제24조제1항에 따라 인정받은 경우 훈련비용의 지원 등에 있어서 이를 우대할 수 있다.

④ 제1항 및 제2항에 따른 지정 요건·절차, 출연금의 지급·사용·관리에 필요한 사항은 대통령령으로 정한다.

■ 해설

1. 도입 이유

제38조는 국가첨단전략산업의 경쟁력 강화를 위해 전문인력을 양성하는 종합교육센터를 지정하고, 이를 통해 체계적인 인력 교육 및 훈련을 지원하기 위해 도입되었다. 이를 통해 산업계가 필요로 하는 현장 전문인력을 양성하여 전략산업의 발전을 촉진하고, 인력 수급의 안정성을 높이려는 목적이 있다.

2. 조문 해설

1) 전략산업종합교육센터 지정

- 지정 대상 기관: 정부는 과학기술분야 정부출연연구기관, 한국산업기술진흥원, 전략산업 관련 교육훈련기관 등을 전략산업종합교육센터로 지정할 수 있다. 이는 전문적인 인력양성을 위해 다양한 기관을 활용하여 체계적인 교육 및 훈련을 제공하기 위함이다.

2) 전문인력양성사업 지원:

- 지원 대상 사업: 정부는 지정된 교육센터가 수행하는 전문인력양성사업에 대해 재정적 지원을 할 수 있다. 이 지원은 전략기술 현장전문인력 양성, 기업의 현장전문인력 교육, 전략기술 관련 교육·훈련, 국내외 양성기관과의 교류 협력 등 다양한 사업에 적용된다.

3) 훈련비용 우대

- 훈련비용 지원 우대: 지정된 기관의 교육훈련과정이 근로자직업능력 개발법에 따라 인정받으면, 정부는 해당 훈련비용 지원에서 우대할 수 있다. 이는 전문인력 양성을 촉진하기 위한 재정적 인센티브를 제공하기 위함이다.

4) 지정 및 관리 절차

- 세부사항 규정: 전략산업종합교육센터의 지정 요건 및 절차, 출연금의 지급 및 관리 등에 관한 구체적인 사항은 대통령령으로 정해진다. 이는 지정 과정의 투명성과 공정성을 보장하고, 지원금의 효율적인 사용을 확보하기 위함이다.

제38조는 전략산업에 필요한 전문인력을 체계적으로 양성하기 위해 다양한 기관을 교육센터로 지정하고, 이들이 수행하는 교육 및 훈련 사업에 재정적 지원을 제공하는 제도를 마련한 것이다. 이를 통해 전략산업의 경쟁력을 강화하고, 전문인력의 양성과 활용을 촉진하는 것이 목적이다.

제39조(해외 우수인력의 발굴·유치 및 특례)

① 정부는 전략기술 관련 해외 우수인력의 발굴·유치를 위하여 해외 대학·연구기관·기업의 전문인력에 관한 조사·분석을 할 수 있다.

② 산업통상자원부장관은 해외 우수인력에 관한 정보의 활용을 위하여 제1항에 따른 조사·분석 결과를 대통령령으로 정하는 바에 따라 활용할 수 있다.

③ 산업통상자원부장관은 전략기술 관련 해외 우수인력의 유치를 위한 국제네트워크 구축, 국제행사 참가 등에 관한 사업을 할 수 있다.

④ 법무부장관은 「출입국관리법」 제8조 및 제10조에도 불구하고 전략기술의 개발사업 등에 종사하는 외국인에 대한 사증 발급의 기준·절차와 1회에 부여할 수 있는 체류자격별 체류기간의 상한을 산업통상자원부장관과 협의하여 달리 정할 수 있다.

⑤ 정부는 전략기술 관련 해외 우수인력의 발굴·유치를 위하여 필요한 행정적·재정적 지원을 할 수 있다.

⑥ 제1항에 따른 해외 우수인력의 발굴·유치 및 제5항에 따른 행정적·재정적 지원에 필요한 사항은 대통령령으로 정한다.

■ 해설

1. 도입 이유

제39조는 국가첨단전략산업의 경쟁력을 강화하기 위해 해외 우수 인력의 발굴 및 유치에 관한 규정을 마련한 것이다. 이를 통해 전략기술 관련 인재를 확보하고, 국내 기술 발전 및 산업 경쟁력을 높이고자 한다. 특히, 글로벌 인재 유치를 위한 행정적, 재정적 지원 방안을 제도화하여 해외 우수 인력이 국내에서 활발히 활동할 수 있는 환경을 조성하고자 한다.

2. 조문 해설

1) 해외 우수인력 조사 및 분석

(1) **내용:** 정부는 전략기술 관련 해외 우수인력을 발굴·유치하기 위해 해외 대학, 연구기관, 기업의 전문인력에 관한 조사·분석을 할 수 있다.

(2) **의미:** 해외 우수인력의 현황을 파악하고 이를 기반으로 전략적 유치 활동을 전개할 수 있는 근거를 마련한다.

2) 조사 결과 활용

(1) **내용:** 산업통상자원부장관은 조사·분석 결과를 대통령령으로 정하는 바에 따라 활용할 수 있다.

(2) **의미:** 조사 결과를 체계적으로 활용하여 인력 유치에 필요한 전략을 수립하고 실행한다.

3) 국제네트워크 구축 및 국제행사 참가

(1) **내용:** 산업통상자원부장관은 국제네트워크 구축, 국제행사 참가 등의 사업을 통해 전략기술 관련 해외 우수인력을 유치할 수 있다.

(2) **의미:** 국제적 교류와 협력을 통해 해외 우수인력과의 연결을 강화하고, 유치 활동의 효과성을 높이도록 한다.

4) 사증 발급 및 체류기간 조정

(1) 내용: 법무부장관은 출입국관리법에도 불구하고 전략기술 개발사업 등에 종사하는 외국인에 대한 사증 발급 기준·절차 및 체류자격별 체류기간의 상한을 산업통상자원부장관과 협의하여 달리 정할 수 있다.

(2) 의미: 전략기술 관련 외국인 인력의 국내 체류를 유연하게 조정하여 인력 유치의 장벽을 낮춘다.

5) 행정적·재정적 지원

(1) 내용: 정부는 전략기술 관련 해외 우수인력의 발굴·유치를 위해 필요한 행정적·재정적 지원을 할 수 있다.

(2) 의미: 인력 유치를 위한 재정적 지원을 통해 실질적인 유인책을 제공해 준다.

6) 세부 사항 규정

(1) 내용: 해외 우수인력의 발굴·유치 및 행정적·재정적 지원에 필요한 사항은 대통령령으로 정한다.

(2) 의미: 법률의 구체적인 실행 방안을 대통령령으로 정하여 시행의 실효성을 높이도록 한다.

제7장 산업생태계 연대협력 촉진

제40조(연대협력 촉진을 위한 책무)

① 정부는 전략산업등을 영위하는 기업·기관 또는 단체 간의 협력 관계를 공고히 하여 산업생태계 전반의 경쟁력을 높이고 동반성장을 달성하기 위한 시책을 강구하여야 한다.

② 특화단지 입주기업 및 그 밖에 이 법에 따른 지원을 받는 기업 등은 연대협력 촉진을 위하여 노력하여야 한다.

▪ 해설

1. 도입 이유

제40조는 전략산업을 영위하는 기업, 기관, 단체 간의 협력 강화를 통해 산업생태계의 전반적인 경쟁력을 높이고 동반성장을 도모하기 위해 마련된 규정이다. 이를 통해 특화단지 및 지원 기업들이 연대협력의 중요성을 인식하고, 이를 촉진하는 방안을 마련함으로써 국가 첨단 전략산업의 지속적인 발전을 목표로 한다.

2. 조문 해설

1) 정부의 책무

(1) 내용: 정부는 전략산업을 영위하는 기업, 기관 또는 단체 간의 협력 관계를 강화하여 산업생태계의 경쟁력을 높이고 동반성장을 달성하기 위한 시책을 마련해야 하는 책무가 있다.

(2) 의미: 정부는 산업생태계의 협력 강화를 통해 전반적인 경쟁력 향상과 동반성장을 지원하는 역할을 맡는다.

2) 기업 등의 노력 의무

(1) 내용: 특화단지 입주기업 및 이 법에 따른 지원을 받는 기업 등은 연대협력을 촉진하기 위해 노력해야 한다.

(2) 의미: 특화단지와 지원 기업들은 상호 협력을 통해 공동의 성장을 도모하고, 정부의 정책을 적극적으로 이행하는 노력이 필요하다.

제41조(연대협력 협의회)

① 위원회는 다음 각 호의 사항을 사전 검토·심의하기 위하여 산업생태계를 대표할 수 있는 위원 등으로 구성된 연대협력 협의회를 운영할 수 있다.

1. 전략산업등의 경쟁력 강화에 관한 산업계 의견청취
2. 제9조제1항제7호에 따른 기업·기관 또는 단체 간 연대협력모델 선정 및 지원
3. 그 밖에 대통령령으로 정하는 사항

② 제1항에 따른 연대협력 협의회의 구성·운영에 필요한 사항은 대통령령으로 정한다.

■ 해설

1. 도입 이유

제41조는 전략산업의 경쟁력 강화를 위한 연대협력의 중요성을 강조하고, 이를 효율적으로 추진하기 위해 연대협력 협의회를 설치하여 산업계의 의견을 수렴하고 협력 모델을 선정·지원하기 위해 마련되었다. 이 조문은 산업생태계를 대표할 수 있는 위원들로 구성된 협의회를 통해 전략산업의 발전을 위한 실질적인 방안을 모색하는 데 그 목적이 있다.

2. 조문 해설

1) 연대협력 협의회의 설치 및 운영

(1) **내용:** 위원회는 전략산업의 경쟁력 강화와 관련된 사안을 사전 검토·심의하기 위해 산업생태계를 대표할 수 있는 위원들로 구성된 연대협력 협의회를 운영할 수 있다.

(2) **의미:** 협의회는 전략산업 관련 주요 사안을 논의하고, 산업계의 의견을 반영하여 실효성 있는 정책을 추진할 수 있도록 한다.

2) 협의회의 주요 역할

(1) **산업계 의견 청취:** 전략산업의 경쟁력 강화를 위해 산업계의 애로사항이나 건의 등 의견을 청취한다.

(2) **연대협력 모델 선정 및 지원:** 제9조제1항제7호에 따라 기업·기관·단체 간의 연대협력 모델을 선정하고 이를 지원한다.

(3) **기타 대통령령으로 정하는 사항:** 연대협력과 관련하여 대통령령으로 정하는 기타 사항을 검토·심의한다.

3) 구성·운영에 관한 규정

(1) **내용:** 연대협력 협의회의 구성과 운영에 필요한 사항은 대통령령으로 정한다.

(2) 의미: 협의회의 효율적인 운영을 위해 필요한 세부 사항은 대통령령을 통해 구체화하도록 한다.

제42조(연대협력모델의 발굴)

① 정부는 연대협력모델을 발굴하여 지원할 수 있다.

② 위원회는 기업·기관 또는 단체 간 상호 협력을 권고·알선할 수 있으며, 상호 협력하려는 기업·기관 또는 단체가 다음 각 호의 사항이 포함된 계획서를 제출하여 신청하는 경우 연대협력모델 선정을 위한 심의를 할 수 있다.

1. 산업별·기술별 목표
2. 기업·기관 또는 단체 간 협력내용
3. 연구개발, 시험·평가, 검증, 생산 또는 투자 계획
4. 필요한 지원 및 규제개선 등에 관한 사항
5. 기업·기관 또는 단체 간 협력이 국내외 관련 시장의 경쟁에 미칠 수 있는 영향

③ 제1항 및 제2항에 따른 연대협력모델의 발굴, 선정 방법과 절차에 관한 사항은 대통령령으로 정한다.

■ **해설**

1. 도입 이유

제42조는 전략산업의 경쟁력을 높이기 위해 정부와 위원회가 기업·기관·단체 간의 연대협력모델을 발굴하고 이를 지원하는 체계를 구축하는 것을 목적으로 한다. 이를 통해 산업 간 협력을 촉진하고, 연구개발 및 생산 등 다양한 영역에서 협력적 시너지를 창출하려는 의도를 가지고 있다.

2. 조문 해설

1) 정부의 연대협력모델 발굴 및 지원

(1) 내용: 정부는 연대협력모델을 발굴하여 이를 지원할 수 있다.

(2) 의미: 정부 차원에서 연대협력의 중요성을 인식하고, 이를 활성화하기 위해 필요한 지원을 제공해 준다.

2) 위원회의 권고 및 알선

(1) 내용: 위원회는 기업·기관·단체 간의 상호 협력을 권고·알선할 수 있다.

(2) 의미: 위원회가 중개자 역할을 하여 기업 간 협력을 촉진하고, 이를 통해 연대협력모델의 효과를 극대화한다.

3) 연대협력모델 신청 절차

(1) 계획서 제출: 상호 협력하려는 기업·기관·단체는 다음 사항을 포함한 계획서를 제출하여 연대협력모델 선정을 신청할 수 있다.

1호. 산업별·기술별 목표

2호. 협력내용

3호. 연구개발, 시험·평가, 검증, 생산 또는 투자 계획

4호. 필요한 지원 및 규제개선 사항

5호. 협력이 시장 경쟁에 미칠 영향

(2) 의미: 구체적인 계획서를 통해 실질적이고 구체적인 협력 방안을 제시함으로써, 연대협력모델의 선정과 지원이 체계적으로 이루어질 수 있게 한다.

4) 발굴 및 선정 절차

(1) 내용: 연대협력모델의 발굴, 선정 방법과 절차는 대통령령으로 정한다.

(2) 의미: 세부적인 발굴 및 선정 절차를 대통령령으로 명확히 규정함으로써, 연대협력모델의 운

영이 일관되고 공정하게 이루어질 수 있도록 한다.

제43조(연대협력모델에 대한 지원)

① 국가 또는 지방자치단체는 기업·기관 또는 단체 간 상호협력을 촉진하거나 위원회의 심의·의결을 거친 연대협력모델을 지원하기 위하여 다음 각 호와 관련된 행정적·기술적·재정적 지원을 할 수 있다.

1. 공동기술개발
2. 공동기반구축 및 물류·보관
3. 기술이전 및 연구개발·생산 등을 위한 투자
4. 신뢰성평가, 성능검증 등 적합성 평가
5. 시험제품 제작 및 설비확충
6. 신뢰성 보증
7. 우수기업에 대한 포상 및 정부 기술개발사업, 「대·중소기업 상생협력 촉진에 관한 법률」 제20조의2제2항제1호에 따른 동반성장지수 등에 관한 평가 우대
8. 그 밖에 연대협력과 관련된 사항으로서 대통령령으로 정하는 사항

② 제1항에 따른 지원에 필요한 사항은 대통령령으로 정한다.

■ 해설

1. 도입 이유

제43조는 국가 또는 지방자치단체가 기업·기관·단체 간의 상호협력과 연대협력모델을 지원하기 위한 법적 근거를 제공하고, 이를 통해 전략산업의 경쟁력 강화와 동반성장을 촉진하는 것을 목적으로 한다. 다양한 지원 방안을 통해 실질적인 협력이 이루어지도록 지원 체계를 구축하고자 하

는 목적을 가지고 있다.

2. 조문 해설

1) 국가 및 지방자치단체의 지원

(1) 내용: 국가 또는 지방자치단체는 상호협력 촉진 및 연대협력모델을 지원하기 위해 행정적, 기술적, 재정적 지원을 할 수 있다.

(2) 의미: 다양한 형태의 지원을 통해 연대협력모델이 효과적으로 운영되도록 돕는다.

2) 지원 항목

1호. 공동기술개발: 협력 기업 간 공동으로 기술을 개발하는 것을 지원한다.

2호. 공동기반구축 및 물류·보관: 협력 기업 간의 물류 및 보관 시설을 구축하는 것을 지원한다.

3호. 기술이전 및 투자: 기술이전 및 연구개발·생산을 위한 투자를 지원한다.

4호. 적합성 평가: 신뢰성평가, 성능검증 등 적합성 평가를 지원한다.

5호. 시험제품 제작 및 설비확충: 시험제품 제작 및 설비확충을 지원한다.

6호. 신뢰성 보증: 협력 기업의 신뢰성 보증을 지원한다.

7호. 우대 및 포상: 우수기업에 대한 포상 및 정부 기술개발사업, 동반성장지수 평가 우대를 해 준다.

8호. 기타 지원: 연대협력과 관련된 기타 사항으로서 대통령령으로 정하는 사항을 지원한다.

3) 대통령령으로 정하는 세부사항

(1) 내용: 지원에 필요한 사항은 대통령령으로 정한다.

(2) 의미: 세부적인 지원 방안을 대통령령으로 명확히 하여, 지원 절차와 내용이 구체적이고 일관되게 이루어지도록 한다.

제44조(연대협력 촉진을 위한 「독점규제 및 공정거래에 관한 법률」의 특례)

① 제42조에 따라 선정된 연대협력모델 가운데 산업통상자원부장관이 공정거래위원회와 협의한 사항에 대하여는 「독점규제 및 공정거래에 관한 법률」 제40조제2항에 따른 공정거래위원회의 인가를 받은 것으로 본다.

② 산업통상자원부장관은 제1항에 따른 협의를 하려는 경우에는 「독점규제 및 공정거래에 관한 법률」 제40조제3항 및 같은 법 시행령에서 정하는 서류를 공정거래위원회에 제출하여야 한다.

■ 해설

1. 도입 이유

제44조는 연대협력모델이 공정거래법의 규제를 받지 않도록 예외를 인정함으로써, 기업 간 협력을 더욱 원활하게 추진할 수 있도록 하는 법적 근거를 제공한다. 이는 전략산업의 경쟁력 강화를 위해 협력의 장애물을 줄이고, 법적인 보호를 제공하는 것을 목적으로 한다.

2. 조문 해설

1) 공정거래법의 특례 적용

(1) 내용: 제42조에 따라 선정된 연대협력모델 중 산업통상자원부장관이 공정거래위원회와 협의한 사항에 대해서는, 「독점규제 및 공정거래에 관한 법률」 제40조제2항의 공정거래위원회의 인가를 받은 것으로 간주한다.

(2) 의미: 연대협력모델이 공정거래법의 인가 절차를 간소화하여, 신속하게 추진될 수 있도록 지원한다.

2) 협의 절차

(1) 내용: 산업통상자원부장관이 협의를 할 때는, 「독점규제 및 공정거래에 관한 법률」 제40조제3항 및 같은 법 시행령에서 정하는 서류를 공정거래위원회에 제출해야 한다.

(2) 의미: 협의 과정에서 필요한 서류 제출을 명확히 규정하여 절차의 투명성과 일관성을 확보한다.

제44조는 연대협력모델의 실행을 촉진하기 위해 공정거래법의 예외를 인정하는 내용을 담고 있다. 이를 통해 전략산업 분야의 기업들이 법적 규제 없이 효과적으로 협력할 수 있도록 지원하며, 협의 절차와 서류 제출을 명확히 하여 법적 절차의 투명성과 일관성을 확보하도록 하고 있다.

제8장 보칙 등

제45조(자료 제출 및 검사 등)

① 산업통상자원부장관 또는 관계 행정기관의 장은 감독을 위하여 필요한 경우에는 특화단지 관리기관 및 전략산업등 관련 기관·법인·단체에 대하여 그 업무에 관한 보고 또는 자료의 제출을 명할 수 있다.

② 산업통상자원부장관 또는 관계 행정기관의 장은 소속 공무원으로 하여금 제1항에 따른 특화단지 관리기관 및 전략산업등 관련 기관·법인·단체의 사무소, 사업장 및 그 밖의 장소에 출입하여 관련 서류를 검사하게 하거나 관계인에게 질문을 하게 하는 등 필요한 조치를 할 수 있다.

③ 제2항에 따라 출입·검사를 하는 공무원은 그 권한을 나타내는 증표를 지니고 이를 관계인에게 내보여야 한다.

■ 해설

1. 도입 이유

제45조는 특화단지와 전략산업 관련 기관에 대한 감독과 검사 권한을 규정함으로써, 국가의 첨단전략산업 육성과 보호를 위해 필수적인 관리와 통제를 가능하게 하고 있다. 이를 통해 법적 투명성을 확보하고, 규정 준수 여부를 확인하며, 산업발전을 위한 체계적 지원을 보장하려는 목적을 갖고 있다.

2. 조문 해설

1) 보고 및 자료 제출 명령 권한

(1) 내용: 산업통상자원부장관 또는 관계 행정기관의 장은 감독 목적으로 특화단지 관리기관 및 전략산업 관련 기관·법인·단체에 대해 보고나 자료 제출을 명령할 수 있다.

(2) 의미: 법적 감독을 위해 필요한 자료를 확보하여 특화단지 및 관련 기관의 활동을 평가하고 관리할 수 있게 하는 근거 조항이다.

2) 출입 및 검사 권한

(1) 내용: 산업통상자원부장관 또는 관계 행정기관의 장은 소속 공무원이 특화단지 관리기관 및 전략산업 관련 기관·법인·단체의 사무소, 사업장 등에 출입하여 관련 서류를 검사하거나 관계인에게 질문할 수 있도록 할 수 있다.

(2) 의미: 현장 검사를 통해 실질적인 감독과 통제를 수행할 수 있으며, 규정 준수 여부를 직접 확인할 수 있다.

3) 출입·검사 공무원의 증표 제시 의무

(1) 내용: 출입·검사를 수행하는 공무원은 권한을 나타내는 증표를 지니고, 이를 관계인에게 제시해야 한다.

(2) 의미: 공무원의 권한 행사를 명확히 하여 출입·검사 과정의 투명성과 신뢰성을 확보한다.

제45조는 특화단지 및 전략산업 관련 기관에 대한 보고, 자료 제출, 출입 및 검사 권한을 규정함으로써, 국가의 감독 권한을 강화하고 법적 투명성을 확보하는 데 중점을 둔다. 이를 통해 첨단전략산업의 체계적인 관리와 발전을 지원할 수 있게 하려는 것이다.

제46조(청문)

산업통상자원부장관은 다음 각 호의 처분을 하려는 경우에는 청문을 하여야 한다.

1. 제12조제4항에 따른 전략기술의 수출중지·수출금지·원상회복
2. 제13조제5항 및 제7항에 따른 해외인수·합병등에 대한 중지·금지·원상회복

▪ 해설

1. 도입 이유

제46조는 산업통상자원부장관이 특정 처분을 하기 전에 청문 절차를 거치도록 하여 당사자의 의견을 충분히 듣고 공정한 결정을 내리도록 보장한다. 이는 행정 절차의 투명성과 신뢰성을 높이고, 당사자의 권익 보호를 위해 마련된 규정이다.

2. 조문 해설

1) 청문 절차의 필요성

(1) 내용: 산업통상자원부장관은 특정 처분을 하려는 경우, 사전에 청문을 실시해야 한다.

(2) 의미: 행정 처분의 공정성과 투명성을 확보하고, 당사자의 의견을 반영하기 위한 절차적 장치다.

2) 전략기술 관련 처분

(1) 내용: 제12조제4항에 따른 전략기술의 수출중지, 수출금지, 원상회복 처분을 하려는 경우 청문을 해야 한다.

(2) 의미: 전략기술의 수출 관련 중대한 결정 전에 당사자의 의견을 듣고, 공정한 결정을 내리도

록 하기 위함이다.

3) 해외 인수합병 관련 처분

(1) 내용: 제13조제5항 및 제7항에 따른 해외 인수·합병 등에 대한 중지, 금지, 원상회복 처분을 하려는 경우 청문을 해야 한다.

(2) 의미: 해외 인수합병과 관련된 중대한 결정 전에 청문을 통해 당사자의 의견을 충분히 고려하여 공정한 처분을 내리도록 한 것이다.

제46조는 전략기술의 수출과 해외 인수합병 등 중대한 처분을 내리기 전에 청문 절차를 거치도록 규정함으로써, 행정 절차의 공정성과 투명성을 높이고, 당사자의 권익을 보호하는 것을 목적으로 한다. 이는 법적 절차의 신뢰성을 확보하고, 합리적인 결정이 이루어질 수 있도록 보장하는 제도적 장치다.

제47조(권한의 위임·위탁)

① 이 법에 따른 산업통상자원부장관의 권한은 그 일부를 대통령령으로 정하는 바에 따라 시·도지사 또는 시장·군수·구청장(자치구의 구청장을 말한다)에게 위임할 수 있다.

② 이 법에 따른 산업통상자원부장관 또는 시·도지사의 업무는 그 일부를 대통령령으로 정하는 바에 따라 관련 기관 또는 법인에 위탁할 수 있다.

▪ 해설

1. 도입 이유

제47조는 법 집행의 효율성과 전문성을 높이기 위해 산업통상자원부장관의 권한을 지방자치단체

장이나 관련 기관에 위임하거나 위탁할 수 있도록 규정하고 있다. 이를 통해 행정의 신속성과 효율성을 제고하고, 전문기관에 업무의 분산을 통해 집중된 권한을 분산시키는 효과를 기대할 수 있다.

2. 조문 해설

1) 권한의 위임

(1) 내용: 산업통상자원부장관의 권한 일부를 시·도지사 또는 시장·군수·구청장에게 위임할 수 있다.

(2) 의미: 중앙정부의 권한을 지방정부에 분산시켜, 현장 중심의 행정이 가능하도록 한다. 대통령령에 따라 위임의 범위와 절차가 규정된다.

2) 업무의 위탁

(1) 내용: 산업통상자원부장관 또는 시·도지사의 업무 일부를 관련 기관 또는 법인에 위탁할 수 있다.

(2) 의미: 행정 업무를 전문적이고 효율적으로 수행하기 위해 관련 기관이나 법인에 맡기도록 한다. 위탁의 구체적인 사항은 대통령령으로 정해진다.

제47조는 산업통상자원부장관의 권한과 업무를 적절히 분산시키기 위해 위임과 위탁의 방안을 명시하고 있다. 이를 통해 행정의 효율성을 높이고, 현장 중심의 신속한 대응을 가능하게 하며, 관련 기관의 전문성을 활용할 수 있게 한다. 이는 법 집행의 신뢰성을 높이고, 중앙 정부와 지방 정부 간의 협력과 조화를 도모하는 중요한 규정이다.

제48조(적극행정 면책 특례)

제19조, 제22조, 제23조 및 제29조에 따른 업무를 적극적으로 처리한 결과에 대하여 그의 행위에

고의나 중대한 과실이 없는 경우에는 「공공감사에 관한 법률」에 따른 징계 요구 또는 문책 요구 등 책임을 묻지 아니한다.

■ 해설

1. 도입 이유

제48조는 공무원들이 국가첨단전략산업의 경쟁력 강화와 보호를 위해 적극적으로 업무를 처리할 때, 고의나 중대한 과실이 없는 경우 책임을 면제받을 수 있도록 규정하고 있다. 이는 공무원들이 소극적으로 일하는 것을 방지하고, 적극적으로 업무를 수행할 수 있는 환경을 조성하기 위한 제도다.

2. 조문 해설

1) 적극행정 면책 특례

(1) 내용: 제19조, 제22조, 제23조 및 제29조에 따른 업무를 적극적으로 처리한 결과에 대해, 고의나 중대한 과실이 없는 경우에는 공공감사에 따른 징계 요구나 문책 요구 등 책임을 묻지 않도록 한다.

(2) 의미: 공무원들이 법에 명시된 특정 업무를 적극적으로 수행할 때, 실수나 오류가 발생해도 고의나 중대한 과실이 없다면 징계나 문책을 받지 않게 하여, 책임질 것을 두려워하여 소극적으로 행정을 하지 않도록 한다.

제48조는 공무원들이 국가첨단전략산업 관련 업무를 수행할 때, 소극적이거나 두려움 없이 적극적으로 일할 수 있도록 면책 특례를 제공하는 조항이다. 이는 국가첨단전략산업의 발전을 촉진하고, 공무원들이 혁신적이고 능동적으로 업무를 수행하는 것을 장려하는 중요한 규정이다.

제49조(벌칙 적용에서 공무원 의제)

다음 각 호의 사람은 「형법」 제127조 및 제129조부터 제132조까지의 규정을 적용할 때에는 공무원으로 본다.

1. 위원회 위원 중 공무원이 아닌 사람
2. 제47조에 따라 위탁받은 업무에 종사하는 기관 또는 법인의 임직원

■ 해설

1. 도입 이유

제49조는 공무원이 아닌 사람들도 공무원과 동일한 법적 책임을 지도록 함으로써, 국가첨단전략산업의 경쟁력 강화 및 보호와 관련된 업무의 신뢰성을 확보하고 부패 및 비리를 방지하려는 목적을 가지고 있다. 이는 공정하고 투명한 업무 수행을 보장하고, 관련 업무 종사자들에게 경각심을 심어 주기 위함이다.

2. 조문 해설

1) 공무원 의제 적용 대상

(1) 위원회 위원 중 공무원이 아닌 사람

- 국가첨단전략산업 경쟁력 강화 및 보호를 위한 위원회에서 활동하는 비공무원 위원들도 형법상 공무원으로 간주된다.

(2) 위탁받은 업무에 종사하는 기관 또는 법인의 임직원

- 산업통상자원부장관 또는 시·도지사의 업무를 위탁받아 수행하는 기관이나 법인의 임직원도 공무원으로 간주된다.

2) 관련 형법 조항

- 형법 제127조(공무상 비밀누설죄): 공무원이 직무상 알게 된 비밀을 누설하는 경우 처벌받는 조항.
- 형법 제129조~제132조(뇌물수수죄 등): 공무원이 직무와 관련하여 뇌물을 수수, 요구, 약속하거나, 타인을 통해 뇌물을 수수하는 경우 등을 처벌하는 조항.

3) 책임 부과

- 위원회 비공무원 위원과 위탁받은 기관·법인의 임직원은 위의 형법 조항을 적용받아, 공무원과 동일한 법적 책임을 지게 된다.

제49조는 국가첨단전략산업 관련 업무의 공정성과 투명성을 유지하기 위해, 비공무원 위원 및 위탁기관 임직원에게 공무원과 동일한 법적 책임을 부과하여 부패 방지를 목표로 한다.

제50조(벌칙)

① 전략기술을 외국에서 사용하거나 사용되게 할 목적으로 제15조제1호부터 제3호까지의 어느 하나에 해당하는 행위를 한 자는 5년 이상의 유기징역에 처한다. 이 경우 20억원 이하의 벌금을 병과한다.

② 전략기술을 외국에서 사용하거나 사용되게 할 목적으로 제15조제5호부터 제8호까지의 어느 하나에 해당하는 행위를 한 자는 20년 이하의 징역 또는 20억원 이하의 벌금에 처한다.

③ 제15조 각 호(제4호·제6호 및 제8호는 제외한다)의 어느 하나에 해당하는 행위를 한 자는 15년 이하의 징역 또는 15억원 이하의 벌금에 처한다.

④ 제15조제4호 또는 제8호에 해당하는 행위를 한 자는 5년 이하의 징역 또는 5억원 이하의 벌금에 처한다.

⑤ 제10조제5항 각 호의 어느 하나에 해당하는 행위를 한 자는 1년 이하의 징역 또는 1천만원 이하의 벌금에 처한다.

■ 해설

1. 도입 이유

제50조는 국가첨단전략산업의 전략기술을 보호하고 그 유출을 방지하기 위해 필요한 벌칙 규정을 명시하고 있다. 이는 국가 경제와 안보에 중대한 영향을 미치는 전략기술의 외부 유출을 강력히 처벌함으로써, 국가의 경쟁력을 보호하고 유지하려는 목적을 가지고 있다. 특히, 전략기술의 불법적인 해외 유출에 대해 엄격한 처벌을 규정함으로써, 이러한 행위를 억제하고 예방하려는 것이다.

2. 조문 해설

1) 제1항: 전략기술의 외국 사용을 위한 부정행위

(1) 내용: 전략기술을 외국에서 사용하거나 사용되게 할 목적으로 제15조제1호부터 제3호까지의 어느 하나에 해당하는 행위를 한 자는 5년 이상의 유기징역에 처한다. 이 경우 20억원 이하의 벌금을 병과한다.

(2) 의미: 이 항은 전략기술의 외국 사용을 목적으로 하는 부정행위에 대해 가장 엄격한 처벌을 규정하고 있다. 이는 국가의 중요한 기술이 외국으로 유출되는 것을 방지하기 위한 강력한 형사정책적 억제책이다.

(3) 형벌:

- 5년 이상의 유기징역: 전략기술의 외국 유출을 막기 위해 최소 5년 이상의 징역형을 부과하여 엄중한 처벌을 가한다.
- 20억원 이하의 벌금 병과: 금전적 처벌을 병행하여 불법 행위에 대한 경제적 제재를 강화하고 있다.

2) 제2항: 전략기술의 외국 사용을 위한 기타 부정행위

(1) 내용: 전략기술을 외국에서 사용하거나 사용되게 할 목적으로 제15조제5호부터 제8호까지의 어느 하나에 해당하는 행위를 한 자는 20년 이하의 징역 또는 20억원 이하의 벌금에 처한다.

(2) 의미: 이 항은 전략기술의 외국 사용을 목적으로 하는 비교적 덜 중대한 부정행위에 대해 규정하며, 제1항 형벌보다는 약하지만 여전히 강력한 처벌을 명시하고 있다.

(3) 형벌:

- 20년 이하의 징역: 행위의 심각성에 따라 최대 20년까지 징역형을 부과할 수 있도록 하여 강력한 처벌을 유지하도록 한다.
- 20억원 이하의 벌금: 중대한 금전적 제재를 통해 법 위반의 경제적 동기를 제거하도록 한다.

3) 제3항: 기타 부정행위에 대한 처벌

(1) 내용: 제15조 각 호(제4호·제6호 및 제8호는 제외한다)의 어느 하나에 해당하는 행위를 한 자는 15년 이하의 징역 또는 15억원 이하의 벌금에 처한다.

(2) 의미: 이 항은 전략기술 관련 기타 부정행위에 대한 처벌을 규정하고 있다. 특히 제4호, 제6호, 제8호를 제외한 행위에 대해 규정하고 있다.

(3) 형벌:

- 15년 이하의 징역: 위반 행위의 중대성을 고려하여 최대 15년의 징역형을 부과하도록 한다.
- 15억원 이하의 벌금: 금전적 처벌을 통해 불법 행위의 경제적 이득을 박탈하도록 한다.

4) 제4항: 덜 중대한 부정행위에 대한 처벌

(1) 내용: 제15조제4호 또는 제8호에 해당하는 행위를 한 자는 5년 이하의 징역 또는 5억원 이하의 벌금에 처한다.

(2) 의미: 이 항은 비교적 덜 중대한 부정행위에 대해 규정하며, 그에 따른 처벌을 명시하고 있다.

(3) 형벌:

- 5년 이하의 징역: 행위의 경중에 따라 최대 5년의 징역형을 부과하도록 한다.
- 5억원 이하의 벌금: 금전적 처벌을 통해 법 위반의 경제적 동기를 제거하도록 한다.

5) 제5항: 경미한 부정행위에 대한 처벌

(1) 내용: 제10조제5항 각 호의 어느 하나에 해당하는 행위를 한 자는 1년 이하의 징역 또는 1천만원 이하의 벌금에 처한다.

(2) 의미: 이 항은 비교적 경미한 부정행위에 대해 규정하며, 그에 맞는 처벌을 명시하고 있다.

(3) 형벌:

- 1년 이하의 징역: 경미한 행위에 대해 최대 1년의 징역형을 부과하도록 한다.
- 1천만원 이하의 벌금: 금전적 처벌을 통해 경미한 법 위반의 경제적 이득을 박탈하도록 한다.

제50조는 국가첨단전략산업의 보호를 위해 다양한 부정행위에 대해 차별화된 처벌을 규정함으로써, 전략기술의 불법적 유출을 강력히 억제하고자 한다. 이는 국가 경제와 안보를 지키기 위한 중요한 법적 장치로서, 전략산업의 지속적인 발전과 보호를 보장하기 위한 것이다. 각 항별로 명확한 처벌 기준을 제시함으로써 법 집행의 일관성을 유지하고, 법 위반 행위에 대한 강력한 경고를 천명하고 있다.

제51조(과태료)

① 제45조제1항을 위반하여 관련 자료를 제출하지 아니하거나 허위로 제출한 자 또는 같은 조 제2항의 출입·검사 등을 거부·기피 또는 방해한 자는 1천만원 이하의 과태료에 처한다.

② 제1항에 따른 과태료는 대통령령으로 정하는 바에 따라 산업통상자원부장관이 부과·징수한다.

▪ 해설

1. 도입 이유

제51조는 국가첨단전략산업의 효율적 관리를 위해 필요한 자료 제출 및 검사에 대한 협조를 보장

하고, 이를 위반하는 경우 제재를 통해 법의 실효성을 높이기 위함이다. 이를 통해 투명하고 신뢰성 있는 정보 제공을 확보하고, 법 집행의 엄정함을 유지하고자 한다.

2. 조문 해설

1) 과태료 부과 대상

(1) 제45조제1항 위반: 자료 제출 불이행 또는 허위 제출

- 특화단지 관리기관 및 관련 기관·법인·단체가 산업통상자원부장관 또는 관계 행정기관의 자료 제출 요구에 응하지 않거나 허위 자료를 제출한 경우

(2) 제45조제2항 위반: 출입·검사 등의 거부·기피 또는 방해

- 공무원이 법적 권한에 따라 실시하는 출입·검사 또는 질문에 대해 거부·기피 또는 방해한 경우

2) 과태료 금액

- 1천만원 이하의 과태료 부과

3) 과태료 부과 및 징수

- 대통령령에 따라 산업통상자원부장관이 부과·징수한다.

제51조는 국가첨단전략산업의 관리 및 감독을 위해 자료 제출 및 검사 협조를 보장하고, 이를 위반하는 경우 1천만원 이하의 과태료를 부과하여 법 집행의 실효성을 높이는 데 목적이 있다. 이를 통해 투명하고 신뢰성 있는 정보 제공을 확보하고, 법의 엄정한 집행을 유지하고자 한다.

부칙〈제19551호, 2023. 8. 8.〉

제3편

방위산업기술 보호법 해설

국방부(전력정책과) 02-748-5613

방위산업기술 보호법은 국가의 안전을 보장하고 국제조약 등의 의무를 이행하여 국가신뢰도를 제고하는 것을 목적으로 한다. 이 법은 방위산업기술의 체계적인 보호와 관리를 위한 포괄적인 법적 틀을 제공하며, 국가안보와 관련된 기술의 유출 방지 및 적절한 관리를 규정하고 있다. 이를 통해 국가의 안전과 기술적 우위를 유지하고자 하는 것이 법의 핵심이다.

이 법의 하위 법규로는 방위산업기술 보호법 시행령(대통령령), 방위산업기술 보호법 시행규칙(국방부령) 등이 있다.

제1조(목적)

이 법은 방위산업기술을 체계적으로 보호하고 관련 기관을 지원함으로써 국가의 안전을 보장하고 방위산업기술의 보호와 관련된 국제조약 등의 의무를 이행하여 국가신뢰도를 제고하는 것을 목적으로 한다.

■ 해설

1. 제정 이유

방위산업기술 보호법은 법률 제13632호로 2015년 12월 29일에 제정되어 이듬해 2016년 6월 23일부터 시행되었다. 비교적 최근에 법이 제정되었는데, 한국의 국방 산업 발달과 기술 유출의 우려가 커져서 이에 대응하기 위한 것이었다. 구체적인 제정 이유 및 주요 내용은 다음과 같다.[42)]

우리나라의 방위산업 수출 대상국이 2006년 47개국에서 2013년 87개국으로 증가했으며, 기술 수준은 미국 대비 80퍼센트로 스웨덴과 공동 10위의 수준을 보이고 있었다. 이러한 현실에 발맞추기 위해 우리나라는 방위산업기술이 복제되거나 대응·방해 기술이 개발되어 그 가치와 효용이 저하되는 것을 방지할 필요가 있으며 국제 사회의 구성원으로서 부적절한 수출 방지를 위한 보호가 절실했다.

그러나, 방위산업기술이 「방위사업법」·「대외무역법」 및 「산업기술의 유출 방지 및 보호에 관한 법률」 등 다양한 법률에 의해 관리되고 있기에, 오히려 부실 관리의 우려가 있었다.

이에 방위사업청장이 보호할 필요가 있는 국방 분야의 방위산업기술을 지정하고, 업체 자율적으로 방위산업기술 보호체계를 구축하며, 국가가 이를 지원하도록 하고, 불법적인 기술 유출 발생 시 처벌할 수 있도록 하는 규정 등을 마련하여 궁극적으로 국가의 안전 보장과 국제 평화의 유지에 기여할 수 있도록 한 것이다.

---

42) https://www.law.go.kr/lsInfoP.do?lsiSeq=178234&ancYd=20151229&ancNo=13632&efYd=20160630&nwJoYnInfo=N&efGubun=Y&chrClsCd=010202&ancYnChk=0#0000 2024.4.17.

2. 최근의 주요 개정 사항

최근의 가장 중요한 개정은 방위산업기술 보호법 처벌 형량을 크게 높인 2017년 개정이다. 개정 이유 및 주요 내용을 보면 다른 산업기술의 유출보다 형량이 가장 높다는 특징이 있다.[43] 방위산업기술은 유출·침해 시 경제적 피해뿐만 아니라 국가안보 위협이 될 수 있으므로 일반 산업기술의 유출·침해보다 강력한 벌칙을 규정해야 할 필요가 있으므로 방위산업기술을 외국에서 사용하거나 사용되게 할 목적으로 부정한 방법을 통하여 대상 기관의 방위산업기술을 취득, 사용 또는 공개하는 등의 행위를 한 사람은 현행 '15년 이하의 징역 또는 1억5천만원 이하의 벌금'에서 '20년 이하의 징역 또는 20억원 이하의 벌금'으로 상향하였다. 한편, 부정한 방법으로 대상 기관의 방위산업기술을 취득, 사용 또는 공개하는 등의 행위를 한 사람은 현행 '7년 이하의 징역 또는 7천만원 이하의 벌금'에서 '10년 이하의 징역 또는 10억원 이하의 벌금'으로 하고, 부정한 방법으로 대상 기관의 방위산업기술을 취득, 사용 또는 공개하는 등의 행위가 개입된 사실을 중대한 과실로 알지 못하고 방위산업기술을 취득·사용 또는 공개하는 행위를 한 사람은 현행 '5년 이하의 징역 또는 5천만원 이하의 벌금'에서 '5년 이하의 징역 또는 5억원 이하의 벌금'으로 벌칙을 강화하였다.

이후에도 부분적 제도 보완을 위한 개정을 해 오고 있으며, 방위산업기술의 유출을 방지하고 사고 대응력을 높이는 방향으로 방위사업청의 개입을 확대해 오고 있다.

3. 방위산업기술 보호법에 기초한 방위사업청 정책

방위사업청은 방위산업기술보호법을 토대로 하여, 여러 가지 방위산업기술보호정책을 수행하고 있다.[44] 핵심기술개발 기획 및 조정·통제를 추진하고, 국내·외 연구개발 주체가 공동의 연구개발을 목표로 국제기술협력을 추진하고 있다.

2021년부터는 무기 체계 단위 소요 기술 개발과 더불어 산학연이 무기 체계 개발에 소요되는 주

---

43) https://www.law.go.kr/lsInfoP.do?lsiSeq=199089&ancYd=20171128&ancNo=15052&efYd=20171128&nwJoYnInfo=N&efGubun=Y&chrClsCd=010202&ancYnChk=0#0000 2024.4.17.

44) https://www.dapa.go.kr/dapa/sub.do?menuId=705 2024.4.17.

요 기술을 묶음 단위로 개발하고 향후 해당 무기 체계 개발 사업에 참여할 수 있도록 하는 '무기 체계 패키지형 핵심 기술' 사업을 시행하고 있다. 방산기술보호 기반을 구축하여 수출 상대국에 대한 최종 사용자 모니터링을 실시하고 있으며, 방산기술보호 인식과 역량 제고를 위해 방산기술보호의 중요성에 대한 공감대 확산 및 관련 전문인력을 양성하고 있다. 또한, 방위산업기술 보호를 위한 공조 체계 구축 및 국제 협력 활성화를 추진하고 있다. 다자간 국제 수출 통제 체제의 원칙에 따라 국제 평화 및 안전 유지, 국가안보 및 기술 보호 등을 위해 전략 물자, 방산 물자 및 국방과학기술을 수출·중개·경유·환적·수입 등의 행위 시 정부의 허가를 받도록 하는 수출입 통제도 실시하고 있다.

제2조(정의)

이 법에서 사용하는 용어의 정의는 다음과 같다.

1호. "방위산업기술"이란 방위산업과 관련한 국방과학기술 중 국가안보 등을 위하여 보호되어야 하는 기술로서 방위사업청장이 제7조에 따라 지정하고 고시한 것을 말한다.

2호. "대상기관"이란 방위산업기술을 보유하거나 방위산업기술과 관련된 연구개발사업을 수행하고 있는 기관으로서 다음 각 목의 어느 하나에 해당하는 기관을 말한다.

가목. 「국방과학연구소법」에 따른 국방과학연구소

나목. 「방위사업법」에 따른 방위사업청·각군·국방기술품질원·방위산업체 및 전문연구기관

다목. 그 밖에 기업·연구기관·전문기관 및 대학 등

3호. "방위산업기술 보호체계"란 대상기관이 방위산업기술을 보호하기 위하여 대통령령으로 정하는 다음 각 목의 체계를 말한다.

가목. 보호대상 기술의 식별 및 관리 체계: 대상기관이 체계적으로 보호대상 기술을 식별하고 관리하는 체계

나목. 인원통제 및 시설보호 체계: 허가받지 않은 사람의 출입·접근·열람 등을 통제하고, 방위산업기술과 관련된 시설을 탐지 및 침해 등으로부터 보호하기 위한 체계

다목. 정보보호체계: 방위산업기술과 관련된 정보를 안전하게 보호하고, 이에 대한 불법적인 접근을 탐지 및 차단하기 위한 체계

■ 해설

제1호 방위산업기술 정의

"방위산업기술"이란 방위산업과 관련한 국방과학기술 중 국가안보 등을 위하여 보호되어야 하는 기술로서 방위사업청장이 제7조에 따라 지정하고 고시한 것을 말한다.

1. 도입 이유

방위사업청장은 국방과학기술 중에서 국가안보를 위해 방위산업기술 보호법 제7조에 따라 방위산업기술을 지정하고 있다. 방위사업청장은 지정될 방위산업기술을 선정함에 있어서 해당 기술이 국가안보에 미치는 효과 및 해당 분야의 연구동향 등을 종합적으로 고려하여 필요한 최소한의 범위에서 선정하도록 하고 있다. 이는 방위산업기술로 지정되는 경우 받는 정부의 규제로 인해 기술 발전이나 활용이 오히려 저해될 수도 있기 때문에 국가안보와 기술 발전의 조화를 이루기 위한 규정이다. 방위사업청장은 위원회의 심의를 거쳐 지정된 방위산업기술의 변경이나 지정 해제를 할 수 있다. 방위산업기술을 지정하거나 변경 또는 지정 해제한 때에도 이를 고시하여 정책을 투명하고 공정하게 추진하도록 하고 있다.

2. 방위산업기술 고시

방위사업청의 방위산업기술 지정 고시에 공개된 방위산업기술 목록은 다음과 같으며, 기술의 개발과 변화에 따라 지정이 변경되는 경우 새로 고시하고 있다.

방위산업기술 목록

(8대 분야 45개 분류 128개 기술)[45)]

분 야	분 류	방위산업기술	설명
센서(25개)	레이더 센서(6개)	전자파 표적신호 정밀측정/분석 기술	다양한 표적의 전자파 반사 특성을 측정하고 데이터베이스화하여 표적 인식 등에 적용하는 기술
		고감도 레이더 송수신 기술	안테나로 송신하기 위한 전자파 신호를 생성하거나, 수신된 신호를 처리 가능한 주파수와 크기로 변환하는 기술
		레이더 고속신호처리 기술	수신신호로부터 표적신호를 추출하고, 클러터(clutter)와 재머(jammer) 등의 간섭 신호를 제거하는 기술
		고성능 레이더 안테나 기술	복사 소자, 배열 안테나, 송수신 배열 모듈, 배열 설계 기술 등 전자파를 송·수신하는 안테나의 최적 설계를 위한 기술
		다기능 레이더 통제/제어 기술	다기능 레이더의 목적에 따라 표적탐지, 추적 기능 및 자원관리, 제어, 인터페이스 기능을 수행하는 기술
		양자 주파수 변환기술	스텔스 무기체계에 대응하기 위한 군용 양자 레이더의 주요 기술로 광파-마이크로파 간 주파수 양방향 변환을 통해 장거리 표적을 탐지하기 위한 신호 변환 기술
	SAR 센서(4개)	고출력 SAR 송수신 기술	광대역 펄스 신호를 반송 주파수에 실어 안테나로 보내고, 안테나로부터 수신된 광대역 신호를 기저 대역 신호로 변환하는 기술
		SAR 고속 신호처리/영상형성 기술	기저 대역으로 변환된 광대역 원시데이터를 고속으로 처리하고 SAR 영상으로 가시화 및 보정하는 기술
		고성능 SAR 안테나 기술	SAR의 송신기로부터 발생된 광대역 신호를 방사하고, 관측 영역에서 반사된 전자파를 수신하는 기술
		SAR 자동 영상 처리/분석 기술	가시화된 SAR 영상을 후처리 등의 기술을 이용하여 화질을 개선하고, 해당 영상을 판독/분석하여 정보를 제공하는 기술
	EO/IR 센서(3개)	표적 탐지 및 추적 기술	전자광학장비에서 획득된 영상을 기반으로 신호 처리를 통하여 표적을 탐지 및 추적하는 기술과 표적 추적 시 시선(시계)을 유지하기 위한 짐벌(gimbal)의 정밀 제어/구동 기술
		광파 탐지 및 처리 기술	검출기에서 발생하는 신호를 영상 신호 처리에 적합한 신호로 변환시킨 후 고화질 영상을 획득하는 기술
		광 집속 기술	광자를 효율적으로 검출기 한 면에 모으는 기술로 주·야간 배경 및 표적의 반사광 또는 에너지를 적절하게 수집 및 획득 가능하게 하는 기술
	소나센서(6개)	어뢰 음향 대항 기술	음향 소음 또는 기만 신호를 생성하는 등 적의 어뢰 공격을 다양한 방법으로 경보/교란하여 어뢰 공격 능력을 저하시키는 기술

45) 방위산업기술 지정 고시 [시행 2023. 6. 15.] [방위사업청고시 제2023-3호, 2023. 6. 15., 일부개정] https://www.law.go.kr/conAdmrulByLsPop.do?&lsiSeq=224417&joNo=0007&joBrNo=00&datClsCd=010102&dguBun=DEG&lnkText=%25EA%25B3%25A0%25EC%258B%259C%25ED%2595%2598%25EC%2597%25AC%25EC%2595%25BC%2520%25ED%2595%259C%25EB%258B%25A4&admRulPttninfSeq=17257 2024.4.17.

분 야	분 류	방위산업기술	설명
센서 (25개)	소나센서 (6개)	음향 신호 DB 구축 기반 표적 식별 기술	음파 전달에 영향을 미치는 해양 환경 변수 및 표적 신호를 수집/분석하고, 구축된 데이터베이스를 기반으로 수중 표적을 식별하는 기술
		고감도 음향 센서 기술	수중에서 음향을 이용하여 표적을 탐지 및 추적하기 위해 전기적 신호를 음향 신호로 변환하여 송신하고, 음향 신호를 전기적 신호로 변환하여 수신하는 장치와 관련된 기술
		고출력 소나 신호 송수신 기술	저/중/고주파대역의 고출력 음향 신호를 송수신하여 표적을 탐지/추적/식별하는 기술
		소나 신호 처리 기술	수신음향의 환경 소음 및 잔향음, 허위 표적 정보 등을 제거하고 표적을 탐지하기 위한 고속 신호 처리 기술
		소나 정보처리 기술	소나로 수집된 정보를 이용하여 표적을 추적/식별하기 위해 표적 인자 추출, 추적 필터 적용, 정보 융합 등과 같이 정보를 분석 처리하는 기술
	레이저 센서	표적 거리 측정 기술	표적과 상대 운동하는 수신기에 수신된 레이저 광신호로부터 표적의 변화, 3차원 공간상의 위치 정보 및 거리 등의 정보를 획득하기 위한 신호 처리 기술
	항법센서 (2개)	관성 센서/항법 기술	자신의 움직임(회전, 가속도)을 감지하는 관성 센서 관련 기술과 이종 센서를 통합/교정하여 실시간으로 위치, 자세, 속도 정보를 파악하는 기술
		다중 항법 기반 위치 오차 보정 기술	위성 항법, 비관성 센서, 관성 센서 등의 항법 센서 정보를 통합/보정하여 항법 장치의 정확도 및 신뢰도를 증대시키는 기술
	특수센서 (3개)	다목적 계측 센서 및 고속 신호 처리 기술	계측 대상에 대한 특성을 측정하고 분석하기 위한 기술로, 특히 진동, 변위, 온도, 압력, 힘 등의 물리량을 측정 및 분석하는 기술
		다중 생체 센서 및 정밀 신호 처리 기술	전투원의 체온, 맥박, 심전도, 근전도, 가속도 등 생체 신호를 계측하여 전기적인 신호로 변환하고 데이터베이스화를 통해 상태를 분석하는 기술
		다중 자기장 센서 기반 표적 신호 처리 기술	표적의 탐지/식별을 위해 표적으로부터 발생되는 자기장 신호의 크기와 방향을 감지하고, 전기적인 신호로 변환하여 측정하는 기술
정보통신 (37개)	전장상황 인식 (5개)	전장 정보 자동 융합 기술	다출처 정보의 수집으로부터 의미 있는 정보를 분석/융합하여 신뢰성 있는 정보를 생산하고, 군사 정보로부터 새로운 지식을 추출하여 정보 생산에 적용하는 순환 체계를 구축함으로써 전장 상황을 인식하기 위한 기술
		국방 C4I 체계용 고성능 정보 공유 및 가시화 기술	획득/생산된 정보를 NCW 환경에서 적재적소에 분배 및 공유하고 전장 상황을 종합 가시화하기 위한 정보 공유, 실시간 협업처리, 전장 지능형 가시화 등과 관련된 기술
		전장 위협 분석 및 인지 기술	피아 식별을 포함하여 작전 상황 및 전장 상태를 특징화하고 정의된 정보를 통하여 현재 전장 상황을 인지하는 기술
		최적 작전 계획 수립 및 통제 기술	수행해야 하는 임무를 도출하여 적절한 방책을 분석하고, 최적의 작전 계획으로 아군의 운용 방법을 결정하여 작전계획을 수립/통제하는 기술
		전장 정보 탐지/식별/분석 지능화 기술	다양한 정보 자산으로부터 획득한 이미지/영상/음성 등의 데이터를 활용하여 전장 정보(표적, 위치, 지형 등)를 자동으로 탐지/식별하고 전장의 변화/위협/징후를 다중으로 분석하는 기술

분 야	분 류	방위산업기술	설명
정보통신 (37개)	상호 운용성 (3개)	국방 C4I 체계용 상호운용성 공통기반 기술	운용/체계/기술적 상호운용성을 보장하고 지원하기 위해 체계 구축과는 독립적으로 실시간 고장 감지, 구성 노드 간 데이터 분배, 데이터 동기화 등의 기능을 제공하는 공통적인 상호운용성 기술
		상호운용성 평가 및 검증 기술	이종 무기체계들 사이에 필요한 정보를 상호 활용하기 위한 무기체계 개발 단계별 상호운용성 요구 수준 평가 기술과 네트워크 기반 정보 패턴 분석을 통한 상호운용성 평가 기술로 인증절차 및 방법론, 시험 도구 등의 개발 및 관리에 활용하기 위한 검증 기술
		이기종 체계 연동 기술	분산 컴퓨팅 환경에서 타 체계의 하드웨어나 이종 통신 프로토콜, 통신 환경 등을 고려하여 각 무기체계 또는 응용프로그램들 간 통신이 원활히 이루어질 수 있도록 연동 기능을 제공하는 기술
	국방 S/W (3개)	국방 S/W 개발 기술	무기체계 S/W 개발과 관련된 요구 사항 분석, 설계, 구현, 시험 등을 포함하는 국방 무기체계용 S/W 개발 기술
		무기체계 탑재용 시스템 정보 처리 기술	무기체계에 탑재되어 임무 목적에 맞는 기능을 구현하기 위한 SW의 고효율, 고속 처리 알고리즘을 설계하고, 정보를 처리하는 기술
		무기체계 시스템 인터페이스 기술	무기체계에 탑재되는 시스템의 효과적인 정보 입력과 정보를 시각화하여 디스플레이 장치로 보여 주거나 정보를 외부로 출력하는 기술
	통신전송 (4개)	항재밍/저피탐 웨이브폼 기술	자연적 전파 간섭 또는 적의 의도적인 전자 공격을 회피하거나 적에 의한 피탐을 불가능하게 하는 은닉 통신 기술
		고신뢰도 수신 신호 재송출 기술	수신 신호를 증폭시키고 중계기를 거치면서 발생한 잡음을 최소화하여 재송출하는 기술
		주파수 대상 자동선별 기술	다중 접속, 셀 플랜, 인지 무선(CR) 기능 등을 통해 다수 사용자의 망계획을 분석하여 자동으로 주파수를 할당하여 트래픽 과부하를 최소화하는 기술
		은밀 수중 통신 기술	수중에서 확보한 탐지 정보 및 지휘소의 전술 정보를 은밀하게 교환하기 위한 수중 정보 교환 기술
	통신교환	군 통신용 링크 선택 기술	주소 정보 및 다양한 옵션 정보를 포함하여 패킷데이터를 최적의 경로로 포워딩하는 기술
	통신단말 (3개)	전술환경 기반 SWaP(공간 · 무게 · 전력) 절감 기술	통신 단말을 소형, 경량화, 저전력으로 이동성을 높이고 전력소비를 절감하는 기술
		전술 환경 기반 신호 송수신 기술	송신단에서 RF신호의 주파수를 발생, 변환, 여파, 증폭하고 수신단에서 RF신호를 수신하는 과정에 걸쳐서 발생하는 잡음을 최소화하여 수신하는 무선 통신 기술
		광대역 통신 기술	안테나와 마스트 등 관련 장비 및 그 장비들의 동작 상태를 제어하고 지상, 해상, 공중 계층으로 노이즈를 최소화하여 전자파를 송수신하는 기술
	네트워크 구성/관리 (2개)	전술망 구축을 위한 통신망 구성/관리/운영 기술	지상, 공중, 해상플랫폼 무기체계의 전술망 구축을 위하여 네트워크의 설계, 통합, 처리, 연동, Ad-hoc 등을 관리하는 기술

분 야	분 류	방위산업기술	설명
정보통신 (37개)	네트워크 구성/관리 (2개)	C4I 체계 간 데이터링크 정보 교환 기술	이기종 체계에서 획득된 자료를 무기체계 간 상호운용성을 보장하기 위해 메시지 포맷 설계와 각종 무기체계에서 생성되는 상황 정보를 해당 메시지 포맷으로 변환하여 전파하는 기술
	사이버전 (6개)	사이버 기반용 인증/접근 통제기술	군 정보 시스템에서 사용되는 키 생성, 배포, 저장, 관리에 관한 알고리즘과 신원 정보 기반으로 중요 정보/시스템/자원에 대한 접근 권한을 통제하는 기술
		사이버 방어용 시스템 침입 예방 기술	통신 시스템과 컴퓨터 시스템에 가해지는 사이버 침입을 예방하기 위한 취약점 분석 및 내장형 보안 RTOS, 보안 소프트웨어 등의 침입 예방 기술
		사이버 기반용 암복호화 기술	군 정보 시스템 및 암호 장비 정보를 보호하기 위해 전송 데이터 및 저장 데이터를 암호화, 복호화하는 기술
		사이버 방어용 침입 탐지 및 대응 기술	국방 정보 체계에 있는 시스템/네트워크의 이벤트 정보를 수집 분석하여 사이버 공격을 탐지 및 대응하는 기술
		국방 사이버 위협 침입 추적 기술	사이버 보안 공격에 효과적으로 대비하기 위해 실질적 공격 근원지 정보를 역추적하는 기술로 다양한 데이터의 융합과 추론을 통해 침입을 탐지 및 분석하는 기술
		사이버 방어용 침입 복구/감내 기술	악성 코드 등 외부적인 요인으로부터 시스템이 손상되거나 프로그램이 정상적으로 구동되지 않는 환경을 감내하거나, 피해 시스템의 기능을 복구하는 기술
	전자전 (4개)	전자파 방향 및 위치 탐지 기술	외부에서 방사되어 들어오는 전자파의 신호 세기, 위상차, 도착 시간차 및 주파수 변이 등을 분석하여 전파원의 방향과 위치를 탐지하는 기술
		전자전 정보 탐지/분석 기술	광범위한 전자파 활동 감시를 위해 전자파 에너지를 수신, 탐지, 분석 및 식별하고 정보를 추출하기 위한 정보 수집 분석 기술
		재밍 신호 발생 기술	적 신호 정보를 분석하여 상황에 적합한 재밍 신호를 발생하는 기술
		고출력 재밍 송신 기술	재밍 신호를 방사하기 위한 고출력 증폭, 지향성 송신, 고전압 발생 및 관련 장치 기술
	국방 M&S (6개)	전투 모의를 위한 교전 시뮬레이션 기술	무기체계 및 군사 작전 정보를 기반으로 전투 모의에 필요한 일련의 교전 모의 논리를 표현하고 시뮬레이션하는 기술
		국방 M&S 체계 모델링 기술	국방 M&S 모델의 시뮬레이션 개발을 위한 실제 개체/부대/환경을 활용한 전장 환경 및 임무 공간 모델링 기술
		국방 M&S 체계 L-V-C 통합 연동 기술	무기체계 및 군사 작전 정보 기반의 국방 M&S 모델용 Live(실기동), Virtual(시뮬레이션), Constructive(워게임) 모델 연동에서 두 가지 또는 그 이상을 실시간으로 연동하기 위한 기술
		무기체계 모의 연습·훈련 장비 개발 기술	무기체계 및 군사 작전 정보를 기반으로 가상 환경에서 실제 무기체계 시스템의 기능, 성능 구현 및 검증을 위한 모의 훈련 장비 관련 기술
		국방 M&S 지원 기술	국방 M&S의 체계 개발을 위한 주요 교전 사건, 전장 환경, 모의 개체의 상태 정보 등 무기체계 및 군사 작전 관련 정보를 저장/교환/제공하는 기술

분 야	분 류	방위산업기술	설명
정보통신(37개)	국방 M&S (6개)	무기체계 성능/특성 분석 기술	무기체계 또는 무기체계에 포함된 부체계들의 개발을 위해 해당 품목의 성능 및 특성에 따른 각종 효과에 대한 정보를 수집하고, 분석/예측하는 기술
제어전자(13개)	무인자율(3개)	군사용 무인체계 원격 제어 기술	다양한 무선 통신 네트워크를 기반으로 군사용 무인체계를 안정적으로 운용/통제하는 기술
		군사용 무인체계 통합 자율 제어 기술	환경 인식 정보를 기반으로 환경 정보 분석 및 상황 판단을 통해 군사용 무인체계를 자율적으로 제어하는 기술
		군사용 무인체계 인식/처리 기술	군사용 무인체계에 탑재되어 감지 센서로부터 획득된 정보를 처리하여 지형/지물/표적을 인식 및 분류하는 기술
	유도조종(2개)	무인체계용 임무 계획 수립 기술	무인체계 임무 수행을 위하여 최적의 경로, 고도, 심도 등을 판단하여 지정된 경로점에서 임무를 효율적으로 수행할 수 있도록 계획을 수립하는 기술
		고기동, 정밀 타격 유도조종 기술	유도탄, 어뢰, 탄약 등의 무기체계가 목표를 달성하기까지 요구되는 공간상의 운동 궤적을 결정하고 그 궤적을 따라서 운동하도록 제어하기 위한 유도/조종 알고리즘을 설계하는 기술
	사격제어(3개)	다중 교전 통제 기술	표적의 탐지, 추적 기능 및 자원 관리 인터페이스를 포함한 다표적, 다무장 체계에서 표적의 요격/타격을 위한 표적 식별, 교전 결심, 평가 등의 기능을 수행하는 일련의 자동화된 통제 기술
		무장 연동 및 발사 통제 기술	화포류, 유도 무기류, 로켓 등 무장의 정밀 타격을 위한 발사 및 원격 유도 통제 기술 및 통제 장비 관련 기술
		사격 운용/통제 기술	지정된 표적을 무력화하기 위한 목적으로 무장에 대한 사격 제원 입력/계산, 발사 절차 진행, 플랫폼과의 연동 등의 기능을 수행하여 발사 장비를 운용/통제하는 기술
	구동(2개)	플랫폼 구동 장치 기술	플랫폼의 제어를 위해 대상물을 구동하는 장치와 관련된 기술
		플랫폼 구동 제어 기술	대상물의 위치 및 속도 조절, 조준, 조종 등 목적을 달성하도록 구동하기 위한 제어 기술
	특수제어/전자(3개)	군사용 비행체 정밀 제어 기술	군사용 항공기, 유도 무기 등의 비행체 탑재 전자 장비에 사용되는 기술로 비행체를 제어하는 시스템의 하드웨어 및 소프트웨어와 알고리즘을 설계하는 기술
		군사용 지상체 정밀 제어 기술	지상에서 운용되는 전투 차량과 플랫폼에 탑재되는 전자 장비 등의 정밀 제어를 위한 전자/기계적 장치 관련 기술
		군사용 해양체 정밀 제어 기술	선박, 수중체 등 군사용 해양체의 정밀 제어를 위하여 무인체계 자율 운항, 수상함 자세 안정화 등과 관련된 구동 장치 및 제어와 관련된 기술
탄약/에너지(17개)	탄두(4개)	탄두 구조체 설계/구현 기술	표적에 대한 파괴 효과를 고려하여 파편, 폭압, 관통(또는 침투) 등의 살상기구(Kill Mechanism)로 표적에 피해를 입힐 수 있는 기능을 갖춘 탄두 구조체 기술
		탄두 구조체 충전물질 기술	목표물에 피해를 입힐 수 있도록 고폭, 파편, 관통, 소이, 조명, 열압력, 기만 등 탄두 효과를 구현하기 위해 탄두 구조체에 충전되어 있는 에너지원과 관련된 물질 조성/제조 기술

분 야	분 류	방위산업기술	설명
탄약/에너지 (17개)	탄두 (4개)	탄 회피/기만 기술	아군을 향해 공격해 오는 탄에 탑재된 RF센서 또는 IR센서 등을 유인 혹은 교란하여 아군의 생존성을 극대화하는 기술
		탄두 정밀 유도/조종 기술	목표물을 정밀 타격하기 위한 비행궤도 수정 장치, 비행 보조 킷트 적용 등을 통해 탄두를 유도/조종하는 기술
	신관 (2개)	탄약 안전 장전 장치 설계/구현 기술	평시(저장, 수송, 취급시) 탄약의 안전 상태를 유지하고, 발사시 탄약을 장전시키는 기술
		신관 정밀 제어 기폭 장치 기술	표적을 판단하여 적절한 시점에 탄두/탄약의 주에너지원을 기폭시켜 무기체계 효과를 극대화할 수 있는 기술
	추진체 (3개)	탄약 및 발사체 추진제 기술	발사체, 유도 무기, 탄약 등의 추진력을 발생시키기 위해 필요한 에너지 물질을 합성하고, 외부의 충격 또는 에너지로부터 쉽게 점화되지 않는 안정성을 확보하기 위한 기술
		점화장치 기술	발사체, 유도 무기, 탄약 등을 원하는 목표로 이동시키기 위해 추진력을 발생시킬 수 있도록 화약, 플라즈마, 레이저 등을 활용하여 추진제를 점화하는 기술
		추진체 구조 기술	발사체, 유도 무기, 탄약 등에 추진력을 발생시키기 위한 추진제를 내포한 추진체 구조와 관련된 기술
	지향성 에너지 (4개)	고출력 레이저 발생 기술	표적을 기만 또는 공격하기 위하여 광섬유 자체를 이득매질로 하여 레이저를 발생시키거나 고출력 중적외선 레이저를 발생하는 기술
		레이저 빔 정밀 추적 조준/집속 기술	표적의 이동을 정밀하게 추적하여 고출력의 레이저 빔을 조사가 완료될 때까지 표적 취약 부위에 조준 및 집속하는 기술
		고출력 전자파 발생원 기술	비살상 무력화를 위해 전기 에너지를 고출력 전자파(마이크로파, 밀리미터파)로 변환하고, 발생된 전자파를 표적을 향해 방사하기 위한 안테나 관련 기술
		다목적 대전력 펄스 발생 기술	전자력 추진 등 다양한 목적을 위해 대용량의 전기 에너지를 저장하고 스위칭하여 대전력 펄스를 발생시키는 기술
	비살상 무력화 (2개)	비살상 무기 효과도 분석 기술	장비, 시설, 대인 무력화 무기 등 비살상 무기에 의한 대상 표적의 피해 효과를 정량적으로 분석하는 기술
		전력망 무력화 비살상탄 기술	인체에 영향을 미치지 않고 전력 장비나 시설을 무력화시킬 수 있는 비살상탄의 설계 및 제작 기술
	전원/전력 발생/공급 (2개)	무기체계 전력 발생 및 변환 기술	무기체계 운용에 필요한 동력을 발생시키고 동력원의 전력을 무기체계의 형태나 용도에 맞게 전기 에너지로 변환/충전하기 위한 장치 관련 기술
		무기체계 전력 저장 및 방출 기술	생산된 에너지를 전시 상황에 적합하도록 전투 장비에 효율적으로 저장하거나 저장된 에너지를 효율적으로 방출하기 위한 기술
추진 (10개)	공기흡입 추진 (3개)	고출력 가스터빈엔진 시스템 기술	압축된 공기를 연료와 혼합 및 연소시키고 연소된 가스를 이용하여 터빈 구동 후 고압가스 배출을 통해 비행체의 추진력을 발생시키기 위한 연소기, 터빈, 팬, 압축기 등의 관련 구성품 및 엔진 시스템에 대한 설계/제작 기술

분 야	분 류	방위산업기술	설명
추진 (10개)	공기흡입 추진 (3개)	고효율 내연 기관 추진 기술	기동 장비나 함정 또는 잠수함 등에서 연료를 연소시켜 구동에 필요한 에너지를 발생시키기 위한 내연기관 추진 기술
		초음속/극초음속 램/스크램제트 엔진 추진 기술	충격파를 이용하여 공기를 압축한 후 연료를 분사, 혼합 및 연소시켜 배기노즐로 배출함으로써 추력을 얻는 고체/액체 램제트 엔진, 이중램제트 엔진, 덕티드 로켓 엔진 및 스크램제트 엔진 등의 기술
	로켓추진 (2개)	저비용 고효율 고체 로켓 추진 기술	비행체에 추력을 발생시키기 위해 연료와 산화제를 혼합시켜 고형화한 추진제를 금속/비금속의 연소관/노즐 구조체 내부에서 연소시켜 가스를 분출하는 로켓추진 기술
		고출력 액체 로켓 추진 기술	액체 추진제를 사용하는 로켓추진 기술로서 연료와 산화제가 분리되어 저장되므로 추력량 조절이나 소화 후 재점화가 가능한 형태의 로켓추진 기술
	전기추진 (3개)	무기체계 연료전지 동력 발생 및 전달 기술	밀폐 환경에서 운용되는 무기체계 추진 장치 동력을 얻기 위해 순수 수소와 순수 산소의 전기 화학 반응으로 화학 에너지를 전기 에너지로 전환시키는 전원 시스템 관련 기술
		전기 동력 전달 기술	배터리 등의 전기 에너지 저장 장치로부터 전기를 생산하여 전기 구동기를 통해 원하는 형태의 동력으로 변환/전달하는 기술
		고효율 하이브리드 시스템 기술	두 가지 이상 동력발생원으로부터 생산된 에너지를 기반으로 전기 구동기를 통해 원하는 형태의 동력으로 변환/전달하는 추진 기술
	특수추진 (2개)	신개념 추진 시스템 기술	일반적인 추진 장치와 다르게 유압, 공기압, 자기력 등을 이용한 여타의 추진 기술을 이용하여 원하는 형태의 동력으로 변환/전달하는 장치 기술
		전자기 유체 추진 기술	고온 · 고속의 도전성 유체를 강한 자계 속에서 주행시켜 발생하는 전자력을 이용하여 원하는 형태의 동력으로 변환/전달하는 장치 기술
화생방 (10개)	화생방탐지/식별/경보 (3개)	화생방 접촉 탐지/식별 기술	화생방 작용제를 분광법, 질량 분석법, 이온 분석법 등의 분석기술을 기반으로, 근거리 또는 시료 흡입구의 직접적인 접촉을 통해 대상 작용제를 탐지/식별하는 기술
		화생방 비접촉 탐지/식별 기술	자외선/적외선 등의 분광 분석 기술을 기반으로, 원거리 또는 원격의 화생방 작용제로 인한 오염 및 환경 변화를 탐지/식별하고 화생방 위협을 조기에 경보하는 기술
		화생방 피해 분석 예측 기술	화생방전 상황하에서 전장 통합 측면을 고려하여 적 화생방 공격에 의한 시설, 지역 등의 피해 정보를 탐지, 분석하고 지형 및 기상 조건 변화에 따른 화생방 작용제의 오염 확산 및 피해예측을 판단하는 기술
	제독	친환경 화생 제독 기술	화생방 작용제로 인한 개인, 장비, 시설, 지역 등의 오염 제거/중화하는 환경 친화적 기술 및 제독 시 발생하는 2차 오염을 방지하기 위한 제독 부산물 등을 무해화하는 약품, 장비, 시설 등과 관련된 기술
	해독 (2개)	화학 작용제 해독 기술	화학 작용제로 인한 인명 피해를 예방, 진단, 치료할 수 있도록 대상 작용제의 작용 기제에 따라 대응 및 무력화하는 의학과 관련된 기술
		생물학 작용제 해독 기술	생물학 작용제로 인한 인명 피해를 예방, 진단, 치료할 수 있도록 대상 작용제의 작용 기제에 따라 대응 및 무력화하는 의학과 관련된 기술

분 야	분 류	방위산업기술	설명
화생방 (10개)	화생방 보호 (2개)	화생방전 개인 보호 체계 기술	화생방 위협 및 오염 환경에서 개인의 전투력 손실을 최대한 줄이면서 작전을 수행하기 위한 보호 장비와 관련된 기술
		화생방 집단 보호 시설/장비 기술	다수의 인원 또는 장비 및 시설을 화생방 위협으로부터 방어하고 화생방 오염 환경에서 전투력 손실을 최대한 줄이면서 작전을 수행하기 위한 시설/장비와 관련된 기술
	연막/ 차폐	다영역 차폐 및 발연 기술	개인 또는 지역의 차폐를 목적으로 연막 또는 차폐제를 살포하거나 연소시켜 다영역대의 전자기파에 대한 탐지를 제한시키는 물질 또는 장비 기술
	화생방검 증/폐기	화생방 작용제 식별/검증 기술	화생방 작용제의 오염 또는 확산 방지를 위하여 의심 지역에 대한 화학/생물학 작용제 및 핵물질의 사용 여부를 정밀분석하고 확인하는 기술
소재 (4개)	내열/ 단열 재료 (2개)	무기 발사대의 화염 처리용 고분자 재료 기술	무기 발사대 화염 처리를 위한 고온 고압에서 내열 및 내삭마 특성이 우수한 경량의 고분자 재료의 성형 기법 및 시험 평가 기법 기술
		무기체계용 내열/단열/방열 재료 및 응용 기술	열적 특성이 요구되는 무기체계에 적용되어 내열/단열/방열 기능을 구현할 수 있는 소재 및 제조 기술과 그 적용을 위한 구조 설계 기술
	장갑/ 대장갑 재료	장갑 재료 기술	전차, 차량, 함정 등의 장비를 방호하기 위하여 금속, 세라믹 등 여러 종류의 소재를 활용한 장갑 재료와 관련된 기술
	특수재료	다목적 기타 특수재료 기술	항공기, 함정 등 플랫폼 제작에 사용되는 세라믹, 복합재, 합금 및 기타 신소재 관련 기술
플랫폼/ 구조 (12개)	생존성/ 스텔스 (4개)	플랫폼 피탐지 및 피격성 감소 기술	플랫폼의 피탐지 및 피격성 감소를 위한 기술로, RCS(레이더 유효 반사 단면적) 감소를 위한 형상, RAM(레이더 전파 흡수 물질), RAS(레이더 전파 흡수 구조), IR(적외선)/음향/가시 피탐지 감소, 전자파/신호 관련 선택적 주파수 구조 등의 관련 기술 등을 플랫폼에 적용하는 기술
		취약성 감소를 위한 설계/해석 기술	무기체계의 전투 생존성을 증대하기 위해 다양한 피격 조건에 대한 취약성 감소 구조를 설계하고 효과를 정량적으로 분석하는 기술
		장갑 방호/방탄 형상 및 구조 기술	전투원의 생존성 및 임무 지속성 향상을 위해 적의 화기 등 파괴 무기로부터 아군 피해 최소화를 위한 방탄 형상/구조 기술과 수동, 반응, 능동 방호 장치 등의 장갑 방호 장치 관련 기술
		화재/손상 통제 및 대피/탈출 기술	피격/충돌 등으로 인한 손상을 빠르게 제어/복구하여 2차 피해 발생을 통제하고, 승무원의 손실을 최소화하기 위해 각종 피해 발생 시 피해 지역에서 대피를 용이하게 하며, 파괴 시 신속하고 안전하게 탈출할 수 있도록 하는 기술
	탑재 구조체 (2개)	화력 장비 구조 설계/제작 기술	탄약을 발사하기 위해 장전/송탄의 역할을 수행하는 총포신, 주퇴 복좌장치, 포탑, 포신 잠금장치 등의 구조물 및 장치와 관련된 기술
		발사 장치 및 기타 탑재체 기술	유도 무기용 발사 장치와 항공기용 플랫폼에 탑재되는 운용 보조 장치에 대한 설계 기술

분 야	분 류	방위산업기술	설명
플랫폼/구조 (12개)	해양체 구조 (2개)	해양체 구조 최적화/방호 구조/방식 기술	수상/수중에서 운용되는 무기체계의 구조를 최적화하고, 방호/방식 설계/해석을 통해 수상/수중 환경에서 무기체계의 신뢰성을 확보하는 기술
		고속/스텔스 형상 설계/해석 기술	함정 및 수중 무기체계를 고속으로 운용하는 동시에 스텔스 기술을 적용하기 위한 외형(외부 형상 및 타 등의 부가물을 포함) 설계/해석 기술
	비행체 구조 (4개)	유도 무기 고속/고온/고기동 운용을 위한 기체 구조 기술	고속/고온/고기동 비행 환경에서 유도 무기의 양력을 제공하고 목표 지점까지 탑재 장비를 손상 없이 운반하기 위한 구조물 및 기계 장치와 관련된 기술
		군사용 항공기체 구조 설계 및 해석 기술	항공기에 가해지는 외부 하중을 고려하여 구조물의 내부 하중을 산출하고 구조 역학적으로 가장 적합하도록 항공기의 양력 및 비행 안정성을 제공하는 기체의 내 · 외부 형상 및 기계 장치와 관련된 기술
		공력 설계 및 공력 해석 기술	비행체에 미치는 공기 흐름의 영향을 고려하여 최적의 비행체 형상을 설계하기 위한 공력 특성 해석, 공력 하중 해석, 공력 가열 해석, 공탄성해석, 조종 안정성 해석, 풍동 시험 등과 관련된 기술
		위성체 구조 및 설계 기술	우주 환경(극저온/극고온, 방사선 노출 등) 및 발사 환경(진동, 충격, 음향 등)에서 운영되는 위성체 구조를 최적화하는 설계 기술

제2호. "대상기관"

제2호. "대상기관"이란 방위산업기술을 보유하거나 방위산업기술과 관련된 연구개발사업을 수행하고 있는 기관으로서 다음 각 목의 어느 하나에 해당하는 기관을 말한다.

가목. 「국방과학연구소법」에 따른 국방과학연구소

나목. 「방위사업법」에 따른 방위사업청·각군·국방기술품질원·방위산업체 및 전문연구기관

다목. 그 밖에 기업·연구기관·전문기관 및 대학 등

■ 해설

1. 도입 이유

한국의 방위산업기술보호법 제2조 제2호는 국가안보와 직결되는 방위산업기술을 보호하기 위한 기본적인 개념과 범위를 명확히 하기 위해 도입되었다. 방위산업기술은 군사적 우위를 유지하고 국가안보를 보장하는 데 필수적인 요소로, 외부 유출 시 국가안보에 심각한 위협을 초래할 수 있다. 따라서 이를 보호하고 관리하기 위해 "대상기관"의 정의를 명확히 함으로써 법적 규제를 체계적으로 적용하는 것이 필요한 것이다.

2. 제2호. "대상기관" 정의

대상기관이란 방위산업기술을 보유하거나 방위산업기술과 관련된 연구개발사업을 수행하는 기관을 의미한다. 이는 법적 보호와 규제의 적용 범위를 명확히 하기 위한 것이다.

1) 가목. 「국방과학연구소법」에 따른 국방과학연구소

(1) **국방과학연구소는 국방과학연구소법에 따라 설립된 기관으로, 방위산업기술의 연구와 개발을 주요 임무로 한다.** 이 기관은 국가의 군사 기술 혁신과 발전을 담당하는 핵심 연구기관으로, 국가안보와 직접적인 관련이 있다.

2) 나목. 「방위사업법」에 따른 방위사업청·각 군·국방기술품질원·방위산업체 및 전문연구기관

(1) **방위사업청:** 방위사업청은 방위사업법에 따라 국방과 관련된 사업을 총괄하는 정부 기관이다. 이 기관은 방위산업기술의 획득, 관리, 보호를 담당하고 있다.

(2) **각 군:** 육군, 해군, 공군 등 각 군사 부문은 방위산업기술을 활용하고, 관련 연구개발을 수행하는 주요 기관들이다.

(3) **국방기술품질원:** 이 기관은 국방 관련 기술과 제품의 품질을 보증하고 개선하는 역할을 한다.

(4) **방위산업체:** 방위산업체는 방위산업기술을 개발, 생산, 공급하는 기업들로, 국가 방위력을 유지하는 데 중요한 역할을 하고 있다.

(5) **전문연구기관:** 방위산업기술의 연구와 개발을 전문적으로 수행하는 기관들이다.

3) 다목. 그 밖에 기업·연구기관·전문기관 및 대학 등

(1) **이 조항은 방위산업기술과 관련된 기타 다양한 기관들을 포함함을 규정하고 있다.** 여기에는 특정 법률에 명시되지 않았지만, 방위산업기술을 보유하거나 연구개발을 수행하는 모든 기관이 포함된다. 이는 법의 적용 범위를 유연하게 하여 다양한 형태의 연구와 개발을 보호하기 위한 것이다.

3. 문제점

1) **포괄적 정의의 모호성:** "그 밖에 기업·연구기관·전문기관 및 대학 등"이라는 다목의 정의는 너무 포괄적이어서, 법적 적용 범위가 모호하다. 이는 법적 분쟁의 여지를 남길 수 있다.

2) **중복 규제의 가능성:** 여러 법률에 의해 규제되는 기관들이 중복적으로 규제를 받을 수 있다. 예를 들어, 국방과학연구소는 국방과학연구소법과 방위산업기술보호법 모두의 규제를 받을 수 있다.

3) **행정적 부담:** 대상기관으로 지정된 기관들은 방위산업기술 보호와 관련된 다양한 법적 요구사항을 충족해야 하며, 이는 행정적, 경제적 부담을 가중시킬 수 있다.

4. 개선 방안

1) **명확한 기준 설정**: "그 밖에"라는 표현을 보다 명확하게 정의하여 포괄적 정의의 모호성을 줄일 필요가 있다. 예를 들어, 방위산업기술과 직접적인 관련이 있는 기관들로 한정하는 것이 바람직하다.

2) **중복 규제 완화**: 법적 규제의 중복을 피하기 위해 각 법률 간의 조율을 통해 규제 체계를 단순화하고 일원화하는 방안을 고려해야 한다. 예를 들어, 방위산업기술보호법의 규제를 국방과학연구소법에 통합하거나, 기관별 특성에 맞춘 맞춤형 규제 방안을 마련할 수 있다.

3) **행정적 지원 강화**: 대상기관이 법적 요구 사항을 원활히 이행할 수 있도록 정부 차원에서 행정적 지원을 강화할 필요가 있다. 이를 위해 전담 지원팀을 구성하거나, 관련 지침과 매뉴얼을 제공하는 것이 필요할 것이다

제3호 방위산업기술 보호체계

3호. "방위산업기술 보호체계"란 대상기관이 방위산업기술을 보호하기 위하여 대통령령으로 정하는 다음 각 목의 체계를 말한다.

가목. 보호대상 기술의 식별 및 관리 체계: 대상기관이 체계적으로 보호대상 기술을 식별하고 관리하는 체계

나목. 인원통제 및 시설보호 체계: 허가받지 않은 사람의 출입·접근·열람 등을 통제하고, 방위산업기술과 관련된 시설을 탐지 및 침해 등으로부터 보호하기 위한 체계

다목. 정보보호체계: 방위산업기술과 관련된 정보를 안전하게 보호하고, 이에 대한 불법적인 접근을 탐지 및 차단하기 위한 체계

▪ **해설**

1. 도입 이유

방위산업기술은 국가안보와 직결되는 핵심 기술로, 그 유출 및 보호는 국가의 생존과 번영에 큰 영향을 미치게 된다. 방위산업기술보호법 제2조 제3호는 이러한 기술의 보호를 위한 명확한 체계를 정의하고 이를 법적으로 규제하여 효과적인 보호를 보장하기 위해 도입되었다. 방위산업기술 보호체계를 명문화함으로써 관련 기관들이 체계적으로 기술을 보호할 수 있도록 유도하고, 이를 통해 국가안보를 강화하고자 하는 목적을 가지고 있다.

2. "방위산업기술 보호체계" 정의

방위산업기술 보호체계란 대상기관이 방위산업기술을 보호하기 위해 대통령령으로 정하는 체계를 말한다. 이는 보호대상 기술의 식별 및 관리, 인원통제 및 시설보호, 정보보호 체계로 구성되어 있다.

1) 가목. 보호대상 기술의 식별 및 관리 체계

(1) **보호대상 기술의 식별 및 관리 체계는 대상기관이 체계적으로 보호대상 기술을 식별하고 관리하는 체계를 말한다.** 이는 방위산업기술의 목록을 작성하고, 이를 분류하며, 각 기술의 중요성과 보호 필요성을 평가하는 과정을 포함한다. 이를 통해 어떤 기술이 보호대상인지 명확히 하고, 효과적인 보호 전략을 수립할 수 있게 한다.

2) 나목. 인원통제 및 시설보호 체계

(1) **인원통제 및 시설보호 체계는 허가나 인가 등을 받지 않은 사람의 출입, 접근, 열람 등을 통제하고, 방위산업기술과 관련된 시설을 탐지 및 침해 등으로부터 보호하기 위한 체계를 말한**

다. 이는 물리적 보안 조치, 출입 통제 시스템, 감시 장비 등의 설치와 운영을 포함한다. 이를 통해 외부인의 접근을 차단하고, 내부 인원의 행동을 통제하여 기술 유출을 방지할 수 있게 한다.

3) 다목. 정보보호체계

(1) **정보보호체계는 방위산업기술과 관련된 정보를 안전하게 보호하고, 이에 대한 불법적인 접근을 탐지 및 차단하기 위한 체계를 말한다.** 이는 정보의 암호화, 접근 제어, 침입 탐지 시스템, 데이터 백업 및 복구 계획 등의 기술적 조치를 포함한다. 이를 통해 정보의 기밀성을 유지하고, 불법적인 정보 유출을 방지할 수 있게 한다.

3. 문제점

1) 적용 범위의 모호성

보호체계에 대한 대통령령의 구체적 내용이 부족할 경우, 대상기관이 어떤 조치를 취해야 하는지 명확히 이해하지 못할 수 있다. 이로 인해 법의 실효성을 저하시킬 수 있다.

(1) **세부 기준의 부족:** 보호대상 기술의 식별 및 관리 체계에 대한 구체적인 기준이 부족하면, 기관마다 다른 기준을 적용하여 일관성 있는 보호가 어려울 수 있다.

(2) **실효성 있는 인원 통제 어려움:** 인원통제 및 시설보호 체계에서 모든 허가받지 않은 접근을 통제하기 위해 필요한 인적, 물적 자원이 충분치 않을 수 있으며, 이는 체계의 실효성을 저하시킬 수 있다.

(3) **정보보호체계의 기술적 한계:** 정보보호체계는 최신 보안 기술에 대한 지속적인 업데이트와 투자가 필요하지만, 일부 기관은 예산과 전문 인력 부족으로 인해 최신 보안 기술을 적용하기 어려울 수 있다.

4. 개선 방안

1) 구체적인 대통령령 제정

방위산업기술 보호체계의 세부 사항을 명확히 규정하는 대통령령을 제정하여 대상기관이 이를 정확히 이해하고 실행할 수 있도록 해야 한다.

(1) **명확한 식별 및 관리 기준 마련:** 보호대상 기술의 식별 및 관리 체계에 대한 구체적인 기준을 마련하여, 모든 대상기관이 일관성 있게 기술을 보호할 수 있도록 해야 한다. 예를 들어, 기술의 중요도에 따른 분류 체계를 제시할 수 있다.

(2) **효율적인 인원 통제 방안 개발:** 인원통제 및 시설보호 체계에서 효율적인 통제 방안을 개발하고, 이를 실행할 수 있는 충분한 자원을 지원해야 한다. 예를 들어, 최신 출입 통제 기술과 감시 시스템을 도입하고, 이를 운영할 전문 인력을 양성할 필요가 있다.

(3) **정보보호체계 강화:** 정보보호체계의 기술적 수준을 높이기 위해 지속적인 연구개발과 투자가 필요하다. 이를 위해 정부는 대상기관에 최신 보안 기술을 도입할 수 있는 재정적, 기술적 지원을 제공해야 할 것이다.

제3조(다른 법률과의 관계)

방위산업기술의 보호에 관하여 다른 법률에 특별한 규정이 있는 경우를 제외하고는 이 법에서 정하는 바에 따른다.

▪ 해설

방위산업기술 보호법은 다른 산업기술보호법이나 부정경쟁방지법 등의 법들도 있지만, 이에 우선하여 적용하는 방산기술보호를 위한 특별법이며, 위반 행위에 대한 형벌도 국가안보와 방위산업기술보호의 중요성을 감안하여 최고의 법정형을 규정하여 적용하도록 하고 있다.

제4조(종합계획의 수립·시행)

① 방위사업청장은 방위산업기술의 보호에 관한 종합계획(이하 "종합계획"이라 한다)을 5년마다 수립·시행하여야 한다.

② 방위사업청장은 종합계획을 수립할 때에는 제6조에 따른 방위산업기술보호위원회의 심의를 거쳐야 한다.

③ 종합계획에는 다음 각 호의 사항이 포함되어야 한다.

1. 방위산업기술의 보호에 관한 기본목표와 추진방향
2. 방위산업기술의 보호에 관한 단계별 목표와 추진방안
3. 방위산업기술의 보호기반 구축에 관한 사항
4. 방위산업기술의 보호를 위한 기술의 연구개발 및 지원에 관한 사항
5. 방위산업기술의 보호에 관한 정보의 수집·분석·가공 및 보급에 관한 사항
6. 방위산업기술의 보호를 위한 국제협력에 관한 사항
7. 대상기관의 방위산업기술 보호체계 구축·운영 시 지원에 관한 사항
8. 그 밖에 방위산업기술 보호를 위하여 필요한 사항

④ 방위사업청장은 종합계획을 수립한 때에는 국회 소관 상임위원회에 제출하고 이를 공표하여야 한다. 다만, 이 법에 따라 보호되어야 하는 방위산업기술 및 군사기밀에 해당하는 사항은 공표하지 아니한다. 〈신설 2024. 1. 16.〉

⑤ 종합계획의 수립·시행에 필요한 사항은 대통령령으로 정한다.

■ 해설

1. 도입 이유

종합계획은 방위산업 기술의 보호를 위한 기본 목표와 추진 방향을 설정하고, 단계별 목표와 추진 방안을 포함하여 방위산업 기술의 보호기반 구축, 연구개발 및 지원, 정보 수집 및 분석, 국제 협

력 추진 사항 등을 포괄하고 있다. 종합계획을 법으로 명문화하여 수립하고 시행하게 하는 이유는 다음과 같은 것들이 중요하다.

(1) 체계적 접근

방위산업 기술보호위원회의 심의를 거쳐 5년마다 종합계획을 수립하고 시행함으로써, 방위산업 기술 보호에 대한 체계적이고 장기적인 접근을 가능하게 한다. 이를 통해 방위산업 기술의 지속적인 발전과 보호를 도모할 수 있다.

(2) 정책적 지원

대상기관의 방위산업 기술 보호체계 구축 및 운영 시 지원에 관한 사항을 포함하여, 정부는 방위산업 기술의 보호를 위한 다양한 지원을 제공할 수 있다. 이는 기술 유출 방지 및 침해 대응을 강화하고, 방위산업 기술의 안전한 활용과 발전을 촉진하는 데 중요한 역할을 하게 한다.

(3) 국제 협력 강화

방위산업 기술의 보호를 위한 국제 협력에 관한 사항을 포함하여, 정부는 국제적 차원에서의 협력을 통해 기술 보호의 효과를 극대화할 수 있다. 이는 국제적인 기술 보호 표준의 수립과 공조를 통해 국가안보를 강화하는 데 기여하게 한다.

(4) 종합계획서 작성

방위사업청장이 작성하는 방위산업기술보호 종합계획서는 방위산업기술의 보호에 관한 기본 목표와 추진 방향 및 계획 등을 제시하는 중기 계획 문서로서 「방위산업기술 보호법」 제4조 및 같은 법 시행령 제3조에 따라 매 5년마다 수립하고 있다. 「2017~2021 방위산업기술보호 종합계획」 시행 종료에 따라 「2022~2026 방위산업기술보호 종합계획」을 수립하여 발표하였으며, 종합계획의 기간은 2022년 ~ 2026년(5개년)이다.[46)]

46) https://www.dapa.go.kr/dapa/na/ntt/selectNttInfo.do?bbsId=243&nttSn=45688&menuId=757 2024.4.17.

제5조(시행계획의 수립·시행)

① 방위사업청장은 종합계획에 따라 매년 방위산업기술의 보호에 관한 시행계획(이하 "시행계획"이라 한다)을 수립·시행하여야 한다.

② 방위사업청장은 시행계획의 추진상황을 매년 점검·평가하여 다음 종합계획을 수립할 때 그 결과를 반영하여야 한다. 〈신설 2024. 1. 16.〉

③ 방위사업청장은 시행계획을 수립한 때에는 국회 소관 상임위원회에 제출하고 이를 공표하여야 한다. 다만, 이 법에 따라 보호되어야 하는 방위산업기술 및 군사기밀에 해당하는 사항은 공표하지 아니한다. 〈신설 2024. 1. 16.〉

④ 시행계획의 수립·시행에 필요한 사항은 대통령령으로 정한다. 〈개정 2024. 1. 16.〉

▪ 해설

1. 시행계획 도입 이유

방위산업기술보호법 제5조는 방위산업기술의 보호를 체계적이고 일관되게 추진하기 위해 도입되었다. 국가안보와 직결된 방위산업기술은 체계적인 보호 계획을 통해 관리되어야 하며, 이를 통해 기술 유출 방지와 더불어 지속적인 발전을 도모할 수 있다. 이 조문은 방위사업청장이 매년 시행계획을 수립하고, 그 추진 상황을 점검 및 평가하며, 이를 국회에 보고하는 절차를 규정하여 법적 구속력을 확보하려는 것이다.

2. 제1항: 시행계획의 수립 및 시행 책무

1) 내용: 방위사업청장은 종합계획에 따라 매년 방위산업기술의 보호에 관한 시행계획을 수립하고 이를 시행해야 한다.

(1) 의미: 종합계획은 장기적인 관점에서 방위산업기술의 보호를 위한 전략을 수립한 것이다. 이에 따라 방위사업청장은 매년 구체적인 시행계획을 세워 실질적인 보호 조치를 실행해야 할 책무가 있다.

(2) 중요성: 연례 계획 수립을 통해 일관된 정책 추진과 더불어 변화하는 환경에 대한 신속한 대응이 가능하게 한다. 또한, 방위산업기술의 지속적인 보호와 개선을 보장할 수 있다.

3. 제2항: 추진상황 점검 및 평가

1) 내용: 방위사업청장은 시행계획의 추진상황을 매년 점검 및 평가하고, 그 결과를 다음 종합계획에 반영해야 한다.

(1) 의미: 점검 및 평가 과정을 통해 시행계획의 효과성과 문제점을 분석하여, 다음 종합계획에 이를 반영함으로써 개선된 보호 전략을 수립할 수 있게 한 것이다.

(2) 중요성: 정기적인 점검 및 평가를 통해 정책의 실효성을 확보하고, 방위산업기술 보호 체계를 지속적으로 개선하는 의미가 있다.

4. 제3항: 국회 보고 및 공표

1) 내용: 방위사업청장은 시행계획을 수립한 후 국회 소관 상임위원회에 제출하고 이를 공표해야 한다. 다만, 보호되어야 하는 방위산업기술 및 군사기밀에 해당하는 사항은 공표하지 않아야 한다.

(1) 의미: 국회 보고 및 공표를 통해 정책의 투명성과 책임성을 확보하기 위한 것이다. 이는 국민의 알 권리와 정부의 책임성을 높이는 조치의 하나다.

(2) 예외: 방위산업기술과 군사기밀은 국가안보와 직결되므로, 이에 해당하는 사항은 공표하지 않아야 하며, 이는 국가안보를 보호하기 위한 필수적인 조치이다.

5. 제4항: 시행계획의 세부 사항

1) **내용**: 시행계획의 수립 및 시행에 필요한 사항은 대통령령으로 정한다.

(1) 의미: 법에 구체적으로 명시하기 어려운 세부 사항을 대통령령으로 정함으로써, 법률의 적용을 보다 구체적이고 명확하게 할 수 있다. 이는 법률의 실행 가능성을 높이는 중요한 절차다.

6. 방위산업기술보호 시행계획서 작성 공개

방위산업기술보호 시행계획은 방위산업기술보호 종합계획에 따라 세부 추진목표 및 과제를 제시하는 계획 문서로서, 방위산업기술 보호법 제5조에 따라 매년 수립하고 있다. 2021년도에 수립한 「2022-2026 방위산업기술보호 종합계획」이 시행 중이기 때문에 이에 따라서 2024년도 방위산업기술보호 시행계획은 관련 기관 의견 수렴 → 정책 수요자 대상 온라인 설명회 → 방산기술보호실무위 심의·의결을 통해 확정되었다. 의견 수렴은 국방부, 과기정통부, 법무부, 산업부, 외교부, 정보수사기관, 방산업체 등 기관에 대해 이루어졌다.[47)]

제6조(방위산업기술보호위원회)

① 방위산업기술의 보호에 관한 다음 각 호의 사항을 심의하기 위하여 국방부장관 소속으로 방위산업기술보호위원회(이하 "위원회"라 한다)를 둔다.

1호. 종합계획 및 시행계획의 수립·시행에 관한 사항

2호. 방위산업기술의 보호에 관한 주요 정책 및 계획에 관한 사항

3호. 제7조에 따른 방위산업기술의 지정·변경 및 해제에 관한 사항

4호. 그 밖에 방위산업기술의 보호를 위하여 필요한 것으로서 대통령령으로 정하는 사항

47) https://www.dapa.go.kr/dapa/na/ntt/selectNttInfo.do?bbsId=243&nttSn=47071&menuId=757 2024.4.17.

② 위원회는 위원장 1명을 포함한 25명 이내의 위원으로 구성한다. 이 경우 위원 중에는 제3항제5호에 해당하는 사람이 5명 이상 포함되어야 한다.

③ 위원장은 국방부장관이 되고, 부위원장은 방위사업청장이 되며, 위원은 다음 각 호의 사람이 된다.

1호. 국방부·방위사업청·합동참모본부 및 각군의 실·국장급 공무원 또는 장성급(將星級) 장교 중에서 대통령령으로 정하는 사람

2호. 법무부·과학기술정보통신부·외교부 및 산업통상자원부의 실·국장급 공무원으로서 소속기관의 장이 추천하는 사람 중에서 국방부장관이 위촉하는 사람

3호. 「국방과학연구소법」에 따른 국방과학연구소의 장 및 「방위사업법」에 따른 국방기술품질원의 장

4호. 방위산업기술의 보호 관련 업무를 수행하는 대통령령으로 정하는 정보수사기관(이하 "정보수사기관"이라 한다)의 실·국장급 공무원 또는 장성급 장교로서 소속기관의 장이 추천하는 사람 중에서 국방부장관이 위촉하는 사람

5호. 방위산업기술의 보호에 관한 전문지식 및 경험이 풍부한 사람으로서 국방부장관이 위촉하는 사람

④ 방위산업기술의 보호에 관한 다음 각 호의 사항을 지원하기 위하여 위원회에 실무위원회를 둔다.

1호. 위원회의 심의사항에 대한 사전검토

2호. 그 밖에 방위산업기술 보호를 위하여 필요한 실무적 사항으로서 대통령령으로 정하는 사항

⑤ 그 밖에 위원회 및 실무위원회의 구성·운영 및 위원의 임기 등에 관하여 필요한 사항은 대통령령으로 정한다

■ 해설

1. 도입 이유

방위산업기술은 국가안보와 직접적으로 연결된 핵심 기술이다. 따라서 이를 보호하기 위한 체계적인 관리와 정책 수립이 필요하다. 방위산업기술보호법 제6조는 이러한 필요성에 따라 방위산업기술보호위원회를 설치하여, 방위산업기술의 보호와 관련된 주요 사항을 심의하고 조정할 수 있도록 하기 위해 도입되었다. 위원회를 통해 각종 계획의 수립과 시행, 기술의 지정과 해제, 주요 정책 결정 등이 체계적이고 일관성 있게 이루어질 수 있다.

2. 제1항: 위원회 설치 목적과 심의 사항

1) 내용: 방위산업기술의 보호에 관한 사항을 심의하기 위해 국방부장관 소속으로 방위산업기술보호위원회를 둔다.

(1) 의미: 위원회의 설치는 방위산업기술 보호의 중요성을 반영하여 체계적이고 전문적인 심의를 통해 효율적인 보호 체계를 구축하기 위한 것이다.

(2) 주요 심의 사항

- 종합계획 및 시행계획의 수립·시행
- 방위산업기술의 보호에 관한 주요 정책 및 계획
- 방위산업기술의 지정·변경 및 해제
- 기타 대통령령으로 정하는 사항

3. 제2항: 위원회 구성

1) 내용: 위원회는 위원장 1명을 포함한 25명 이내의 위원으로 구성되며, 위원 중에는 방위산업기술 보호에 관한 전문지식과 경험이 풍부한 사람이 5명 이상 포함되어야 한다.

(1) 의미: 다양한 분야의 전문가로 구성된 위원회를 통해 방위산업기술 보호와 관련된 전문성과 다양한 관점을 반영할 수 있게 한 것이다.

4. 제3항: 위원 구성 및 임명

1) **내용:** 위원장은 국방부장관, 부위원장은 방위사업청장이며, 위원은 다음 각 호의 사람으로 구성된다.

(1) 국방부, 방위사업청, 합동참모본부 및 각군의 실·국장급 공무원 또는 장성급 장교 중에서 대통령령으로 정하는 사람

(2) 법무부, 과학기술정보통신부, 외교부 및 산업통상자원부의 실·국장급 공무원 중 국방부장관이 위촉하는 사람

(3) 국방과학연구소의 장 및 국방기술품질원의 장

(4) 대통령령으로 정하는 정보수사기관의 실·국장급 공무원 또는 장성급 장교 중 국방부장관이 위촉하는 사람

(5) 방위산업기술 보호에 관한 전문지식 및 경험이 풍부한 사람으로 국방부장관이 위촉하는 사람

5. 제4항: 실무위원회 설치

1) **내용:** 위원회에 실무위원회를 두어 다음 각 호의 사항을 지원한다.

(1) 의미: 실무위원회를 통해 위원회의 심의사항에 대한 사전검토 및 필요한 실무적 지원을 제공함으로써 위원회의 효율적인 운영을 돕도록 하고 있다.

(2) 주요 지원 사항:

- 위원회의 심의사항에 대한 사전검토
- 방위산업기술 보호를 위한 실무적 사항

6. 제5항: 구성·운영 및 임기에 관한 규정

1) **내용**: 위원회 및 실무위원회의 구성, 운영 및 위원의 임기 등에 관한 사항은 대통령령으로 정한다.
(1) **의미**: 구체적인 운영 방침을 대통령령으로 정하여 위원회의 효율적이고 일관된 운영을 보장한다.

7. 문제점

1) **구성의 복잡성**: 위원회의 구성원이 다수의 기관에서 추천받아 임명되기 때문에, 위원회 운영이 복잡해질 수 있다.
2) **전문성 확보의 어려움**: 방위산업기술 보호에 관한 전문지식과 경험이 풍부한 위원을 확보하는 데 어려움이 있을 수 있다.
3) **실무위원회의 역할 한계**: 실무위원회의 지원 범위와 역할이 명확하지 않으면, 실질적인 지원이 부족할 수 있다.

8. 개선 방안

1) **구성의 간소화 및 조정 메커니즘 강화**: 위원회의 구성과 운영을 간소화하고, 기관 간의 협력을 강화하기 위한 조정 메커니즘을 도입해 본다.
2) **전문성 강화**: 방위산업기술 보호에 관한 전문 지식과 경험이 풍부한 인재를 적극적으로 발굴하고 육성해 나간다. 방위산업기술 보호 분야의 전문가 풀을 구성하여, 필요시 이들을 위원으로 위촉할 수 있도록 하는 것도 좋은 방안일 것이다.
3) **실무위원회의 역할 강화**: 실무위원회의 역할과 지원 범위를 명확히 규정하고, 위원회의 효율적인 운영을 위한 인력과 예산을 지원해 준다.

제7조(방위산업기술의 지정·변경 및 해제 등)

① 방위사업청장은 위원회의 심의를 거쳐 방위산업기술을 지정한다.

② 방위사업청장은 제1항에 따라 지정될 방위산업기술을 선정함에 있어서 해당 기술이 국가안보에 미치는 효과 및 해당 분야의 연구동향 등을 종합적으로 고려하여 필요한 최소한의 범위에서 선정하여야 한다.

③ 방위사업청장은 위원회의 심의를 거쳐 지정된 방위산업기술의 변경이나 지정 해제를 할 수 있다.

④ 방위사업청장은 제1항에 따라 방위산업기술을 지정하거나 제3항에 따라 지정된 방위산업기술을 변경 또는 지정 해제한 때에는 이를 고시하여야 한다.

⑤ 위원회는 제1항 및 제3항에 따라 방위산업기술의 지정 및 변경에 대한 심의를 함에 있어서 대상기관 등 이해관계인의 요청이 있는 경우에는 대통령령으로 정하는 바에 따라 의견을 진술할 기회를 주어야 한다.

⑥ 대상기관은 해당 기관이 보유하고 있는 기술이 방위산업기술에 해당하는지에 대한 판정을 대통령령으로 정하는 바에 따라 방위사업청장에게 신청할 수 있다.

⑦ 제1항 및 제3항에 따른 방위산업기술의 지정·변경 및 해제의 기준·절차, 그 밖에 필요한 사항은 대통령령으로 정한다.

■ 해설

1. 도입 이유

방위산업기술보호법 제7조는 방위산업기술의 지정, 변경, 해제 절차를 명문화하여 방위산업기술을 체계적으로 보호하기 위해 도입되었다. 국가안보와 직결되는 방위산업기술은 적절한 지정과 관리를 통해 보호해야 하며, 이를 통해 기술 유출을 방지하고 기술 발전을 도모할 수 있다. 방위사업청장과 방위산업기술보호위원회의 심의를 거쳐 방위산업기술을 지정 및 관리함으로써 체계적이고 일관된 보호 체계를 마련하려는 것이 목적이다.

2. 제1항: 방위산업기술 지정

1) **내용**: 방위사업청장은 위원회의 심의를 거쳐 방위산업기술을 지정한다.

(1) **의미**: 방위산업기술의 지정은 단순한 행정 행위가 아니라, 전문성과 공정성을 담보하기 위해 위원회의 심의를 거쳐 이루어져야 한다. 이는 지정 과정의 투명성과 신뢰성을 높이기 위한 것이다.

3. 제2항: 지정 기준

1) **내용**: 방위사업청장은 해당 기술이 국가안보에 미치는 효과 및 해당 분야의 연구동향 등을 종합적으로 고려하여 필요한 최소한의 범위에서 방위산업기술을 선정해야 한다.

2) **의미**: 방위산업기술의 지정은 국가안보에 중대한 영향을 미치는 기술을 대상으로 하되, 필요한 최소한의 범위 내에서 이루어져야 함을 명시하고 있다. 이는 기술 지정의 범위를 명확히 하여 대상기관이나 기업들의 규제로 인한 불편과 비용 부담을 줄이고, 행정권한의 남용을 방지하려는 목적이 있다.

4. 제3항: 기술의 변경 및 해제

1) **내용**: 방위사업청장은 위원회의 심의를 거쳐 지정된 방위산업기술의 변경이나 지정 해제를 할 수 있다.

2) **의미**: 방위산업기술은 상황에 따라 변경되거나 해제될 필요가 있으므로 변경 및 해제 역시 위

원회의 심의를 거쳐 공정하게 이루어지도록 한 것이다.

5. 제4항: 고시 의무

1) **내용**: 방위사업청장은 방위산업기술을 지정하거나 변경, 해제한 때에는 이를 고시해야 한다.

2) **의미**: 지정, 변경, 해제된 방위산업기술의 정보를 공표함으로써 관련 기관과 국민에게 투명하게 정보를 제공하고, 법적 효력을 갖게 하기 위한 것이다.

6. 제5항: 이해관계인 의견 진술 기회 부여

1) **내용**: 방위산업기술의 지정 및 변경에 대한 심의를 할 때 대상기관 등 이해관계인이 요청하는 경우 의견을 진술할 기회를 주어야 한다.

2) **의미**: 이해관계인의 의견을 반영하여 공정하고 다각적인 검토가 이루어지도록 하라는 것이다. 이는 심의 과정의 민주성과 대상기관의 실정을 반영하고 공정성을 높이는 법적 조치의 하나다.

7. 제6항: 방위산업기술 판정 신청

1) **내용**: 대상기관은 해당 기관이 보유하고 있는 기술이 방위산업기술에 해당하는지에 대한 판정을 방위사업청장에게 신청할 수 있다.

2) **의미**: 기술을 보유한 기관이 자발적으로 방위산업기술에 해당하는지 여부를 판정받을 수 있도록 하여, 기관의 운영이나 회사의 경영, 연구개발과정에서 법적 불확실성을 해소하고 자발적인 협조를 유도하도록 해야 한다.

8. 제7항: 대통령령에 기준 및 절차 규정

1) **내용**: 방위산업기술의 지정, 변경 및 해제의 기준, 절차 등 필요한 사항은 대통령령으로 정한다.

2) **의미**: 구체적인 절차와 기준을 대통령령으로 정하여 법률의 실행 가능성을 높이고, 명확한 지침을 제공하여 일관성 있는 집행을 보장하도록 한다.

제8조(연구개발사업 수행 시 방위산업기술의 보호)

① 대상기관의 장은 방위산업기술과 관련된 연구개발사업을 수행하는 과정에서 개발성과물이 외부로 유출되지 아니하도록 연구개발 단계별로 방위산업기술의 보호에 필요한 대책을 수립·시행하여야 한다.

② 제1항에 따른 대책의 수립·시행에 필요한 사항은 대통령령으로 정한다.

▪ 해설

1. 도입 이유

방위산업기술보호법 제8조는 방위산업기술과 관련된 연구개발사업의 수행 중 발생하는 개발성과물의 보호를 강화하기 위해 도입되었다. 방위산업기술은 국가안보와 직결된 민감한 기술로, 연구개발 과정에서 외부로 유출될 경우 국가안보에 심각한 위협이 될 수 있다. 이를 예방하기 위해 대상기관의 장에게 방위산업기술 보호 대책을 수립하고 시행하도록 의무를 부여하여 체계적이고 철저한 보호를 하도록 하고 있다.

2. 제1항: 연구개발 단계별 보호 대책 수립·시행 의무

1) **내용**: 대상기관의 장은 방위산업기술과 관련된 연구개발사업을 수행하는 과정에서 개발성과물이 외부로 유출되지 않도록 연구개발 단계별로 방위산업기술 보호에 필요한 대책을 수립·시행하여야 한다.

2) **의미**: 이 조항은 방위산업기술이 연구개발 단계에서부터 체계적으로 보호될 수 있도록 하기 위해, 단계별 보호 대책의 수립과 시행을 의무화하고 있다. 이는 방위산업기술의 유출을 방지하고, 연구개발의 전 과정에서 보안이 유지하라는 의미다.

3. 제2항: 대통령령에 의한 세부 사항 규정

1) **내용**: 제1항에 따른 대책의 수립·시행에 필요한 사항은 대통령령으로 정한다.

2) **의미**: 세부적인 보호 대책의 내용과 수립·시행 방법 등 구체적인 사항은 대통령령으로 정하여, 법률의 실행 가능성을 높이고 일관성 있는 집행을 보장하도록 하였다. 이는 구체적인 지침을 통해 대상기관이 명확한 기준으로 보호 대책을 수립·시행하라는 것이다.

4. 방위산업기술 보호법 시행령 제14조

1) **내용**: 법 제8조제1항에 따른 연구개발 단계별 방위산업기술 보호에 필요한 대책에는 다음 각 호의 사항이 포함되어야 한다.

(1) **연구개발 단계별 성과물의 보호에 관한 사항**: 연구개발 과정에서 발생하는 성과물의 보호를 위한 구체적인 방안을 마련해야 한다.

(2) **인원통제 및 시설 보호에 관한 사항**: 연구개발에 참여하는 인원의 출입 및 접근 통제, 연구시설의 물리적 보호 방안을 포함해야 한다.

(3) **해킹 등 사이버 공격 방지에 관한 사항:** 연구개발 과정에서 발생할 수 있는 사이버 위협에 대한 대응 방안을 마련해야 한다.

(4) **그 밖에 방위산업기술 보호체계 관리에 필요한 사항:** 위의 항목들 외에 추가적으로 필요한 방위산업기술 보호 방안을 포함할 수 있다.

제9조(방위산업기술의 수출 및 국내이전 시 보호)

① 대상기관의 장은 방위산업기술의 수출(제3국간의 중개를 포함한다. 이하 같다) 및 국내이전 시 제10조에 따른 유출 및 침해가 발생하지 않도록 방위산업기술의 보호에 필요한 대책을 수립하여야 한다.

② 방위산업기술의 수출 시 절차 및 규제에 관하여는 「방위사업법」 제57조 및 「대외무역법」 제19조를 따르고, 국내이전에 관하여는 「국방과학기술혁신 촉진법」 제13조제3항을 따른다.

③ 방위사업청장은 제1항 및 제2항에 따른 수출 및 국내이전 과정에서 방위산업기술 보호를 위하여 대통령령으로 정하는 바에 따라 필요한 조치를 취할 수 있다.

■ 해설

1. 도입 이유

방위산업기술보호법 제9조는 방위산업기술의 수출 및 국내 이전 과정에서 발생할 수 있는 기술 유출 및 침해를 방지하기 위해 도입되었다. 방위산업기술은 국가안보와 직결되는 중요한 기술로, 수출이나 국내 이전 시 부적절한 유출이 발생할 경우 국가안보에 심각한 위협이 될 수 있다. 이에 따라, 대상기관이 방위산업기술의 수출 및 국내 이전 시 체계적인 보호 대책을 수립하고 시행하도록 함으로써, 기술 유출 방지와 국가안보를 강화하기 위한 것이다.

2. 제1항: 방위산업기술 보호 대책 수립 의무

1) **내용**: 대상기관의 장은 방위산업기술의 수출(제3국간의 중개를 포함한다. 이하 같다) 및 국내 이전 시 제10조에 따른 유출 및 침해가 발생하지 않도록 방위산업기술의 보호에 필요한 대책을 수립하여야 한다.

2) **의미**: 이 조항은 대상기관의 장에게 방위산업기술의 수출 및 국내 이전 시 유출 및 침해 방지를 위한 보호 대책을 수립할 의무를 부여하고 있다. 이는 기술이 해외로 유출되거나 국내에서 부적절하게 사용되는 것을 예방하기 위한 조치다.

3. 제2항: 관련 법률의 준수 의무

1) **내용**: 방위산업기술의 수출 시 절차 및 규제에 관하여는 「방위사업법」 제57조 및 「대외무역법」 제19조를 따르고, 국내이전에 관하여는 「국방과학기술혁신 촉진법」 제13조제3항을 따른다.

2) **의미**: 방위산업기술의 수출 및 국내이전과 관련된 절차와 규제는 이미 존재하는 관련 법률을 따르도록 하고 있다. 이는 법적 일관성을 유지하고, 수출 및 국내이전 과정에서의 혼란을 방지하기 위함이다. 방위산업기술보호법에 규정하지 않았어도 기존 법의 절차와 규제를 준수해야 하는 것이다.

4. 제3항: 방위사업청장의 조치 권한

1) **내용**: 방위사업청장은 제1항 및 제2항에 따른 수출 및 국내이전 과정에서 방위산업기술 보호를 위하여 대통령령으로 정하는 바에 따라 필요한 조치를 취할 수 있다.

2) **의미**: 방위사업청장은 방위산업기술의 수출 및 국내이전 과정에서 필요한 보호 조치를 취할 권한을 가지며, 이는 대통령령에 의해 구체적으로 규정하고 있다. 이는 방위산업기술 보호

를 위한 행정적 조치를 취할 수 있는 권한을 명확히 하여 적극적으로 기술 유출 방지에 기여하도록 한 것이다.

5. 문제점

1) 복잡한 절차와 규제

방위산업기술의 수출 및 국내이전과 관련된 절차와 규제가 복잡하여 대상기관이 이를 준수하는 데 어려움을 겪을 수 있다. 여러 법률에 따른 규제를 동시에 준수해야 하므로 절차가 중복되고 복잡해질 수 있다.

2) 효과적인 대책 수립의 어려움

방위산업기술 보호 대책을 효과적으로 수립하고 시행하는 데 현실적인 어려움이 있을 수 있다. 특히 중소규모 기업이나 연구기관은 인력 및 자원이 부족하여 효과적인 보호 대책을 수립하기 어려울 수 있다.

3) 국제 협력의 필요성

방위산업기술의 수출은 국제적인 협력이 필요한데, 이에 대한 명확한 지침이 부족할 수 있다. 국제 규정과의 조화 및 협력이 부족할 경우, 수출 과정에서의 문제 발생 가능성이 높다.

6. 개선 방안

1) 절차 및 규제의 간소화

방위산업기술의 수출 및 국내이전과 관련된 절차를 간소화하고, 일관된 원스톱 서비스를 제공하여 대상기관이 쉽게 접근할 수 있도록 정책을 추진해야 한다. 또한, 여러 법률에 따른 규제의 중복을 최소화하고, 통합된 절차를 마련하여 효율성을 높이도록 할 필요가 있다.

2) 효과적인 대책 수립 지원

방위산업기술 보호를 위한 전문 인력 지원 및 교육 프로그램을 강화하여 각 기관이 효과적인 보호 대책을 수립할 수 있도록 하고, 중소 규모 기업이나 연구기관이 보호 대책을 실행하는 데 필요한 재정적 지원을 확대를 검토할 필요가 있다.

3) 국제 협력 강화

국제 규정과의 조화를 도모하고, 방위산업기술의 수출과 관련된 국제 협력을 강화하여 기술 유출을 방지하도록 해야 한다. 방위산업기술 보호와 관련된 협정을 체결하여, 수출 과정에서의 기술 보호를 강화하도록 할 필요가 있다.

제10조(방위산업기술의 유출 및 침해 금지)

누구든지 다음 각 호의 어느 하나에 해당하는 행위를 하여서는 아니 된다.

1. 부정한 방법으로 대상기관의 방위산업기술을 취득, 사용 또는 공개(비밀을 유지하면서 특정인에게 알리는 것을 포함한다. 이하 같다)하는 행위
2. 제1호에 해당하는 행위가 개입된 사실을 알고 방위산업기술을 취득·사용 또는 공개하는 행위
3. 제1호에 해당하는 행위가 개입된 사실을 중대한 과실로 알지 못하고 방위산업기술을 취득·사용 또는 공개하는 행위

■ **해설**

1. 도입 이유

방위산업기술은 국가안보와 직결되는 중요한 자산이며, 이러한 기술이 외부로 유출되거나 침해될 경우 국가안보에 심각한 위험을 초래할 수 있다. 따라서 방위산업기술보호법 제10조는 이러한 유출 및 침해 행위를 금지함으로써 방위산업기술을 보호하는 강력한 법적 장치이다. 본 조항은 방위산업기술의 부정한 취득, 사용 및 공개를 명확히 금지하고, 이를 위반할 경우 법적 제재를 가하도록 함으로써 국가안보를 강화하고 기술 보호를 체계화하기 위한 법적 근거를 마련한 데 큰 의의가 있다.

2. 제1호: 부정한 방법으로 방위산업기술을 취득, 사용 또는 공개하는 행위 금지

1) **내용**: 부정한 방법으로 대상기관의 방위산업기술을 취득, 사용 또는 공개(비밀을 유지하면서 특정인에게 알리는 것을 포함한다. 이하 같다)하는 행위

2) **의미**: '부정한 방법'이란 불법적인 수단을 통해 기술을 취득하거나, 허가 없이 사용하는 것을 의미한다. 여기에는 해킹, 절도, 위조된 문서 사용 등이 포함될 수 있다. 이는 방위산업기술을 보호하기 위한 핵심적인 조항으로, 기술의 불법적인 유출 및 사용을 엄격히 금지하고 있다.

3. 제2호: 부정한 방법으로 취득된 기술을 알고 사용하는 행위 금지

1) **내용**: 제1호에 해당하는 행위가 개입된 사실을 알고 방위산업기술을 취득·사용 또는 공개하는 행위

2) **의미**: 부정한 방법으로 취득된 방위산업기술임을 알고도 이를 취득, 사용, 공개하는 행위 역시 금지된다. 기술이 이미 불법적으로 취득된 이후의 그 사용이나 공개도 역시 금지된다. 기술 유출의 2차 침해를 방지하기 위한 것이다.

4. 제3호: 중대한 과실로 인한 부정한 기술 사용 금지

1) **내용**: 제1호에 해당하는 행위가 개입된 사실을 중대한 과실로 알지 못하고 방위산업기술을 취득·사용 또는 공개하는 행위

2) **의미**: 중대한 과실로 인해 부정한 방법으로 취득된 기술임을 알지 못하고 사용하는 경우에도 책임을 묻기 위한 조항이다. 경미한 과실의 경우는 예외이다. 이는 방위산업기술의 보호를 보다 철저히 하기 위한 것으로, 관련 분야에서 이루어지는 통상적인 수준의 조사와 확인을 거쳐 방위산업기술을 취득하여야 하며, 부정한 방법으로 취득하는 행위가 있었다면 그러한 기술을 사용하지 못하게 하기 위한 것이다.

5. 문제점

1) 실효성 부족

방위산업기술의 유출 및 침해를 금지하는 법적 규정은 마련되어 있으나, 실제로 이를 적발하고 처벌하는 데 있어 한계가 존재한다. 부정한 방법으로 기술을 취득하거나 사용하는 경우, 이를 적발하는 데 시간이 걸리거나 증거 수집이 어려운 경우가 많기 때문이다.

2) 중대한 과실의 정의 모호성

'중대한 과실'의 기준이 명확하지 않아 법 적용에 있어 혼란이 있을 수 있다. 중대한 과실의 판단 기준이 명확하지 않으면, 법적 분쟁이 발생할 가능성이 높아진다.

3) 국외 기술 유출 대응 부족

방위산업기술이 해외로 유출될 경우, 국제적인 협력이 부족하여 효과적인 대응이 어려울 수 있다. 해외에서 기술이 유출된 경우, 해당 국가의 법적 절차와 충돌할 수 있어 기술 회수나 처벌이 어려운 경우가 있을 수 있다.

6. 개선 방안

1) 실효성 강화

방위산업기술의 유출 및 침해를 보다 효과적으로 적발하고 처벌하기 위한 방안을 마련할 필요가 있다. 기술 유출 감시 시스템을 강화하고, 기술 유출 및 침해 관련 신고 절차를 간소화하여 적발을 용이하게 하는 것도 필요하다.

2) 중대한 과실의 명확한 정의

'중대한 과실'의 기준을 명확히 하여 법적 혼란을 줄여 나갈 필요가 있다. 법률 해석 지침을 마련하고, 관련 사례를 통해 중대한 과실의 기준을 구체화하는 노력이 필요하다.

3) 국제 협력 강화

방위산업기술의 국제적 유출에 대응하기 위한 협력 체계를 강화할 필요가 있다. 국제 협정 및 조약을 체결하여, 해외에서의 기술 유출에 대한 대응을 체계화하고, 국제적인 법 집행 협력을 적극적으로 추진해 나가야 한다.

제11조(방위산업기술의 유출 및 침해 신고 등)

① 대상기관의 장은 제10조 각 호의 어느 하나에 해당하는 행위가 발생할 우려가 있거나 발생한 때에는 즉시 방위사업청장 또는 정보수사기관의 장에게 그 사실을 신고하여야 하고, 방위산업기술의 유출 및 침해를 방지하기 위하여 필요한 조사 및 조치를 요청할 수 있다.

② 방위사업청장 또는 정보수사기관의 장은 제1항에 따른 요청을 받은 경우 또는 제10조에 따른 금지행위를 인지한 경우에는 방위산업기술의 유출 및 침해를 방지하기 위하여 필요한 조사 및 조치를 하여야 한다. 다만, 「국군조직법」 제2조제3항에 따라 설치된 정보수사기관의 장은 유출 및 침해된 방위산업기술이 「군사기밀 보호법」에 따른 군사기밀에 해당하는 경우에 한정하여 조사 및 조치를 할 수 있다.

■ 해설

1. 도입 이유

방위산업기술은 국가안보와 직결된 중요한 자산으로, 그 유출 및 침해는 국가안보에 심각한 위협을 초래할 수 있지만, 실상 유출은 100% 신고되지 않는 문제가 있다. 이에 따라 방위산업기술보호법 제11조는 방위산업기술의 유출 및 침해가 발생하거나 발생할 우려가 있을 때 이를 신속히 신고하고 적절한 조치를 취할 수 있도록 법적 절차를 명시하고 있다. 본 조항은 방위산업기술의 보호를 체계적으로 관리하고, 유출 및 침해에 신속히 대응할 수 있는 법적 기반을 제공하기 위해 마련되었다.

2. 조문 해설

1) 제1항: 대상기관의 신고 의무

(1) 내용: 대상기관의 장은 제10조 각 호의 어느 하나에 해당하는 행위가 발생할 우려가 있거나 발생한 때에는 즉시 방위사업청장 또는 정보수사기관의 장에게 그 사실을 신고하여야 하고, 방위산업기술의 유출 및 침해를 방지하기 위하여 필요한 조사 및 조치를 요청할 수 있다.

(2) 의미: 대상기관의 장은 방위산업기술의 유출 및 침해가 우려되거나 실제로 발생했을 경우 이를 즉시 신고할 의무가 있다. 이는 기술 유출 및 침해를 신속하게 인지하고 대응하기 위한 중요한 절차다. 또한, 대상기관은 방위사업청에 필요한 조사 및 조치를 요청함으로써 문제를 해결하기 위한 적극적인 조치를 취할 수 있다.

2) 제2항: 방위사업청장 및 정보수사기관의 조치 의무

(1) 내용: 방위사업청장 또는 정보수사기관의 장은 제1항에 따른 요청을 받은 경우 또는 제10조

에 따른 금지행위를 인지한 경우에는 방위산업기술의 유출 및 침해를 방지하기 위하여 필요한 조사 및 조치를 할 의무가 있다. 다만, 「국군조직법」 제2조제3항에 따라 설치된 정보수사기관의 장은 유출 및 침해된 방위산업기술이 「군사기밀 보호법」에 따른 군사기밀에 해당하는 경우에 한정하여 조사 및 조치를 할 수 있다.

(2) **의미:** 방위사업청장 및 정보수사기관의 장은 유출 및 침해 신고를 받았을 때, 또는 이를 인지했을 때 신속하게 조사 및 조치를 취해 줘야 한다. 이는 법적 책임으로 명시되어 있으며, 군사기밀에 해당하는 경우에는 특정 정보수사기관이 조사를 수행하도록 규정하여 책임의 분담을 명확히 하고 있다.

3. 문제점

1) 신속한 신고 및 조치의 한계

유출 및 침해의 발생 시 신속한 신고와 조치가 중요하지만, 실제 상황에서는 노출을 꺼리거나 사건을 덮으려 하거나 신고를 하면 조사를 받아야 하는 등 불편함으로 인해 신고를 꺼리거나 조사를 신속히 수행하기 어려운 경우가 있다. 또한, 방위산업기술 유출이 발생했을 때, 관련자들이 이를 즉시 인지하지 못하거나 신고 절차가 지연될 가능성이 있다.

2) 책임의 명확성 부족

방위사업청장과 정보수사기관의 장 간의 책임 분담이 명확하지 않아 혼란이 발생할 수 있다. 예를 들어, 유출 및 침해 사건이 발생했을 때, 어느 기관이 주도적으로 대응해야 하는지 명확하지 않은 경우 대응이 지연될 수 있다.

3) 군사기밀의 범위 한정

군사기밀에 해당하는 경우에만 특정 정보수사기관이 조사 및 조치를 할 수 있도록 한정한 규정이 문제가 될 수 있다. 예를 들어, 군사기밀에 해당하지 않는 방위산업기술 유출에 대해서는 대응이 늦어질 수 있다.

4. 개선 방안

1) 신속한 신고 및 조치 체계 구축

유출 및 침해 발생 시 신속하게 신고하고 조치할 수 있는 체계를 구축하도록 한다. 신고 시스템을 온라인화하고, 24시간 신고 센터를 운영할 뿐만 아니라 즉각적인 대응이 가능하도록 운영할 필요가 있다. 또한, 관련 교육 및 훈련을 강화하여 신고 접수 및 조치 절차의 신속성을 높여 주어야 한다.

2) 책임 분담 명확화

방위사업청장과 정보수사기관의 장 간의 책임을 명확히 구분하여 혼란을 줄일 필요가 있다. 각 기관의 역할과 책임을 구체적으로 명시하는 규정을 마련하고, 유사시 대응 매뉴얼을 작성하여 신속하고 명확한 대응이 가능하도록 제도를 정비해야 한다.

3) 군사기밀 외 방위산업기술 보호 강화

군사기밀에 해당하지 않는 방위산업기술 유출에 대해서도 정보수사기관의 조사에 준하는 방법으로 효과적으로 대응할 수 있는 체계를 마련할 필요가 있다. 방위산업기술 보호를 위한 전담 기구를 설치하고, 유출 및 침해 발생 시 즉각적으로 조사 및 대응할 수 있게 하는 것이다.

제11조의2(조사)

① 방위사업청장 또는 정보수사기관의 장은 방위산업기술 유출 및 침해의 확인에 필요한 정보나 자료를 수집하기 위하여 조사대상자(조사의 대상이 되는 법인·단체 또는 그 기관이나 개인을 말한다. 이하 이 조에서 같다)에게 출석요구, 진술요구, 보고요구 및 자료제출요구를 할 수 있

고, 현장조사·문서열람을 할 수 있다.

② 제1항에 따라 출석·진술을 요구하는 때에는 다음 각 호의 사항이 기재된 출석요구서를 발송하여야 한다. 이 경우 출석한 조사대상자가 제1항에 따른 출석요구서에 기재된 내용을 이행하지 아니하여 조사의 목적을 달성할 수 없는 경우를 제외하고는 조사원(조사업무를 수행하는 방위사업청 또는 정보수사기관의 공무원·직원을 말한다. 이하 이 조에서 같다)은 조사대상자의 1회 출석으로 해당 조사를 종결하여야 한다.

1. 일시와 장소
2. 출석요구의 취지
3. 출석하여 진술하여야 하는 내용
4. 제출자료
5. 출석거부에 대한 제재(근거 법령 및 조항을 포함한다)
6. 그 밖에 해당 조사와 관련하여 필요한 사항

③ 제1항에 따라 조사사항에 대하여 보고를 요구하는 때에는 다음 각 호의 사항이 포함된 보고요구서를 발송하여야 한다.

1. 일시와 장소
2. 조사의 목적과 범위
3. 보고하여야 하는 내용
4. 보고거부에 대한 제재(근거 법령 및 조항을 포함한다)
5. 그 밖에 해당 조사와 관련하여 필요한 사항

④ 조사대상자에게 제1항에 따라 장부·서류나 그 밖의 자료를 제출하도록 요구하는 때에는 다음 각 호의 사항이 기재된 자료제출요구서를 발송하여야 한다.

1. 제출기간
2. 제출요청사유
3. 제출서류
4. 제출서류의 반환 여부
5. 제출거부에 대한 제재(근거 법령 및 조항을 포함한다)

6. 그 밖에 해당 조사와 관련하여 필요한 사항

⑤ 제1항에 따른 현장조사를 실시하는 경우에는 다음 각 호의 사항이 기재된 현장출입조사서 또는 법령 등에서 현장조사 시 제시하도록 규정하고 있는 문서를 조사대상자에게 발송하여야 한다.

1. 조사목적
2. 조사기간과 장소
3. 조사원의 성명과 직위
4. 조사범위와 내용
5. 제출자료
6. 조사거부에 대한 제재(근거 법령 및 조항을 포함한다)
7. 그 밖에 해당 조사와 관련하여 필요한 사항

⑥ 제5항에 따라 현장조사를 하는 조사원은 그 권한을 표시하는 증표를 관계인에게 제시하여야 한다.

⑦ 제1항에 따라 조사를 실시한 방위사업청장 또는 정보수사기관의 장은 동일한 사안에 대하여 동일한 조사대상자를 재조사하여서는 아니 된다. 다만, 위법행위가 의심되는 새로운 증거를 확보한 경우에는 그러하지 아니하다.

⑧ 방위사업청장 또는 정보수사기관의 장은 제9항에 따른 사전통지를 하기 전에 개별조사계획(조사의 목적·종류·대상·방법 및 기간, 조사거부 시 제재의 내용 및 근거를 포함한다)을 수립하여야 한다. 다만, 조사의 시급성으로 개별조사계획을 수립할 수 없는 경우에는 조사에 대한 결과보고서로 개별조사계획을 갈음할 수 있다.

⑨ 조사를 실시하고자 하는 방위사업청장 또는 정보수사기관의 장은 제2항에 따른 출석요구서, 제3항에 따른 보고요구서, 제4항에 따른 자료제출요구서 및 제5항에 따른 현장출입조사서 또는 법령 등에서 현장조사 시 제시하도록 규정하고 있는 문서(이하 "출석요구서등"이라 한다)를 조사 개시 7일 전까지 조사대상자에게 서면으로 통지하여야 한다. 다만, 다음 각 호의 어느 하나에 해당하는 경우에는 조사의 개시와 동시에 출석요구서등을 조사대상자에게 제시하거나 조사의 목적 등을 조사대상자에게 구두로 통지할 수 있다.

1. 조사를 실시하기 전에 관련 사항을 미리 통지하는 때에는 증거인멸 등으로 조사의 목

적을 달성할 수 없다고 판단되는 경우

2. 조사대상자의 자발적인 협조를 얻어 실시하는 조사의 경우

⑩ 출석요구서등을 통지받은 사람이 천재지변 등으로 조사를 받을 수 없는 때에는 해당 조사를 연기하여 줄 것을 요청할 수 있다.

⑪ 조사대상자는 제9항에 따른 사전통지의 내용에 대하여 방위사업청장 또는 정보수사기관의 장에게 의견을 제출할 수 있으며 조사대상자가 제출한 의견이 상당한 이유가 있다고 인정하는 경우에는 방위사업청장 또는 정보수사기관의 장은 이를 조사에 반영하여야 한다.

⑫ 방위사업청장 또는 정보수사기관의 장은 법령 등에 특별한 규정이 있는 경우를 제외하고는 조사의 결과를 확정한 날부터 7일 이내에 그 결과를 조사대상자에게 통지하여야 한다.

⑬ 그 밖에 조사에 필요한 절차·운영에 관한 사항은 대통령령으로 정한다.

■ 해설

1. 도입 이유

방위산업기술보호법 제11조의2는 기술의 유출 및 침해를 방지하고 신속하고 철저한 조사를 통해 기술 보호를 강화하기 위해 제정되었다. 본 조항은 방위사업청장 및 정보수사기관의 장이 방위산업기술 유출 및 침해 사건을 신속히 조사하고 필요한 정보를 수집할 수 있는 법적 절차를 명확히 규정하고 있다.

2 제1항: 조사 권한 및 방법

1) 내용: 방위사업청장 또는 정보수사기관의 장은 방위산업기술 유출 및 침해의 확인에 필요한 정보나 자료를 수집하기 위하여 조사대상자에게 출석요구, 진술요구, 보고요구 및 자료제

출요구를 할 수 있고, 현장조사 및 문서열람을 할 수 있다.

2) **의미**: 방위산업기술 유출 및 침해가 의심되는 경우, 방위사업청장이나 정보수사기관의 장은 조사대상자로부터 필요한 정보를 직접 요구하고, 현장에서 조사할 수 있는 권한을 부여받고 있다. 이는 법에 근거하여 합법적인 조사를 통해 신속히 문제를 해결하려는 목적을 갖고 있다.

3 제2항: 출석요구서 발송

1) **내용**: 출석을 요구할 때는 일시, 장소, 출석요구의 취지, 진술 내용, 제출자료, 출석 거부에 대한 제재 등 필요한 사항이 포함된 출석요구서를 발송해야 하며, 가능한 한 조사 대상자의 1회 출석으로 조사를 종결해야 한다.

2) **의미**: 출석요구서를 통해 조사 대상자에게 명확한 출석요구 사항을 전달하고, 불필요한 출석 반복을 방지함으로써 피조사자의 불편을 최소화하고 효율적인 조사를 하라는 것이다.

4. 제3항: 보고요구서 발송

1) **내용**: 조사 사항에 대해 보고를 요구할 때는 조사 목적과 범위, 보고 내용, 보고거부에 대한 제재 등 필요한 사항이 포함된 보고요구서를 발송해야 한다.

2) **의미**: 보고요구서를 통해 조사대상자가 제출해야 하는 보고서의 내용과 제재 조항을 명확히 하여 보고할 사항을 명확히 전달하고, 보고의 범위를 조정하여 적정 범위 내에서 보고를 하도록 하고 부담을 줄여 주어야 하며, 조사 과정의 투명성을 확보하도록 해야 한다.

5. 제4항: 자료제출요구서 발송

1) **내용**: 자료제출요구 시 제출 기간, 제출 요청 사유, 제출 서류, 제출 서류의 반환 여부, 제출 거부에 대한 제재 등 필요한 사항이 포함된 자료제출요구서를 발송해야 한다.

2) **의미**: 자료제출요구서를 통해 조사대상자가 제출해야 하는 자료의 내용을 명확히 하고, 자료제출의 필요성을 명확히 설명하여 피조사자의 준비와 순응을 돕고, 자료 조사의 범위를 적정화하도록 해야 한다.

6. 제5항: 현장조사 통지

1) **내용**: 현장조사를 실시할 때는 조사 목적, 기간, 장소, 조사원의 성명과 직위, 조사 범위와 내용, 제출 자료, 조사 거부에 대한 제재 등 필요한 사항이 포함된 현장출입조사서를 발송해야 한다.

2) **의미**: 현장조사 통지를 통해 조사대상자에게 조사 목적과 범위를 명확히 전달하고, 조사원의 권한을 명확히 표시하여 현장 조사에 대한 신뢰성을 확보하라는 것이다. 현장조사를 나가는 경우, 피조사기업이나 기관의 신뢰도나 경제적 신용에 부정적 영향이 크기 때문에 조사 노출로 인한 파장을 고려하여 필요한 최소한도 시간과 장소를 정하여 효율적으로 실시하는 것이 바람직하다.

7. 제6항: 조사원의 증표 제시

1) **내용**: 현장조사 시 조사원은 그 권한을 표시하는 증표를 관계인에게 제시해야 한다.

2) **의미**: 조사원의 정당한 법적 조사 권한을 신분증 등 확인 가능한 공적 증명 표지로 증명하여, 허위 조사나 위장 조사 등으로 인한 대상기관의 피해를 방지하고, 조사 대상기관이나 종

사자의 협조를 받도록 하여 원활한 조사가 이루어지도록 하라는 것이다.

8. 제7항: 재조사 금지

1) **내용**: 동일한 사안에 대해 동일한 조사 대상자를 재조사할 수 없으며, 새로운 증거가 확보된 경우에는 예외로 한다.

2) **의미**: 중복 조사를 방지하여 조사 대상자의 불필요한 부담을 줄이고, 새로운 증거가 있을 때에만 재조사할 수 있도록 한 것으로, 중복 또는 여러 차례 조사를 받아야 하는 불편과 피해를 줄이라는 의미이다. 동일한 사안에 대해 수차례 반복되는 조사로 피조사기관의 업무에 막대한 지장을 초래하고, 기업의 신용에도 악영향을 줄 수 있기 때문이다.

9. 제8항: 개별조사계획 수립

1) **내용**: 사전통지 전에 개별조사계획을 수립해야 하며, 시급성으로 계획 수립이 어려운 경우에는 조사 결과보고서로 대신할 수 있다.

2) **의미**: 개별조사계획을 통해 체계적인 조사를 준비한 후에 조사를 하라는 의미이다. 사건의 진행이 급박하여 시급한 경우에도 최소한의 계획을 수립하여 조사의 일관성을 유지하는 것이 바람직하며, 불가피한 시급성이 있을 때에만 개별조사계획 수립을 못하더라도 조사를 할 수 있고, 이 경우에도 조사결과보고서를 작성하여 그 조사 과정을 기록해야 한다.

10. 제9항: 사전통지

1) **내용**: 출석요구서 등을 조사 개시 7일 전까지 서면으로 통지해야 한다. 다만, 증거인멸 등의 우

려가 있는 경우 또는 조사대상자의 자발적 협조가 있는 경우에는 예외로 한다.

2) 의미: 조사 대상자에게 사전에 충분한 준비 시간을 제공하여 조사에 성실히 임할 수 있도록 하고, 조사 준비를 할 시간 여유를 주고, 조사를 1회에 끝낼 수 있도록 하는 것이 바람직하다. 하지만, 사전통지로 인해 증거인멸이 예상되면 사전통지하지 않고 조사할 수 있다. 또한, 조사대상자와 협의하여 자발적으로 조사를 받겠다고 하는 경우에도 사전통지하지 않고 할 수 있다.

11. 제10항: 조사 연기 요청

1) 내용: 천재지변 등으로 조사 받을 수 없는 경우 조사 연기 요청을 할 수 있다.

2) 의미: 천재지변 등 불가피한 사유로 조사를 받을 수 없는 경우 조사 연기를 요청하여 조사대상자의 형편을 배려하여 조사하라는 의미이다. 다만, 이러한 배려는 천재지변 등 피조사자의 힘으로는 어쩔 수 없는 경우에 한정하는 것이며, 자의적인 연기 요청에 대해서는 수용하지 않을 수 있다.

방위산업기술 보호법 시행령 제16조의2(조사)에 의하면, 출석요구서등을 통지받은 조사대상자는 다음 각 호의 어느 하나에 해당하는 경우 법 제11조의2제10항에 따라 조사의 연기를 요청할 수 있다.

1호. 천재지변, 화재, 그 밖의 재해로 인하여 사업장의 운영이 불가능한 경우

2호. 법 제11조의2제1항에 따라 조사대상자가 자료제출요구 또는 현장조사를 받는 경우로서 조사의 대상이 되는 장부, 서류, 그 밖의 조사에 필요한 서류가 권한 있는 기관에 의하여 압수 또는 영치(領置)된 경우

3호. 조사대상자(개인인 경우로 한정한다)가 질병 또는 장기 출장 등으로 조사에 따르기 곤란한 경우

4호. 그 밖에 방위사업청장 또는 정보수사기관의 장이 제1호부터 제3호까지의 규정에 준하는 사유가 있다고 인정하는 경우

12. 제11항: 의견 제출

1) **내용**: 사전 통지 내용에 대해 의견을 제출할 수 있으며, 합리적인 상당한 이유가 있을 경우 이를 조사에 반영해야 한다.

2) **의미**: 조사 대상자가 의견을 제출할 수 있는 기회를 제공하여, 업계의 실태나 해당 기관 또는 기업의 실정을 반영하여 공정한 조사를 하라는 의미이다. 조사자가 업계의 실태나 실정을 모두 다 알기는 어렵고, 특수한 사건 관련 배경이나 사정을 충분히 파악하기 위해 필요한 것이다.

13. 제12항: 조사 결과 통지

1) **내용**: 조사의 결과를 확정한 날부터 7일 이내에 조사 대상자에게 그 결과를 통지해야 한다.

2) **의미**: 신속한 조사 결과 통지를 통해 조사대상자가 조사 결과를 신속히 인지하고, 필요한 후속 조치를 취할 수 있도록 한다. 조사 과정에서 불확실한 처리 결과로 인해 경영의 정상화나 새로운 전략 수립이 어렵게 되는 점을 고려한 것이다. 추가적인 기술 유출이나 피해를 방지하도록 하는데도 중요한 도움을 줄 수 있다.

14. 제13항: 대통령령으로 정하는 절차

1) **내용**: 그 밖에 조사에 필요한 절차 및 운영에 관한 사항은 대통령령으로 정한다.

2) **의미**: 세부 절차 및 운영 사항을 대통령령으로 규정하여 법적 명확성을 확보하고, 대상기관들이 예측 가능한 조사 등 규제 절차에 순응하도록 하여야 한다는 의미이다.

제12조(방위산업기술 보호를 위한 실태조사)

① 방위사업청장은 방위산업기술 보호를 위하여 필요한 경우 대상기관의 방위산업기술 보호체계의 구축·운영에 대한 실태조사를 실시할 수 있다.

② 실태조사의 대상·범위 및 방법 등에 관하여 필요한 사항은 대통령령으로 정한다

■ 해설

1. 도입 이유

방위산업기술보호법 제12조는 이러한 방위산업기술의 보호를 위해 실태조사를 실시할 수 있는 법적 근거를 제공한다. 이 조항은 방위산업기술 보호체계의 현황을 파악하고, 문제점을 분석해 대책을 마련하는 기초 자료를 파악하도록 하여 기술 유출 및 침해를 사전에 방지하기 위해 도입되었다. 방위사업청장이 대상기관의 방위산업기술 보호체계 구축 및 운영 상태를 조사하여, 필요한 경우 개선 조치를 취할 수 있도록 하는 제도적 장치를 마련한 것이다.

2. 제1항: 실태조사 권한 부여

1) **내용**: 방위사업청장은 방위산업기술 보호를 위하여 필요한 경우 대상기관의 방위산업기술 보호체계의 구축 및 운영에 대한 실태조사를 실시할 수 있다.

2) **의미**: 방위사업청장은 방위산업기술이 효과적으로 보호되고 있는지 확인하기 위해 대상기관의 보호체계에 대한 실태조사를 할 수 있는 권한을 부여받고 있다. 이는 기술 유출 및 침해의 실태와 법적 보호체계의 미흡한 점 및 정책적 문제점을 분석하여 보호체계를 강화하기 위한 것이다.

3. 제2항: 실태조사의 기준 및 절차

1) **내용**: 실태조사의 대상, 범위 및 방법 등에 관한 필요한 사항은 대통령령으로 정한다.

2) **의미**: 실태조사가 효율적이고 일관되게 이루어질 수 있도록 그 대상과 범위, 방법 등을 대통령령으로 구체화하도록 했다. 이는 실태조사의 표준화를 통해 조사 과정의 투명성과 신뢰성을 높이기 위한 것이다.

4. 문제점

1) 실태조사의 빈도와 범위

실태조사의 빈도와 범위가 명확하지 않아 자칫 과도한 조사가 이루어질 수 있다. 지나치게 빈번한 실태조사는 대상기관에 과도한 부담을 주고, 정상적인 운영에 지장을 초래할 수도 있다.

2) 실태조사의 주관성과 일관성

실태조사의 주관성과 일관성이 문제될 수 있다. 조사 기준이 명확하지 않으면, 조사관에 따라 결과가 달라질 수 있다. 동일한 기준이 적용되지 않아 일부 기관이 불공정하게 평가될 수 있다.

3) 조사 결과의 피드백과 개선 조치

실태조사 후 개선 조치가 제대로 이루어지지 않으면 실효성이 떨어질 수 있다. 또한, 실태조사 후 지적된 문제점이 개선되지 않으면, 반복적인 문제가 발생할 수 있다.

5. 개선 방안

1) 실태조사의 빈도와 범위 설정

실태조사의 빈도와 범위를 명확히 규정하여 과도한 부담을 줄이도록 검토한다. 대상기관의 규모와 중요도에 따라 실태조사의 빈도와 범위의 차등화를 검토해 본다. 예를 들어, 중요도가 높은 기관은 정기적인 조사를, 그 외 기관은 비정기적인 조사를 실시하는 것도 좋은 방안이다.

2) 조사 기준의 명확화

실태조사의 기준을 명확히 하여 일관성을 확보한다. 대통령령을 통해 구체적이고 명확한 조사 기준을 설정하고, 조사관의 교육과 훈련을 통해 일관된 평가가 이루어지도록 한다.

3) 조사 결과의 피드백 시스템 구축

실태조사 후 개선 조치를 철저히 이행하도록 피드백 시스템을 구축하여 둔다. 조사 결과를 바탕으로 개선 계획을 수립하고, 이를 지속적으로 모니터링하여 문제점이 해결될 때까지 추적 관리해 준다. 개선 조치가 제대로 이루어졌는지 확인하기 위한 후속 점검 조사를 실시해 준다.

제13조(방위산업기술 보호체계의 구축·운영 등)

① 대상기관의 장은 방위산업기술의 보호를 위하여 방위산업기술 보호체계를 구축·운영하여야 한다.

② 방위사업청장은 제12조에 따른 실태조사의 결과 또는 정보수사기관의 의견 등을 고려하여 방위산업기술 보호체계의 구축·운영이 부실하다고 판단되는 경우 대상기관의 장에게 개선을 권고할 수 있다.

③ 방위사업청장은 제2항에 따른 개선권고를 이행하지 않거나 불성실하게 이행한다고 판단되는 경우 대상기관의 장에게 시정을 명할 수 있다.

④ 누구든지 정당한 사유 없이 제1항 및 제3항에 따른 방위산업기술 보호체계의 운영과 관련한

각종 조치를 기피·거부하거나 방해하여서는 아니 된다.

⑤ 제1항부터 제3항까지에 따른 방위산업기술 보호체계의 구축·운영, 개선권고, 시정명령의 절차 및 방법 등에 관하여 필요한 사항은 대통령령령으로 정한다.

▪ 해설

1. 도입 이유

방위사업청뿐만 아니라 대상기관도 방위산업기술을 보호하는 체계의 구축과 운영은 매우 중요하다. 방위산업기술보호법 제13조는 이러한 기술의 보호체계를 적정화하기 위한 법적 근거를 마련하여, 대상기관이 체계적인 보호 방안을 수립하고 이를 운영하도록 하며, 방위사업청장이 이를 감독하고 개선을 명할 수 있도록 규정하고 있다.

2. 제1항: 방위산업기술 보호체계 구축 및 운영

1) **내용**: 대상기관의 장은 방위산업기술의 보호를 위하여 방위산업기술 보호체계를 구축·운영하여야 한다.

2) **의미**: 대상기관은 방위산업기술을 보호하기 위해 체계적인 보호 방안을 수립하고 이를 운영할 법적인 책임이 있다. 이는 기술 유출을 방지하고, 기술 보호의 효과성을 높이기 위한 기본적인 조치이다.

3. 제2항: 실태조사와 개선권고

1) **내용**: 방위사업청장은 제12조에 따른 실태조사의 결과 또는 정보수사기관의 의견 등을 고려하여 방위산업기술 보호체계의 구축·운영이 부실하다고 판단되는 경우 대상기관의 장에게 개선을 권고할 수 있다.

2) **의미**: 방위사업청장은 실태조사 결과나 정보수사기관의 의견을 바탕으로, 보호체계가 미흡하다고 판단되면 대상기관에 개선을 권고할 수 있다. 이는 실태조사 나타난 문제점이나 사건발생의 원인 등 객관적 분석을 통해 보호체계의 약점을 보완하고, 기술 보호를 강화하기 위한 조치를 할 권한을 부여한 것이다.

4. 제3항: 시정명령

1) **내용**: 방위사업청장은 제2항에 따른 개선권고를 이행하지 않거나 불성실하게 이행한다고 판단되는 경우 대상기관의 장에게 시정을 명할 수 있다.

2) **의미**: 개선권고가 이행되지 않거나 불성실하게 이행될 경우, 방위사업청장은 시정명령을 통해 대상기관에 강제적인 조치를 취할 수 있다. 이는 보호체계의 개선권고 이행의 실효성을 보장하기 위한 강력한 조치이다.

5. 제4항: 보호체계 운영 관련 조치의 기피 금지

1) **내용**: 누구든지 정당한 사유 없이 제1항 및 제3항에 따른 방위산업기술 보호체계의 운영과 관련한 각종 조치를 기피·거부하거나 방해하여서는 아니 된다.

2) **의미**: 방위산업기술 보호체계의 운영과 관련된 조치를 기피, 거부, 방해하는 행위는 법적으로 금지된다. 이는 방위사업청의 시정명령이 원활하게 작동하도록 하기 위한 조치이다.

6. 제5항: 절차 및 방법

1) **내용**: 제1항부터 제3항까지에 따른 방위산업기술 보호체계의 구축·운영, 개선권고, 시정명령의 절차 및 방법 등에 관하여 필요한 사항은 대통령령으로 정한다.

2) **의미**: 보호체계의 구축, 운영, 개선권고, 시정명령의 절차와 방법은 대통령령으로 구체적으로 규정한다. 이는 법적 절차의 명확성과 일관성, 및 통일성을 확보하기 위한 것이다.

7. 문제점

1) 보호체계 구축 및 운영의 부담

대상기관의 보호체계 구축과 운영은 상당한 비용과 자원을 필요로 한다. 중소기업이나 예산이 부족한 기관의 경우, 보호체계를 구축하고 운영하는 데 어려움을 겪을 수 있다.

2) 개선권고 및 시정명령의 실효성 문제

개선권고와 시정명령이 실효성을 발휘하지 못할 수 있다. 대상기관이 개선권고를 무시하거나, 시정명령을 불성실하게 이행하는 경우가 발생할 수 있다.

8. 개선 방안

1) 재정 지원과 인센티브 제공

보호체계 구축과 운영에 필요한 재정 지원과 인센티브를 제공을 검토해 본다. 중소기업이나 예산이 부족한 기관에 대해 정부가 재정 지원을 하고, 보호체계를 성공적으로 운영하는 기관에 인센티브를 제공하도록 방안을 마련하는 것이 바람직하다.

2) 개선권고 및 시정명령의 강제력 강화

개선권고와 시정명령의 강제력을 강화할 필요가 있다. 현재는 과태료 3천만원 이하에 불과한 제재를 하고 있는데, 개선권고를 이행하지 않는 경우 더 강력한 제재를 부과하고, 시정명령을 불성실하게 이행하는 기관에 대한 감독을 강화하는 등 조치를 마련할 필요가 있다.

제14조(방위산업기술 보호를 위한 지원)

① 정부는 대상기관이 방위산업기술 보호체계를 구축·운영하거나 개선권고 또는 시정명령을 이행함에 있어서 방위산업기술 보호를 위하여 필요하다고 인정되는 경우 다음 각 호의 사항을 지원할 수 있다.

1. 방위산업기술 보호체계 구축·운영에 필요한 자문 및 비용지원
2. 방위산업기술보호 전문인력 양성지원
3. 방위산업기술 보호를 위한 기술 및 기술개발의 지원
4. 그 밖에 방위산업기술의 보호를 위하여 필요한 사항

② 제1항에 따른 지원의 방법·범위 및 절차 등에 관하여 필요한 사항은 대통령령으로 정한다.

▪ 해설

1. 도입 이유

방위산업기술보호법 제14조는 대상기관이 방위산업기술 보호체계를 구축하고 운영하거나, 개선권고 및 시정명령을 이행하는 과정에서 필요한 지원을 정부가 제공할 수 있도록 규정하고 있다. 이를 통해 대상기관이 효과적으로 방위산업기술을 보호하고, 기술 유출 및 침해를 방지할 수 있도록 돕기 위한 법적 근거를 마련하는 것이 본 조항의 도입 이유다.

2. 제1항: 정부의 지원

1) **내용**: 정부는 대상기관이 방위산업기술 보호체계를 구축·운영하거나 개선권고 또는 시정명령을 이행함에 있어서 방위산업기술 보호를 위하여 필요하다고 인정되는 경우 다음 각 호의 사항을 지원할 수 있다.

2) **의미**: 정부는 방위산업기술 보호를 위해 필요한 경우 대상기관에 다양한 형태의 지원을 제공할 수 있다. 이는 중소기업이나 인력, 시설, 예산 등이 부족한 대상기관이 방위산업기술 보호에 필요한 체계를 효과적으로 구축하고 운영할 수 있도록 돕는 중요한 조치로, 방위사업청이 국가안보를 위해 지원을 할 행정 및 재정적 권한을 갖고 있음을 의미한다.

(1) 구체적 지원 사항

- 제1호: 자문 및 비용지원: 방위산업기술 보호체계 구축·운영에 필요한 자문과 비용을 지원할 수 있다. 이는 재정적 어려움을 겪는 기관이 기술 보호를 위한 체계를 마련하는 데 큰 도움이 될 것이다.
- 제2호: 전문인력 양성지원: 방위산업기술 보호를 위한 전문인력을 양성하는 데 필요한 지원을 제공할 수 있다. 이는 전문인력이 부족한 기관이 기술 보호 역량을 강화하는 데 중요한 역할을 한다.
- 제3호: 기술 및 기술개발 지원: 방위산업기술 보호를 위한 기술 및 기술개발을 지원할 수 있다. 이는 기술적 역량을 향상시키고, 최신 기술을 도입하여 보호체계를 강화하는 데 필요한 사항이다.
- 제4호: 기타 지원: 그 밖에 방위산업기술의 보호를 위해 필요한 다양한 지원을 제공해 준다. 이는 상황에 따라 유연하게 대응할 수 있는 필요한 지원책을 포함한다.

3. 제2항: 지원의 방법·범위 및 절차

1) **내용**: 제1항에 따른 지원의 방법·범위 및 절차 등에 관하여 필요한 사항은 대통령령으로 정한다.

2) **의미**: 정부의 지원이 효율적이고 일관되게 이루어지기 위해서는 구체적인 방법, 범위, 절차가 명확히 규정되어야 한다.

4. 문제점

1) 지원의 한정성

방위사업청의 인력과 예산만으로는 지원이 필요한 모든 기관에 충분한 지원이 이루어지지 않을 수 있다. 예산 한정으로 인해 일부 기관만 지원을 받을 수 있으며, 모든 기관이 고루 지원을 받지 못할 가능성이 있다.

2) 지원 절차의 복잡성

지원을 받기 위한 절차가 복잡하고 시간이 많이 소요될 수 있다. 지원 신청 과정이 복잡하고, 관련 서류 준비 및 제출 절차가 번거로워 신속한 지원이 어려울 수 있다.

3) 전문인력 양성의 한계

전문인력 양성 지원이 충분하지 않을 수 있다. 단기적으로는 전문인력 부족 문제를 해결할 수 없으며, 장기적인 계획과 지원이 필요하다.

5. 개선 방안

1) 지원 범위의 확대

보다 많은 기관이 지원을 받을 수 있도록 지원 예산을 늘리고, 범위를 확대하도록 할 필요가 있다. 예산 편성을 증액하고, 우선순위를 명확히 하여 지원이 필요한 기관이 빠짐없이 혜택을 받을 수 있도록 추진하도록 한다.

2) 지원 절차의 간소화

지원 절차를 간소화하여 신속하고 효율적인 지원이 이루어질 수 있도록 추진한다. 서류 제출 절차를 간소화하고, 온라인 시스템을 도입하여 신청 및 심사 과정을 효율적으로 관리하는 것도 하나의 방안이 될 수 있다.

3) 장기적 전문인력 양성 계획 수립

단기적인 지원뿐만 아니라 장기적인 전문인력 양성 계획을 수립하여 시행한다. 교육기관과 협력하여 방위산업기술 보호 관련 학위 프로그램을 마련하고, 지속적인 교육과 훈련을 통해 전문인력을 양성을 추진해 나가는 것이 좋은 방안일 것이다.

4) 다양한 지원 방식 도입

다양한 지원 방식을 도입하여 각 기관의 상황에 맞는 지원을 제공해 준다. 재정 지원뿐만 아니라 기술 자문, 시설 지원 등 다양한 형태의 지원을 도입하여 기관의 요구에 맞춤형 지원을 추진해 나가야 한다.

제15조(국제협력)

정부는 방위산업기술의 보호에 관한 국제협력을 촉진하기 위하여 수출입 대상국가와 협력체계 구축, 전문인력 교류 등 필요한 사업을 추진할 수 있다.

▪ 해설

1. 도입 이유

현대 방위산업은 국제적인 협력과 기술교류를 통해 발전하고 있다. 그러나 국제협력 과정에서 방위산업기술의 유출 및 침해 위험이 상존하기 때문에, 이를 방지하기 위한 법적 장치가 필요하다. 제15조는 방위산업기술 보호를 위한 국제협력을 촉진하고, 수출입 대상국과 협력체계를 구축하며, 전문인력 교류를 통해 기술 보호를 강화하기 위해 도입되었다. 이를 통해 글로벌 환경에서 방위산업기술을 효과적으로 보호하고 국가안보를 강화할 수 있다.

2. 정부의 역할과 목표

1) **내용**: 정부는 방위산업기술의 보호에 관한 국제협력을 촉진하기 위하여 수출입 대상국가와 협력체계 구축, 전문인력 교류 등 필요한 사업을 추진할 수 있다.

2) **의미**: 정부는 방위산업기술 보호를 위해 국제적인 협력 체계를 구축하고, 이를 통해 기술 유출 방지와 보호 강화를 목표를 추구하라는 의미이다. 이는 방위산업기술의 글로벌 유통 및 협력 과정에서 발생할 수 있는 위험을 최소화하기 위한 조치이다.

3. 협력체계 구축

1) **내용**: 수출입 대상국가와 협력체계 구축

2) **의미**: 방위산업기술을 수출하거나 수입하는 국가들과 협력체계를 구축하여 상호 간 기술 보호를 강화해 나간다. 이는 기술이 해외로 유출되었을 때 발생할 수 있는 다양한 위험을 사

전에 방지하고, 방산기술의 유출 사고 발생 시 협력하여 대응하기 위한 것이다.

3) **실행**: 구체적인 협력 내용에는 상호 기술 보호 협정 체결, 정보 공유, 공동 기술 보호 프로그램 운영 등이 포함될 수 있다.

4. 전문인력 교류

1) **내용**: 전문인력 교류

2) **의미**: 방위산업기술 보호를 위한 전문인력을 교류함으로써 기술 보호 역량을 강화해 나간다. 이를 통해 각 국가의 방위산업기술 보호 수준을 향상시키고, 국제적인 기술 보호 인적 네트워크를 구축할 수 있다.

3) **실행**: 교류 프로그램에는 국제 워크숍, 세미나, 기술 교류 프로그램 등이 포함될 수 있으며, 이를 통해 각국의 우수 사례를 공유하고 벤치마킹할 수 있다.

5. 문제점

1) 협력의 한계

모든 수출입 대상국이 협력체계를 구축하는 데 동의하지 않을 수 있다. 일부 국가와의 협력 부재는 기술 유출 방지의 취약점을 초래할 수 있다. 특정 국가가 자국의 이익을 우선시하여 협력에 소극적이거나, 정치적 이유로 협력 체계 구축이 어려운 경우도 있다.

2) 전문인력 교류의 실효성 문제

교류 프로그램이 형식적이거나 실질적인 기술 보호 역량 강화에 기여하지 못할 가능성이 있다. 교류 프로그램이 단순한 정보 공유에 그쳐 실질적인 기술 보호에 대한 노하우 전수가 부족할 수도 있다.

3) 기술 보호 협정의 이행

체결된 협정이 실제로 이행되지 않거나, 이행 과정에서 국내외 다양한 장애물이 발생할 수 있다. 협정 이행을 위한 구체적인 메커니즘이 부족하거나, 이행을 감시할 수 있는 시스템이 미비할 경우 협정 이행을 담보하기 어려울 수 있다.

6. 개선 방안

1) 협력 범위 확대 및 강화

더 많은 국가와 협력 체계를 구축하고, 기존 협력 국가와의 관계를 강화하는 것이 바람직하다. 다자간 협력 기구를 활용하여 방위산업기술 보호에 관한 국제적인 표준을 마련하고, 이를 통해 협력 국가를 확대해 나가는 것도 좋은 방안이다. 또한, 기존 협력 국가와의 기술 보호 협정을 강화하고 정기적으로 점검하고 평가해 협력을 내실화하는 것이 필요하다.

2) 전문인력 교류 프로그램의 실질화

실질적인 기술 보호 역량 강화를 목표로 하는 교류 프로그램을 개발해 추진한다. 이를 위해 기술 보호 관련 문제 해결을 위한 실습형 교육 과정을 도입하고, 현장 방문 등을 통해 실제 사례를 학습할 수 있는 기회를 제공하는 것도 좋은 방안일 것이다.

3) 협정 이행의 실효성 확보

협정 이행을 위한 메커니즘 구축이 중요하다. 체결된 협정의 이행을 모니터링하고 평가할 수 있는 시스템을 우선 구축해 둔다. 이행 과정에서 발생하는 문제를 해결하기 위한 조정 기구를 마련하는 등 실효성을 확보해 나가야 한다.

제16조(방위산업기술 보호에 관한 교육)

① 방위사업청장은 방위산업기술을 보호하기 위하여 대상기관의 임직원을 대상으로 교육을 실시할 수 있다.

② 대상기관의 장은 방위산업기술의 보호를 위하여 소속 임직원에 대하여 정기적으로 교육을 실시하여야 한다.

③ 제1항 및 제2항에 따른 교육의 내용·방법·기간 및 주기 등에 관하여 필요한 사항은 대통령령으로 정한다.

■ 해설

1. 도입 이유

방위산업기술의 유출이나 침해는 국가안보는 물론이고 이 법의 집행 대상기관들에게도 심각한 위협이 될 수 있으며, 이를 방지하기 위해, 법을 제정하고 시스템을 구축하는 것도 중요하지만 관련된 인력의 교육이 필수적이다. 제16조는 방위산업기술의 보호를 위한 체계적이고 정기적인 교육을 통해 임직원의 인식을 제고하고, 기술 유출 및 침해를 예방하고자 도입되었다.

2. 방위사업청장의 교육 실시 권한

1) **내용**: 방위사업청장은 방위산업기술을 보호하기 위하여 대상기관의 임직원을 대상으로 교육을 실시할 수 있다.

2) **의미**: 방위사업청장은 방위산업기술 보호를 위한 교육의 중요성을 인식하고, 이를 주도적으로 실시할 권한을 갖고 있다. 이는 임직원의 인식개선을 통해 방위산업기술 보호의 일관성과 전문성을 확보하기 위한 조치이다.

3) 실행: 교육 프로그램 개발, 교육 자료 제공, 전문가 초빙 등 다양한 방법을 통해 교육을 실시할 수 있다.

3. 대상기관의 교육 의무

1) 내용: 대상기관의 장은 방위산업기술의 보호를 위하여 소속 임직원에 대하여 정기적으로 교육을 실시하여야 한다.

2) 의미: 대상기관의 장은 소속 임직원에 대해 정기적인 교육을 실시할 의무가 있다. 이는 모든 임직원이 방위산업기술 보호의 중요성을 인식하고, 관련 지식을 습득하며, 실무에서 이를 적용할 수 있도록 하기 위한 것이다.

3) 실행: 내부 교육 시스템 구축, 정기적인 교육 일정 수립, 교육 성과 평가 등을 통해 체계적으로 교육을 운영하여야 한다.

4. 교육의 세부 사항

1) 내용: 제1항 및 제2항에 따른 교육의 내용·방법·기간 및 주기 등에 관하여 필요한 사항은 대통령령으로 정한다.

2) 의미: 교육의 구체적인 내용, 방법, 기간, 주기 등은 대통령령을 통해 세부적으로 규정하도록 하였다. 이는 교육의 의무를 구체화하고, 교육의 표준화를 통해 모든 대상기관에서 일관성 있게 교육이 이루어지도록 하기 위한 것이다.

3) 실행: 대통령령에 따라 구체적인 교육 프로그램을 마련하고, 이를 준수하여 교육을 실시한다. 또한, 교육의 효과성을 지속적으로 모니터링하고 개선해 나가야 한다.

5. 문제점

1) 교육의 형식화

교육이 형식적인 절차로 그칠 우려가 많다. 교육이 단순히 의무 이행을 위한 형식적인 절차로 그칠 경우, 임직원의 인식 개선이나 전문성 향상이 안 되고, 실질적인 방위산업기술 보호 역량 강화로 이어지지 않을 수 있다.

2) 교육의 주기와 내용의 부적절성

교육 주기와 내용의 부적절성이 문제될 수 있다. 교육 주기나 내용이 실무에 적합하지 않거나, 최신 정보를 반영하지 못할 경우, 교육의 효과가 떨어질 수 있는 것이다. 기술 변화 속도가 빠른 방위산업 분야에서 최신 정보를 반영하지 못하는 교육 내용을 교재로 하는 것도 하나의 예라고 할 수 있다.

3) 교육 효과의 평가 미비

교육 후 효과를 평가하고 개선하는 체계가 미비할 경우, 교육의 지속적인 개선이 어려울 수 있다. 예를 들어, 교육 후 평가가 형식적으로 이루어지며, 실제로 필요한 피드백과 개선이 이루어지지 않는 경우가 발생한다.

6. 개선 방안

1) 교육의 실질화 및 내실화

교육의 실질화를 위해 교육 내용을 실질적으로 유용한 정보로 구성하고, 실무에 적용할 수 있는 사례 중심의 교육을 실시하도록 한다.

2) 최신 정보 반영 및 맞춤형 교육

최신 정보 반영 및 맞춤형 교육을 위해서 교육 내용을 최신 기술 동향과 법규 변화 등을 반영하여 지속적으로 업데이트해 준다. 또한, 각 기관의 특성과 필요에 맞춘 맞춤형 교육 프로그램을 개발하는 것이 중요하다.

3) 교육 효과 평가 및 피드백 체계 구축

교육 후 임직원들의 피드백을 수집하고, 교육 효과를 평가하는 체계를 구축해야 한다. 이를 바탕으로 교육 내용을 지속적으로 개선해 주는 것이 교육의 효과를 높이는 중요한 방법이다.

제17조(포상 및 신고자 보호 등)

① 정부는 방위산업기술 보호에 기여한 공이 큰 자에 대하여 예산의 범위에서 포상 및 포상금을 지급할 수 있다.

② 제1항에 따른 포상·포상금 지급 등의 기준·방법 및 절차에 관하여 필요한 사항은 대통령령령으로 정한다.

③ 방위산업기술 유출 및 침해행위에 대한 신고, 보상 및 신고자 보호에 관해서는 「공익신고자 보호법」을 따른다.

■ 해설

1. 도입 이유

방위산업기술은 국가안보와 직결된 중요한 기술로, 이를 보호하기 위해서는 내부자와 외부자 모두의 협력이 필요하다. 이를 위해 방위산업기술의 유출 및 침해 행위를 방지하고 이를 신고하는 자들을 보호하기 위해 포상 제도를 마련하는 것은 필수적이다. 제17조는 방위산업기술 보호에 기여한 사람들에게 포상을 제공하고, 신고자 보호를 강화하여 방위산업기술의 안전을 확보하고자 도입되었다.

2. 포상 및 포상금 지급

1) **내용**: 정부는 방위산업기술 보호에 기여한 공이 큰 자에 대하여 예산의 범위에서 포상 및 포상금을 지급할 수 있다.

2) **의미**: 방위산업기술 보호에 있어 중요한 역할을 수행한 개인이나 단체에 대해 정부가 포상이나 금전적 보상을 제공할 수 있는 법적 근거를 마련한 데 의의가 있다.

3) **실행**: 방위산업기술 보호에 기여한 자들을 식별하고, 그들의 공로를 평가하여 적절한 포상과 포상금을 지급해 준다.

3. 포상·포상금 지급 기준·방법 및 절차

1) **내용**: 제1항에 따른 포상·포상금 지급 등의 기준·방법 및 절차에 관하여 필요한 사항은 대통령령으로 정한다.

2) **의미**: 포상과 포상금 지급에 대한 구체적인 기준, 방법, 절차 등을 대통령령을 통해 명확히 규정하도록 한 것이다. 이는 투명하고 공정한 포상 절차를 보장하기 위함이다.

3) **실행**: 대통령령에 따라 포상과 포상금 지급에 관한 세부 규정을 마련하고, 이를 준수하여 운영하고 있다.

방위산업기술 보호법 시행령 제22조(방위산업기술 보호 포상 등)에 따르면, 법 제17조제1항에 따른 포상 및 포상금 지급 대상자는 공고를 통하여 신청한 사람이나 관련 기관의 추천을 받은 사람 중에서 선정한다. 정부는 제1항에 따른 신청이나 추천을 받은 경우 국방부령으로 정하는 바에 따라 포상 및 포상금 지급 여부와 지급액을 결정하고 결정일부터 15일 이내에 결정 내용을 신청인 또는 추천 기관에 알려야 한다.

방위산업기술 보호법 시행규칙(국방부령) 제5조(포상금의 지급기준)에 따라서, 포상 및 포상금의 지급 방법 등은 방위사업청장이 정한다. 또 이 법 시행령 제22조제2항에 따른 포상금의 지급 기준

은 별표와 같다.[48]

[별표]

포상금의 지급 기준(방위산업기술 보호법 시행규칙 제5조 관련)

포상금 지급 대상	포상금액
1. 방위산업기술 보호를 위한 제도개선을 통하여 예산 절감 등에 기여한 공이 큰 경우	1천만원 이하
2. 방위산업기술 보호를 위한 기술개발 등으로 기술보호 활동에 기여한 공이 큰 경우	500만원 이하

표 2 방위산업기술보호 공로자 포상금

출처: https://www.law.go.kr/lsLinkCommonInfo.do?lspttninfSeq=124337&chrClsCd= 2024.6.8.

4. 신고자 보호 및 보상

1) 내용: 방위산업기술 유출 및 침해행위에 대한 신고, 보상 및 신고자 보호에 관해서는 「공익신고자 보호법」을 따른다.

2) 의미: 방위산업기술 유출 및 침해 행위 신고자에 대한 보호와 보상은 「공익신고자 보호법」[49]에 따라 이루어지며, 이를 통해 신고자의 안전과 권익을 보장하도록 하고 있다.

3) 실행: 공익신고자 보호법에 따라 신고자의 신변 보호, 신원 비밀 보장, 보복 행위 금지, 불이익 조치 금지 등 다양한 보호 조치를 시행해 주어야 한다.

제18조(자료요구)

방위사업청장은 다음 각 호의 사항에 대하여 관계 행정기관 및 대상기관의 장에게 자료의 제출을 요구할 수 있고, 이 경우 제출을 요구받은 자는 특별한 사유가 없으면 이에 따라야 한다.

---

48) https://www.law.go.kr/lsLinkCommonInfo.do?lspttninfSeq=124337&chrClsCd= 2024.6.8.

49) 공익신고자 보호법 [시행 2024. 5. 17.] [법률 제19590호, 2023. 8. 8., 타법개정], 국민권익위원회(보호보상정책과), 044-200-7753, https://www.law.go.kr/lsLinkProc.do?lsNm=%EA%B3%B5%EC%9D%B5%EC%8B%A0%EA%B3%A0%EC%9E%90+%EB%B3%B4%ED%98%B8%EB%B2%95&chrClsCd=010202&mode=20&ancYnChk=0# 2024.6.8.

1. 제4조제3항제3호 및 제4호에 따른 보호기반 구축과 보호기술의 연구개발에 관한 사항

2. 제7조에 따른 방위산업기술의 지정·변경·해제

3. 제9조제1항에 따른 수출 및 국내이전 시 보호대책 수립 및 시행 여부 확인

4. 제12조제1항에 따른 실태조사

■ 해설

1. 도입 이유

방위산업기술을 보호하기 위해서는 정부 기관과 방위산업 관련 기관 간의 긴밀한 협력이 필수적이다. 제18조는 방위사업청장이 방위산업기술 보호와 관련된 다양한 정보를 효과적으로 수집하고 활용할 수 있도록, 관계 행정기관 및 대상기관에 자료 제출을 요구할 수 있는 법적 근거를 마련하기 위해 도입되었다. 이는 관련 국가 기관이나 관련 대상기관들이 방위산업기술의 체계적인 보호와 관리, 그리고 적절한 정책 수립을 가능하게 해 주는 역할을 한다.

2. 방위사업청장의 자료제출요구 권한

1) **내용**: 방위사업청장은 특정 사항에 대해 관계 행정기관 및 대상기관의 장에게 자료 제출을 요구할 수 있다.

2) **목적**: 방위산업기술의 보호와 관련된 사항에 대해 종합적이며 정확하고 신속한 정보를 얻기 위함이다.

3) **요구 협조 의무**: 제출을 요구받은 자는 특별한 사유가 없으면 이에 따라야 한다.

3. 자료 요구의 범위

1) 보호기반 구축과 보호기술 연구개발

(1) **내용:** 제4조제3항제3호 및 제4호에 따른 보호기반 구축과 보호기술의 연구개발에 관한 사항

(2) **의미:** 방위산업기술 보호를 위한 기반과 기술개발 현황에 대한 자료 제출 요구

2) 방위산업기술의 지정·변경·해제

(1) **내용:** 제7조에 따른 방위산업기술의 지정·변경·해제

(2) **의미:** 방위산업기술의 상태와 변화에 대한 자료제출요구

3) 수출 및 국내 이전 시 보호대책 확인

(1) **내용:** 제9조제1항에 따른 수출 및 국내 이전 시 보호대책 수립 및 시행 여부 확인

(2) **의미:** 방위산업기술의 수출 및 국내 이전 시 적절한 보호대책이 마련되었는지에 대한 자료제출요구

4) 실태조사

(1) **내용:** 제12조제1항에 따른 실태조사

(2) **의미:** 방위산업기술 보호 실태, 문제점, 개선의견 등에 대한 자료제출요구

제19조(비밀 유지의 의무 등)

다음 각 호의 어느 하나에 해당하거나 해당하였던 사람은 그 직무상 알게 된 비밀을 누설하거나 도용해서는 아니 된다.

1. 대상기관의 임직원(교수·연구원 및 학생 등 관계자를 포함한다)
2. 제6조에 따라 방위산업기술 보호에 관한 심의 업무를 수행하는 사람
3. 제9조제1항에 따라 방위산업기술의 수출 및 국내이전 등 관련 업무를 수행하는 사람

4. 제11조에 따라 유출 및 침해행위의 신고접수 및 방지 등의 업무를 수행하는 사람
5. 제12조에 따라 방위산업기술 보호체계의 구축·운영에 대한 실태조사 업무를 수행하는 사람

■ 해설

1. 도입 이유

방위산업기술보호법 제19조는 방위산업기술에 접근할 수 있는 사람들, 특히 관계자들이 직무상 알게 된 비밀을 누설하거나 도용하지 않도록 강제함으로써 기술 유출을 방지하고 국가안보를 강화하려는 목적을 가지고 있다. 이는 방위산업기술의 보호를 위해 비밀 유지의 의무를 명확히 규정하고, 이를 위반할 경우의 법적 책임을 부과하기 위한 근거 조항이다.

2. 대상기관의 임직원 등

1) 내용: 대상기관의 임직원, 교수, 연구원, 학생 등 종사자들은 그 직무상 알게 된 비밀을 누설하거나 도용해서는 안 된다.

2) 의미: 방위산업기술에 접근할 수 있는 모든 관계자들이 비밀 유지 의무를 철저히 준수해야 한다는 것을 명시하고 있다.

3. 심의 업무 수행자

1) 내용: 제6조에 따라 방위산업기술 보호에 관한 심의 업무를 수행하는 사람은 직무상 알게 된 비

밀을 누설하거나 도용해서는 안 된다.

2) 의미: 방위산업기술 보호를 위한 심의 과정에서 알게 된 비밀이 외부로 유출되지 않도록 보호해야 함을 의미한다.

4. 수출 및 국내이전 관련 업무 수행자

1) 내용: 제9조제1항에 따라 방위산업기술의 수출 및 국내이전 등 관련 업무를 수행하는 사람은 직무상 알게 된 비밀을 누설하거나 도용해서는 안 된다.

2) 의미: 방위산업기술의 이동 과정에서 발생할 수 있는 기술 유출을 방지하기 위한 조치다.

5. 유출 및 침해행위 신고접수 및 방지 업무 수행자

1) 내용: 제11조에 따라 유출 및 침해행위의 신고접수 및 방지 등의 업무를 수행하는 사람은 직무상 알게 된 비밀을 누설하거나 도용해서는 안 된다.

2) 의미: 방위산업기술 유출 및 침해를 방지하기 위한 사건 처리 과정에서 알게 된 비밀을 보호해야 한다는 의미이다.

6. 실태조사 업무 수행자

1) 내용: 제12조에 따라 방위산업기술 보호체계의 구축·운영에 대한 실태조사 업무를 수행하는 사람은 직무상 알게 된 비밀을 누설하거나 도용해서는 안 된다.

2) 의미: 실태조사 과정에서 알게 된 비밀 정보를 보호하여, 기술 유출을 예방하라는 의미이다.

7. 문제점

1) 비밀 유지 의무 위반의 현실적 가능성

법적으로 비밀 유지 의무를 명시하더라도 실제 현장에서 이를 위반하는 사례가 발생할 수 있다. 법적으로 금지를 하고 있고, 형사 처벌도 이 법 제21조 제4항에 7년 이하의 징역이나 10년 이하의 자격정지 또는 7천만원 이하의 벌금에 처하도록 규정하고 있지만, 모든 누설이나 도용을 막기 어려운 것도 현실이다. 또한, 임직원이나 관계자들이 의도적이지는 않더라도 기술이나 비밀 정보를 외부에 누설하는 경우도 발생할 수 있다.

2) 비밀 유지 의무에 대한 인식 부족

대상기관의 임직원 등 관계자들이 비밀 유지 의무에 대해 충분히 인식하지 못할 수 있다. 비밀 유지 교육이 부족하거나, 비밀 유지의 중요성을 경시하는 문화, 기술개발에만 몰두해야 하고 보안에 자원을 투입하기 어려운 현실로 인하여 비밀 유지 인식은 법의 규정을 따라가지 못하는 경우가 많다.

3) 비밀 정보 관리의 어려움

방위산업기술 관련 정보는 매우 민감하고 복잡하여, 이를 효과적으로 관리하고 보호하는 것이 어렵다. 복잡하고 다양하며, 상당히 많은 분량의 정보를 일일이 분류하고 상시적으로 관리하는 것은 매우 정교한 정보관리시스템과 관리 인력을 필요로 한다. 하지만 그러한 시스템과 인력을 갖추기는 현실적으로 어렵고, 정보 관리 시스템의 미비로 인해 비밀 정보가 유출될 위험도 상존하는 것이 현실이라고 할 수 있다.

8. 개선 방안

1) 비밀 유지 의무 인식 강화

비밀 유지 의무를 강화하고, 이를 위반할 경우의 처벌을 명확히 규정하고 있다는 점, 방산기술의 유출이나 도용으로 사건이 발생하여 피해를 입은 기업들의 현실 등을 함께 교육하여 비밀 유지 의무에 대한 경각심을 높이고, 보안의 중요성에 대한 인식을 높여 나가야 한다.

2) 비밀 유지 교육 강화

대상기관의 임직원 등 관계자들을 대상으로 비밀 유지 의무에 대한 정기적인 교육을 실시하고, 사건 발생이나 위반 사항이 발견되는 경우 수시 교육을 통해 지속적인 노력을 해 나가야 한다. 교육 프로그램을 개발하고, 교육을 의무적으로 시행하도록 하여 비밀 유지의 중요성에 대한 인식을 높이고, 비밀 정보 보호의 실효성을 강화하도록 해야 한다.

3) 정보 관리 시스템 개선

방위산업기술 관련 비밀 정보를 효과적으로 관리하기 위한 시스템을 구축하고, 정기적으로 업그레이드나 개선을 하도록 한다. 최신 정보 보안 기술을 도입하고, 정보 관리 시스템을 지속적으로 점검하며, 데이터 업데이트를 시행해 나가야 한다.

4) 비밀 유지 의무 위반 사례에 대한 적극적인 대응

비밀 유지 의무 위반 사례에 대해 적극적으로 조사하고, 엄중히 처벌하여 재발 방지를 하도록 해야 한다. 비밀 유지 의무 위반 사례를 신속하게 조사하고, 문제의 원인과 대응 방안을 분석해 사후에라도 적절한 개선을 해 나가야 한다.

제20조(벌칙 적용에서 공무원 의제)

다음 각 호의 업무를 행하는 사람은 「형법」 제129조부터 제132조까지를 적용할 때에는 공무원으로 본다.

1. 제7조에 따라 방위산업기술의 지정·변경 및 해제 업무를 수행하는 위원회의 위원 중 공무원이 아닌 사람
2. 제12조에 따른 실태조사 등 관련 업무를 수행하는 사람

■ 해설

1. 도입 이유

한국 방위산업기술보호법 제20조는 방위산업기술과 관련된 특정 업무를 수행하는 사람들을 공무원으로 간주하여 형법상의 제129조 수뢰죄 및 사전수뢰죄, 제130조 제삼자뇌물제공죄, 제131조 수뢰후 부정처사죄, 사후수뢰 등 형벌 조항을 적용함으로써, 그들의 업무 수행의 공정성과 청렴성을 보장하고자 규정한 것이다. 이 조항은 방위산업기술의 보호와 관련된 업무를 수행하는 비공무원들이 자신의 직무를 수행할 때 공무원과 같은 법적 책임을 지게 함으로써, 이들이 방위산업기술의 유출이나 도용 등 부정행위를 저지를 가능성을 줄이고, 국가안보와 관련된 기술이 적절히 보호되도록 하는 데 그 목적이 있다.

2. 방위산업기술 지정·변경 및 해제 업무를 수행하는 위원

1) 내용: 제7조에 따라 방위산업기술의 지정, 변경 및 해제 업무를 수행하는 위원회의 위원 중 공무원이 아닌 사람은 형법 제129조부터 제132조까지를 적용할 때 공무원으로 간주된다.

2) 의미: 방위산업기술의 지정, 변경, 해제와 같은 중요한 결정을 내리는 위원회 비공무원인 위원들이 형법상의 제129조 수뢰죄 및 사전수뢰죄, 제130조 제삼자뇌물제공죄, 제131조 수뢰후 부정처사죄, 사후수뢰 등 공무원의 법적 책임을 동일하게 지게 함으로써, 그들의 의사결정이 공정하고 청렴하게 이루어지도록 하자는 의미이다.

3. 실태조사 등 관련 업무를 수행하는 사람

1) 내용: 제12조에 따른 실태조사 등 관련 업무를 수행하는 사람은 형법 제129조부터 제132조까지를 적용할 때 공무원으로 간주된다.

2) 의미: 방위산업기술 보호체계의 구축, 운영에 대한 실태조사를 수행하는 사람들이 비록 공무원이 아닌 종사자라 하더라도 형법상의 제129조 수뢰죄 및 사전수뢰죄, 제130조 제삼자뇌물제공죄, 제131조 수뢰후 부정처사죄, 사후수뢰 등 공무원의 법적 책임을 지게 함으로써, 그들이 조사 과정에서 부정행위를 저지르지 않도록 하는 것이다.

4. 문제점

1) 공무원 의제 적용의 범위와 명확성 부족

방위산업기술보호법 제20조는 특정 업무를 수행하는 사람들을 공무원으로 간주하지만, 적용 대상과 범위가 명확하지 않을 수 있다. 예를 들어, 위원회의 위원이나 실태조사 수행자 외에도 다양한 형태로 방위산업기술 보호에 관여하는 사람들이 있을 수 있으며, 이들이 공무원으로 간주되는지 여부가 불명확할 수 있다.

2) 비공무원의 법적 책임 부담 증가

비공무원들에게 공무원과 동일한 법적 책임을 부과하는 것은 그들의 부담을 증가시킬 수 있다. 비공무원 위원들이나 실태조사 수행자들이 자신들의 직무 수행에 대해 과도한 법적 책임을 부담하게 되어, 이를 기피할 가능성이 있다.

3) 적용의 실효성 문제

공무원 의제로 규정된 사람들에 대한 법적 책임 부과가 실제로 효과적으로 이루어지는지 여부가 문제 될 수 있다. 실제로 비공무원이 방위산업기술을 유출하거나 도용하는 경우, 이들을 모두 공무원과 동일하게 비밀 유지 의무를 부담하는 것으로 보아 법 집행 기관이 비공무원들에게 공무원과 동일한 법적 책임을 부과하는 데 있어서 형평성을 다르게 볼 수도 있을 것이다.

5. 개선 방안

1) 적용 범위 명확화

법 조항에서 공무원 의제가 적용되는 사람들의 범위를 명확히 규정하여, 해석의 여지를 줄여 줄 필요가 있다. 위원회의 위원이나 실태조사 수행자 외에도 방위산업기술 보호와 관련된 다른 형태의 업무를 수행하는 사람들을 명시적으로 포함시키는 여부에 대한 고려를 해 보아야 한다.

2) 법적 책임 부담의 완화

비공무원들에게 공무원과 동일한 법적 책임을 부과하는 것에 앞서, 그들에게 적절한 보호 장치를 마련하는 것을 생각해 보아야 한다. 비밀 유지 서약을 하거나, 사전 교육, 중요한 방위산업기술에 대한 접근 제한, 촬영 등 장비 반입 금지, 정보 통신을 통한 접근 차단 등 비공무원들이 직무를 수행하는 과정에서의 법적 책임을 경감할 수 있는 다양한 통제 장치를 마련하여 시행하는 것이 바람직하다.

3) 법 집행의 실효성 강화

비공무원이지만 공무원 의제로 규정된 사람들에 대한 법적 책임 부과가 효과적으로 이루어질 수 있도록 법 집행 기관의 역량을 강화해야 한다. 법 집행 기관에 대한 교육 및 지원을 통해, 비공무원들에게 공무원과 동일한 법적 책임을 부과하는 규정과 절차를 명확히 하고, 이를 일관되게 적용할 수 있도록 해야 한다.

제21조(벌칙)

① 방위산업기술을 외국에서 사용하거나 사용되게 할 목적으로 제10조제1호 및 제2호에 해당하는 행위를 한 사람은 20년 이하의 징역 또는 20억원 이하의 벌금에 처한다.

② 제10조제1호 및 제2호에 해당하는 행위를 한 사람은 10년 이하의 징역 또는 10억원 이하의 벌금에 처한다.

③ 제10조제3호에 해당하는 행위를 한 사람은 5년 이하의 징역 또는 5억원 이하의 벌금에 처한다.

④ 제19조를 위반하여 비밀을 누설·도용한 사람은 7년 이하의 징역이나 10년 이하의 자격정지 또는 7천만원 이하의 벌금에 처한다.

⑤ 제1항부터 제3항까지의 죄를 범한 사람이 그 범죄행위로 인하여 얻은 재산은 몰수한다. 다만, 그 재산의 전부 또는 일부를 몰수할 수 없는 때에는 그 가액을 추징한다.

⑥ 제1항 및 제2항의 미수범은 처벌한다.

⑦ 제1항부터 제3항까지의 징역형과 벌금형은 병과할 수 있다.

▪ 해설

1. 도입 이유

방위산업기술보호법 제21조는 방위산업기술의 불법적인 유출 및 사용을 방지하고, 국가안보와 관련된 방위산업기술의 보호 의무 위반자에 대해 형벌을 강하게 부과하기 위해 제정되었다. 방위산업기술은 국가안보에 직결되므로, 이 기술이 외국으로 유출되거나 부정하게 사용되는 경우 국가의 안전과 방위 역량이 심각하게 위협받을 수 있다. 따라서 이 조항은 방위산업기술의 보호를 위해 강력한 형사처벌 규정을 통해 범죄행위로 규정하여 억제하고자 하는 목적을 가지고 있다.

2. 제1항: 방위산업기술을 외국에서 사용하거나 사용되게 할 목적으로 제10조제1호 및 제2호에 해당하는 행위를 한 사람은 20년 이하의 징역 또는 20억원 이하의 벌금에 처한다.

1) **내용**: 방위산업기술을 외국에서 사용하도록 하거나 외국에서 사용되도록 하는 목적으로 제10조제1호와 제2호에 규정된 행위를 한 경우, 중대한 형사 처벌을 규정하고 있다.

2) **의미**: 방위산업기술의 불법적인 국외 유출을 방지하기 위한 강력한 가중 처벌 억제책이다. 제10조제1호는 부정한 방법으로 대상기관의 방위산업기술을 취득, 사용 또는 공개(비밀을 유지하면서 특정인에게 알리는 것을 포함한다. 이하 같다)하는 행위이고, 제10조 제2호는 제1호에 해당하는 행위가 개입된 사실을 알고 방위산업기술을 취득·사용 또는 공개하는 행위를 말한다.

3. 제2항: 제10조제1호 및 제2호에 해당하는 행위를 한 사람은 10년 이하의 징역 또는 10억원 이하의 벌금에 처한다.

1) **내용**: 방위산업기술의 국내에서의 불법적인 유출 및 사용 행위에 대해 중대한 형사 처벌을 규정하고 있다.

2) **의미**: 방위산업기술의 보호를 강화하고, 국내에서의 불법적인 유출을 엄격히 금지하는 조항이다. 제10조제1호는 부정한 방법으로 대상기관의 방위산업기술을 취득, 사용 또는 공개(비밀을 유지하면서 특정인에게 알리는 것을 포함한다. 이하 같다)하는 행위이고, 제10조 제2호는 제1호에 해당하는 행위가 개입된 사실을 알고 방위산업기술을 취득·사용 또는 공개하는 행위를 말한다.

4. 제3항: 제10조제3호에 해당하는 행위를 한 사람은 5년 이하의 징역 또는 5억원 이하의 벌금에 처한다.

1) **내용**: 방위산업기술과 관련된 경미한 위반 행위에 대해 적절한 형사 처벌을 규정하고 있다.

2) **의미**: 방위산업기술과 관련된 통상적인 주의 의무를 기울이지 않고 중대한 과실로 인한 전득자나 전득후 사용 또는 공개하는 침해행위라도 엄격히 다루며, 기술 보호의 철저함을 기하고자 규정한 것이다. 이 법 제10조 제3호는 제1호에 해당하는 행위가 개입된 사실을 중대한 과실로 알지 못하고 방위산업기술을 취득·사용 또는 공개하는 행위를 말한다.

5. 제4항: 제19조를 위반하여 비밀을 누설·도용한 사람은 7년 이하의 징역이나 10년 이하의 자격정지 또는 7천만원 이하의 벌금에 처한다.

1) **내용**: 이 법 제19조 비밀 유지 의무 위반자에 대해 엄격한 처벌을 규정하고 있다. 이 법 제19조(비밀 유지의 의무 등) 다음 각 호의 어느 하나에 해당하거나 해당하였던 사람은 그 직무상 알게 된 비밀을 누설하거나 도용해서는 안 된다고 하고 있다.

1호. 대상기관의 임직원(교수·연구원 및 학생 등 관계자를 포함한다)

2호. 제6조에 따라 방위산업기술 보호에 관한 심의 업무를 수행하는 사람

3호. 제9조제1항에 따라 방위산업기술의 수출 및 국내이전 등 관련 업무를 수행하는 사람

4호. 제11조에 따라 유출 및 침해행위의 신고접수 및 방지 등의 업무를 수행하는 사람

5호. 제12조에 따라 방위산업기술 보호체계의 구축·운영에 대한 실태조사 업무를 수행하는 사람

2) **의미**: 비밀유지의무자들의 방위산업기술의 비밀 유지와 보호를 강화하고, 기술 유출 방지를 위한 강력한 형사처벌을 통한 억제책이다. 이들은 재직 중이거나 퇴직한 후에도 일정한 기간 비밀을 유지해야 할 의무를 부담하고 있다.

6. 제5항: 제1항부터 제3항까지의 죄를 범한 사람이 그 범죄행위로 인하여 얻은 재산은 몰수한다. 다만, 그 재산의 전부 또는 일부를 몰수할 수 없는 때에는 그 가액을 추징한다.

1) **내용**: 불법 행위로 인해 얻은 재산을 몰수하거나, 몰수가 불가능할 경우 그 가액을 추징하는 조항이다.

2) **의미**: 범죄로 인한 경제적 이익을 철저히 박탈함으로써 범죄 억제 효과를 높이고자 하는 규정이다.

7. 제6항: 제1항 및 제2항의 미수범은 처벌한다.

1) **내용**: 범죄가 완성되지 않았더라도, 미수 상태에서의 행위에 대해서도 처벌을 규정하고 있다.

2) **의미**: 방위산업기술의 보호를 위해 미수범도 처벌하여, 잠재적인 위반 행위를 사전에 차단하고자 규정한 것이다.

8. 제7항: 제1항부터 제3항까지의 징역형과 벌금형은 병과할 수 있다.

1) **내용**: 징역형과 벌금형을 동시에 부과할 수 있는 규정을 두고 있다.

2) **의미**: 처벌의 실효성을 높이고, 범죄 억제 효과를 극대화하기 위한 조치이다.

제22조(예비·음모)

① 제21조제1항의 죄를 범할 목적으로 예비 또는 음모한 사람은 5년 이하의 징역 또는 5천만원 이하의 벌금에 처한다.

② 제21조제2항의 죄를 범할 목적으로 예비 또는 음모한 사람은 3년 이하의 징역 또는 3천만원

이하의 벌금에 처한다.

■ 해설

1. 도입 이유

방위산업기술보호법 제22조는 방위산업기술의 유출 및 침해를 모의하고 준비하는 행위를 처벌하여 방위산업기술 유출을 사전에 예방하기 위해 제정되었다. 방위산업기술은 국가안보와 직결되는 민감한 정보로, 이를 보호하기 위해서는 실제 범죄행위뿐만 아니라 그 준비 단계에서부터 강력히 규제할 필요가 있기 때문이다. 따라서, 제22조는 방위산업기술 유출 및 침해를 목적으로 한 예비 및 음모 행위에 대해 처벌 규정을 마련함으로써 사전 예방적 조치를 취하는 법적 근거를 마련한 것이다.

2. 제1항: 제21조제1항의 죄를 범할 목적으로 예비 또는 음모한 사람은 5년 이하의 징역 또는 5천만원 이하의 벌금에 처한다.

1) 내용: 제21조제1항의 죄, 즉 방위산업기술을 외국에서 사용하거나 사용되게 할 목적으로 예비 또는 음모한 행위에 대해 처벌을 규정하고 있다. 제21조제1항은 방위산업기술을 외국에서 사용하거나 사용되게 할 목적으로 제10조제1호 및 제2호에 해당하는 행위를 한 사람은 20년 이하의 징역 또는 20억원 이하의 벌금에 처하도록 하고 있는데, 국내 유출보다 더욱 국가안보나 국민 경제에 미치는 해악이 크기 때문에 가중 처벌하고 있다.

2) 의미: 국내 유출보다 심각한 국가안보 및 국민 경제에 미치는 해악이 큰 국외 방위산업기술의 유출 및 침해를 계획 단계에서부터 강력히 억제하고자 가중 처벌하는 법적 제재이다.

3. 제2항: 제21조제2항의 죄를 범할 목적으로 예비 또는 음모한 사람은 3년 이하의 징역 또는 3천만원 이하의 벌금에 처한다.

1) **내용**: 제21조제2항의 죄, 즉 방위산업기술의 국내 유출 및 불법 사용을 목적으로 예비 또는 음모한 행위에 대해 처벌을 규정하고 있다.

2) **의미**: 방위산업기술의 보호를 위해 국내로 유출하거나 국내에서 도용하기 위한 예비 및 음모 행위에 대해서도 엄격히 다루며, 형사 처벌을 통해 위반행위를 준비를 억제하는 법적 제재이다.

제23조(양벌규정)

법인의 대표자나 법인 또는 개인의 대리인, 사용인, 그 밖의 종업원이 그 법인 또는 개인의 업무에 관하여 제21조제1항부터 제3항까지의 어느 하나에 해당하는 위반행위를 하면 그 행위자를 벌하는 외에 그 법인 또는 개인에게도 해당 조문의 벌금형을 과한다. 다만, 법인 또는 개인이 그 위반행위를 방지하기 위하여 해당 업무에 관하여 상당한 주의와 감독을 게을리하지 아니한 경우에는 그러하지 아니하다.

- **해설**

1. 도입 이유

제23조(양벌규정)은 방위산업기술의 유출 및 침해에 대한 책임을 명확히 하고, 법인이나 개인의 책임 회피를 방지하기 위해 도입되었다. 방위산업기술은 국가안보에 중요한 영향을 미치기 때문에, 이를 보호하기 위해서는 개인뿐만 아니라 이 법의 대상기관 조직 전체에 대한 책임을 명확히 할 필요가 있다. 특히, 법인의 대리인이나 종업원이 방위산업기술을 유출하거나 도용하는 불법 행위를

저질렀을 때, 법인 자체도 그 책임에서 자유로울 수 없도록 함으로써, 조직 내에서의 철저한 관리와 감독을 유도하려는 목적이 있다.

1) **요건**: 법인의 대표자나 법인 또는 개인의 대리인, 사용인, 그 밖의 종업원이 그 법인 또는 개인의 업무에 관하여 제21조제1항부터 제3항까지의 어느 하나에 해당하는 위반행위를 한 경우이다.

(1) **내용**: 법인의 대표자나 법인 또는 개인의 대리인, 사용인, 기타 종업원이 법인 또는 개인의 업무와 관련하여 제21조에서 규정한 방위산업기술의 유출, 침해 등의 위반행위를 저지르는 경우를 말한다.

(2) **의미**: 법인의 대표자나 그 대리인, 종업원 등이 개인적 목적이 아닌 법인 또는 개인의 업무와 관련된 행위임을 강조하고 있다.

2) **벌칙**: 그 행위자를 벌하는 외에 그 법인 또는 개인에게도 해당 조문의 벌금형을 과한다.

(1) **내용**: 위반행위를 저지른 개인뿐만 아니라, 그 개인이 소속된 법인 또는 개인에게도 벌금형을 부과한다. 법인의 경우 징역이나 금고 등 자유형으로 처벌할 수 없기 때문에 벌금형에 처하는 것이다.

(2) **의미**: 법인이나 개인이 소속된 조직에 대한 책임을 명확히 함으로써, 조직 차원에서의 예방적 조치를 미리 제도화하거나 상당한 주의를 기울여 관리하고 감독하라는 의미가 있다.

3) **예외**: 다만, 법인 또는 개인이 그 위반행위를 방지하기 위하여 해당 업무에 관하여 상당한 주의와 감독을 게을리하지 아니한 경우에는 그러하지 아니하다

(1) **내용**: 법인 또는 개인이 위반행위를 방지하기 위해 상당한 주의와 감독을 기울였음을 입증하는 경우, 책임을 면제받을 수 있다. 법인이나 관리 감독 책임자가 통상 요구되는 정도 또

는 그 이상으로 주의를 기울이고 관리 및 감독을 해 온 증거가 있을 경우에는 양벌규정의 책임을 면할 수 있다는 것이다.

(2) 의미: 조직 내에서 위반행위를 예방하기 위한 상당한 주의를 기울이며 적극적인 방위산업기술의 유출과 도용 방지 조치를 취한 경우, 면책될 수 있는 여지를 두어 법인의 책임을 무겁게 지우되 불가항력인 경우에는 그 책임을 완화해 주는 의미가 있다.

제24조(과태료)

① 다음 각 호의 어느 하나에 해당하는 사람에게는 3천만원 이하의 과태료를 부과한다.

1. 제11조제1항에 따른 방위산업기술 유출 및 침해 신고를 하지 아니한 사람
2. 제13조제3항에 따른 시정명령을 이행하지 아니한 사람
3. 제13조제4항에 따른 방위산업기술 보호체계의 운영과 관련한 각종 조치를 기피·거부 또는 방해한 사람
4. 제18조에 따른 관련 자료를 제출하지 아니하거나 허위로 제출한 대상기관(행정기관은 제외한다)의 장

② 제1항에 따른 과태료는 대통령령으로 정하는 바에 따라 방위사업청장이 부과·징수한다.

■ 해설

1. 도입 이유

방위산업기술보호법 제24조는 방위산업기술의 보호와 관련된 규정을 위반한 경우에 대한 과태료 부과를 명시하여 법의 실효성을 강화하기 위해 도입되었다. 방위산업기술은 국가안보와 직결된 중요한 기술로, 이를 보호하기 위해 국가는 방위사업청을 통해 각종 행정적인 절차를 마련하고 보호조치 제도화하고 있다. 행정벌인 과태료 부과를 통해 방위사업청의 각종 행정 절차와 보호 조치 준

수를 촉진하고 위반행위를 예방하기 위한 것이다.

2. 과태료 부과 한도

다음 각 호의 어느 하나에 해당하는 사람에게는 3천만원 이하의 과태료를 부과한다.

1) **내용**: 특정 위반행위에 대해 최대 3천만원 이하의 과태료를 부과할 수 있음을 명시하고 있다. 과태료는 대통령령으로 정하는 바에 따라 방위사업청장이 부과·징수한다.

2) **의미**: 과태료의 한도를 설정함으로써 법 집행의 일관성을 유지하고, 위반 행위에 대한 명확한 제재를 할 것과 방위사업청의 자의적 과태료 부과를 금지하는 내용을 규정한 것이다.

3. 과태료 부과 대상자

다음 각 호의 어느 하나에 해당하는 사람이 대상이다.

제1호. 제11조제1항에 따른 방위산업기술 유출 및 침해 신고를 하지 아니한 사람

제2호. 제13조제3항에 따른 시정명령을 이행하지 아니한 사람

제3호. 제13조제4항에 따른 방위산업기술 보호체계의 운영과 관련한 각종 조치를 기피·거부 또는 방해한 사람

제4호. 제18조에 따른 관련 자료를 제출하지 아니하거나 허위로 제출한 대상기관(행정기관은 제외한다)의 장

국가안보를 위한 산업보안 관리

초판 1쇄 발행 2024년 12월 15일

지은이 홍성삼
펴낸이 이기봉
편집 좋은땅 편집팀
펴낸곳 도서출판 좋은땅
주소 서울특별시 마포구 양화로12길 26 지월드빌딩 (서교동 395-7)
전화 02)374-8616~7
팩스 02)374-8614
이메일 gworldbook@naver.com
홈페이지 www.g-world.co.kr

ISBN 979-11-388-3850-4 (03360)